国家・教会・個人

ジョン・ロックの世俗社会認識論

武井敬亮
Takei Keisuke

京都大学学術出版会

若い知性が拓く未来

　今西錦司が『生物の世界』を著して，すべての生物に社会があると宣言したのは，39歳のことでした。以来，ヒト以外の生物に社会などあるはずがないという欧米の古い世界観に見られた批判を乗り越えて，今西の生物観は，動物の行動や生態，特に霊長類の研究において，日本が世界をリードする礎になりました。

　若手研究者のポスト問題等，様々な課題を抱えつつも，大学院重点化によって多くの優秀な人材を学界に迎えたことで，学術研究は新しい活況を呈しています。これまで資料として注目されなかった非言語の事柄を扱うことで斬新な歴史的視点を拓く研究，あるいは語学的才能を駆使し多言語の資料を比較することで既存の社会観を覆そうとするものなど，これまでの研究には見られなかった溌剌とした視点や方法が，若い人々によってもたらされています。

　京都大学では，常にフロンティアに挑戦してきた百有余年の歴史の上に立ち，こうした若手研究者の優れた業績を世に出すための支援制度を設けています。プリミエ・コレクションの各巻は，いずれもこの制度のもとに刊行されるモノグラフです。「プリミエ」とは，初演を意味するフランス語「première」に由来した「初めて主役を演じる」を意味する英語ですが，本コレクションのタイトルには，初々しい若い知性のデビュー作という意味が込められています。

　地球規模の大きさ，あるいは生命史・人類史の長さを考慮して解決すべき問題に私たちが直面する今日，若き日の今西錦司が，それまでの自然科学と人文科学の強固な垣根を越えたように，本コレクションでデビューした研究が，我が国のみならず，国際的な学界において新しい学問の形を拓くことを願ってやみません。

第 26 代　京都大学総長　山極壽一

凡　例

　ロックの主要著作と本書で取り上げる草稿類については、以下のテキストを使用する。また引用及び略記の仕方は以下の通りとする。

　（1）『統治二論』

　Locke, John, *Two Treatises of Government*, ed. P. Laslett, Cambridge, 1988.『統治二論』はTTGと略記し、序文からの引用はページ数を記す。また、前篇を「第一論文」、後篇を「第二論文」とし、それぞれTTG. I、TTG. IIと略記し、引用は節番号をアラビア数字で記す。邦訳は、加藤節訳『完訳 統治二論』岩波書店、2010年、を使用し、該当ページ数を括弧内に記す。ただし訳は必要に応じて改めた（以下同様）。

　（2）『寛容書簡』

　Locke, John, *Epistola de Tolerantia: A Letter on Toleration*, ed. R. Klibansky, trans. J. W. Gough, Oxford, 1968. 引用に際してはLTと略記し、ページ数を記す。邦訳は、平野耿訳『寛容についての書簡』朝日出版社、1970年、を使用し、該当ページ数を括弧内に記す。

　（3）『世俗権力二論』

　Locke, John, 'First Tract on Government' in *Locke: Political Essays*, ed. M. Goldie, Cambridge, 1997, pp. 3-53; *idem*, 'Second Tract on Government' in *ibid.*, pp. 54-78. この著作は、英語草稿とラテン語草稿の二つの論文からなる。前者を「第一論文」、後者を「第二論文」とし、引用に際しては、それぞれFT、STと略記し、ページ数を記す。邦訳は、友岡敏明訳『世俗権力二論』未来社、1976年、を使用し、該当ページ数を括弧内に記す。

　（4）『寛容論』

　Locke, John, 'An Essay concerning Toleration' in *John Locke: An Essay concerning Toleration and other writings on Law and Politics 1667–*

1683, ed. J. R. Milton and P. Milton, Oxford, 2006, pp. 269-302. 引用に際してはET と略記し、ページ数を記す。邦訳は、山田園子訳「資料編『寛容論』日本語版」、同著者『ジョン・ロック「寛容論」の研究』渓水社、2006年、183-228ページ、を使用し、該当ページ数を括弧内に記す。

（5）『寛容論』「第一草稿」

Locke, John, 'The First Draft of An Essay concerning Toleration' in Milton and Milton (eds.) (2006), pp. 303-307. 引用に際してはFET と略記し、ページ数を記す。邦訳は山田園子訳 (2006)、234-240ページ、を使用し、該当ページ数を括弧内に記す。

（6）『スティリングフリート批判に関する論稿』

Locke, John, MS Locke c.34, fols. 1-167. 本書では、広島大学の山田園子教授によって活字化された A transcription of MS Locke c.34, pp. 1-133を参考にした。引用に際しては手稿の通し番号 (fols. 1-167) で記す。邦訳は同氏による「日本語版 ジョン・ロックのエドワード・スティリングフリート論」を参考にした。手稿の活字版と邦訳は、いずれも同氏によってウェブ上で公開されている (http://www.hiroshima-u.ac.jp/law/kyouin/seiji/yamada/p_324d58.html, Date accessed: 24 July 2014)。

（7）『サミュエル・パーカーの「教会統治論」に関する覚書』

Locke, John, 'Notes on Samuel Parker's *Discourse of Ecclesiastical Politie*' in Milton and Milton (eds.) (2006), pp. 322-326. 引用に際してはNSP と略記し、ページ数を記す。邦訳は、山田園子・吉村伸夫訳『ロック政治論集』法政大学出版局、2007年、82-88ページ、を使用し、ミルトン編で初めて公刊された部分以外は、その該当ページ数を括弧内に記す。

（8）『寛容A』

Locke, John, 'Adversaria 1661' in Milton and Milton (eds.) (2006), pp. 310-315. 引用に際してはAdv. と略記し、ページ数を記す。邦訳は、山田園子訳 (2006)、228-234ページ、を使用し、該当ページ数を括弧内に記す。

（9）『ジョン・ロック書簡集』

The Correspondence of John Locke, ed. E. S. de Beer, vol. 1, Oxford,

1976. 引用に際しては Corr. と略記し、ページ数を記す。

* 引用箇所には「 」を使用し、原語が必要な場合は訳語の後にそのまま表記した。また、引用者の補足は [ ] 内に記し、強調する場合は傍点を付した。

目　次

凡　例　i

序　章 ……………………………………………………… 1
　Ⅰ．はじめに　1
　Ⅱ．ロックの知的背景——学問と政治　3
　Ⅲ．ロックによる"Civil"の用語法——『統治二論』と『寛容書簡』　10
　Ⅳ．世俗社会としての"Civil Society"　17

第一章　エドワード・バグショー批判——『世俗権力二論』
　　　　……………………………………………………… 29
　Ⅰ．はじめに　29
　Ⅱ．「第一論文」の分析——為政者の絶対的権力の擁護　34
　Ⅲ．「第二論文」の分析——良心の自由と服従の義務　50
　Ⅳ．おわりに　61

第二章　カトリック教徒批判と「寛容」政策——『寛容論』
　　　　……………………………………………………… 63
　Ⅰ．はじめに　63
　Ⅱ．カトリック教徒の多様性　69
　Ⅲ．カトリック教徒批判と『寛容論』　73
　Ⅳ．「寛容」政策と『スティリングフリート批判に関する論稿』　84
　Ⅴ．おわりに　89

第三章　アングリカンの教会・国家関係論——サミュエル・パーカーの場合 …………… 91

 Ⅰ．はじめに　91
 Ⅱ．歴史的背景と政治的課題　95
 Ⅲ．国家と教会の関係性　96
 Ⅳ．サミュエル・パーカーの『教会統治論』　98
 Ⅴ．おわりに　115

第四章　サミュエル・パーカー批判——『覚書』 ………… 117

 Ⅰ．はじめに　117
 Ⅱ．『覚書』の位置づけ　119
 Ⅲ．パーカー批判と反聖職者主義　123
 Ⅳ．家父長権論批判と『統治二論』　132
 Ⅴ．おわりに　137

第五章　エドワード・スティリングフリート批判——『論稿』 ……………………………………………… 141

 Ⅰ．はじめに　141
 Ⅱ．『論稿』の位置づけ　146
 Ⅲ．スティリングフリートの『聖書』解釈　150
 Ⅳ．スティリングフリート批判と反聖職者主義　158
 Ⅴ．おわりに　168

第六章　ロバート・フィルマー批判——『統治二論』「第一論文」……………………………………… 169

 Ⅰ．はじめに　169

Ⅱ．「第一論文」の位置づけ　172
　Ⅲ．フィルマー批判と服従の論理　174
　Ⅳ．統治理論の原型　190
　Ⅴ．おわりに　194

終　章 ……………………………………………………………… 197

　Ⅰ．はじめに　197
　Ⅱ．ロックの反聖職者主義と『統治二論』　198
　Ⅲ．総括　202

あとがき　207

参考文献　211

索　引　227

序　章

I．はじめに

　本書は、17世紀イングランドの思想家ジョン・ロック（John Locke, 1632-1704）の世俗社会認識を明らかにし、その思想的特徴を描き出すことを目的とする。
　一般的にロックは、観念の起源を「白紙の状態」で生まれた人間の経験（「感覚」と「内省」）に求めたイギリス経験論の哲学者として、また、社会契約論によって個人の権利（生命・自由・財産）を保障する統治機構や権利の侵害に対する抵抗権を主張した思想家として知られている。また、その政治思想は、アメリカの独立やフランス革命だけでなく、現代の自由主義思想にも大きな影響を与えていると言われる。
　おそらく、哲学や政治学あるいはその隣接分野について学んだことのある人がロックと聞いて最初に思い浮かべるのは、こういったイメージであろう。こうしたロック像は、単純化しすぎのきらいはあるものの、ロックの思想や立場を端的に表しており、教科書的な説明としてはこれで事足りるかもしれない。しかし、ロックの知的背景をたどってみるとわかるように、ロックの思索の対象は、哲学や政治に限らず、経済、宗教、科学、教育など多岐に渡る。そのため、ロックの思想的特徴を描き出すにしても、さまざまな角度からのアプローチが可能であり、また、分析対象とするロックの著作の選択や議論の仕方についても、どのアプローチを取るかによって変わってくる。そこで序章では、本書がどのような角度からロックの思想に迫っていくのか、その方向性を示し、その中で、本書がロックの世俗社会認識に注目する理由を併せて説明したい。具体的な議論に入る前

に、序章の見取り図を先に示しておこう。

　ロックは、当初から医学、実験科学、自然哲学などに興味関心を抱き、その知的営みは、イギリス経験論の礎となった『人間知性論』として結実する。他方で、現実社会との関わりの中で、いわば時代の要請に応じるかたちで、自らの思想を形成・発展させ、政治的・経済的・宗教的著作や草稿類を数多く残している（代表的なものとして、『統治二論』や『寛容書簡』があげられる）。後者の側面からロックの思想的特徴の把握を試みる本書において、まずは、ロックが置かれていた時代状況を確認することから始めなければならない。その上で、当事者であるロックが、その時代状況の中で、当時の社会（あるいは社会問題）をどのように認識していたのか、つまり、ロックの社会認識を明らかにする必要がある。

　本書が、特に世俗社会認識にこだわる理由もここにある。というのも、ロックがみていたであろう17世紀のイングランド社会を、解釈者の側がどのように把握するのかによって、描き出されるロック像に違いが出てくるからである。別の言い方をすると、17世紀のイングランド社会は、一人の思想家について複数の解釈を生み出しうるほどに、政治的にも経済的にもまた宗教的にも多様な側面をもつ社会であった。本書では、その中でも特に、世俗社会 Civil Society としての側面に注目する。その理由は、序章以下でも詳しく説明するが、本書が分析対象とする時代（1660年の王政復古から『統治二論』が執筆された1680年代前半）において、政治と宗教の緊張・対立が、統治の安定を揺るがす大きな社会問題になっていたからである。ロックがこの問題をどのように捉え、また、いかなる解決策を提示したのかを詳細に分析することにより、この時代のロックの思想的特徴を描き出すことが本書のねらいである。

　あらためて序章以下の議論の構成について整理しよう。まずは、伝記的な通説に依拠しながら、ロックの幅広い知的関心について確認し、オックスフォードでの学問的生活を離れ、どのようにして現実の政治に関わるようになったのかを簡潔に説明する（Ⅱ）。そして、ロックと現実社会との結びつきを示した後、ロックが当時の社会を世俗社会として認識していた

ことを、ロックの "Civil"（あるいは "Civil Society"）という語の用語法から確認する（Ⅲ）。最後に、『統治二論』を中心に、これまでの研究が "Civil Society" をどのように捉えてきたのかを整理し、ロックの世俗社会認識の解明を試みる本書の研究を既存のロック研究の中に位置づけたい（Ⅳ）。

Ⅱ．ロックの知的背景——学問と政治[1]

　ロックは、1632年にイングランド南西部サマセット州のリントンに生まれ、ウェストミンスター・スクールを卒業後、1652年にオックスフォード大学クライスト・チャーチに進学した。1658年に修士号を取得後、1660年にギリシア語の講師、1662年に修辞学の講師、そして、1663年に学生監 Censor in moral philosophy に選任された。この間のロックの関心は、政治・宗教問題から医学や自然哲学まで多岐にわたっている。

　ロックは、1659年に友人のヘンリー・スタッブ（Henry Stubbe, 1632-1676）に宛てた手紙の中で、寛容の問題について触れている。この中でロックは、スタッブの著作について自身の感想を綴っている[2]。ロックは、スタッブの鋭い皮肉と機知に富んだ力強い文体や論拠の明確さ、内容の豊富さを賞賛する一方で、次のような不満を述べる。

---

[1] ロックの知的背景については、以下の伝記、Cranston（1957）、Woolhouse（2007）、野田（1985）、浜林（1996）を参考にした。特に Woolhouse（2007）は、医学・実験哲学などに関する叙述が充実しており、同内容に関する本節の記述も、多くをこれに負っている。

[2] Henry Stubbe, *An Essay in Defence of the Good Old Cause, or a discourse concerning the rise and extent of the power of the civil magistrate in reference to spiritual affairs*…（London, 1659）。この著作は、王政復古直前の1659年に、共和主義的な統治形態を提示することを目的に執筆された。ハリントンのモデル（土地均分相続法 agrarian law、官職輪番制、二院制など）に依拠しつつも、政治参加の平等性が、1659年の時点では、王政を支持する長老派や主教派にとって有利に働き、世俗的・宗教的自由が破壊される恐れがあるとして、その不十分性を指摘し、ハリントンの議論の修正を試みている（Jacob（1983）, p. 27）。Agrarian law の訳語は竹澤（2006）、36ページを参考にした。

> あなたが、寛容の歴史を今日まで辿ることなく、オランダ Holland やフランス、ポーランドなどの話をして下さらなかったことを残念に思います。なぜなら、最近の事例ほど影響力のあるものは他になく、異なる信仰をもった人々が、天への道は違えども、同じ統治の下で平穏にまとまり、一致して同じ世俗の利益 civil interest を求め、社会の平和という同じ目標に向かって協力しながら歩んでいるという日常的な経験の権威を付け加えて下さったなら……私たちは最も容易に説得されたことでしょう[3]。

ロックはここで、宗教的寛容が認められていたオランダや、ナントの勅令 (1598年) によりユグノーに信仰の自由が認められていたフランスに加えて、ポーランドにも言及している。ポーランドでは、1573年の「ワルシャワ連盟協約」により、キリスト教の諸宗派に対して寛容が認められており、おそらくロックはこのことを念頭に置いていたものと考えられる。ただし、17世紀の対抗宗教改革やカトリック以外の国々 (特にスウェーデン) との戦争を通じて、「カトリシズムと『ポーランド人』意識が強く結び」つき、プロテスタントの迫害 (特に反三位一体派の追放) が行われるようになったことまでは、ここでは触れられていない[4]。

そして、カトリック教徒に寛容を認めるスタッブの議論に対して、次のような疑問を投げかける。

> あなたが教皇主義者 Papists にお認めになる自由が、どうしてこの国の安全 (統治の目的) と一致することがありましょうか。どうして、彼らが、相反する利益を求める二つの異なる権威に同時に服することができるのか、私には分かりかねます。特に、私たちにとって有害なそれ [教皇の権威] が、『聖書』に基づき、神に直接由来すると考えられる神聖かつ無謬の意見によって、また、いかなる契約によっても制限されず、それゆえ、いかなる [政治] 団体 body に対しても責任を負わない彼ら自身の聖なる伝統 sacred tradition によって支えられている場合には。そして、霊的な管轄権 jurisdiction を口実に、あらゆる世俗的な事柄に入り込んで

---

3) Corr., p. 110.
4) 小山 (2013)、29、60–63ページ。

ることがどれほど容易であるかは、あなたも御存じでしょう。なぜなら、キリスト教国において、それら［世俗的事柄と宗教的事柄］に境界線を引き、その始まりと終わりを正確に定めることは、かなりの困難でしょうから[5]。

　この手紙の中にみられる宗教的寛容の重要性やカトリック批判[6]、聖俗の管轄権の問題などは、ロックの生涯にわたる重要な検討課題であり、本書の第一章で分析対象としている『世俗権力二論』(1660-62年) は、こうした問題をロックが本格的に議論した最初の著作である。また同著作において、ロックは、既に私人の判断能力の不確かさを問題視しており、その後、友人のガブリエル・タワーソン (Gabriel Towerson, 1635-1697) との議論に触発されて、自然法の認識問題に関する論稿を執筆し、1664年に自然法について講義を行う際に、大幅な修正を行っている[7]。後にロックは『統治二論』の中で、自然状態における不都合の一つとして、各人の不完全な自然法理解を挙げ、政治社会の設立過程を説明するが[8]、その原初的な議論はこの時期に既に始まっていたといえる。

　医学や自然哲学については、1650年代後半から、本格的に興味を抱くようになり、ロックは、カエルの血液循環を観察したり、古代から最新のも

---

[5] Corr., p. 111.
[6] 寛容論争とカトリック問題については、本書の第二章で扱う。
[7] 自然法に関する初期の手稿を整理し、『自然法論』(*Essays on the Law of Nature*) として公刊した W. フォン・ライデンによれば、「この主題［自然法］について、ロックが1664年に講義を行っていたこと、そして、そのために、1663年のノートに［自然法に関する］初期の草稿を写させ、それらを自分の手で大幅に修正したことは疑いがない」という (Leyden (1954), p. 12)。
[8] ロックは、自然状態に欠けているものの一つとして、「確立された恒常的な公知の法」を挙げる（他の二つは、「衆知の公平な裁判官」と「正当な判決を支持し、それを執行する権力」の欠如)。その理由として、ロックは、「人間は、研究不足であるために自然法については無知であるだけではなく、また、利害による偏見を免れないので、自然法を個々の場合に適用するに当たって、それが彼らを拘束する法だとはなかなか認めたがらないからである」と述べる (TTG. II, 124-126（加藤訳442ページ))。

のまでさまざまな医学書のノートをとったりしていた。R. ウールハウスによれば、ロックは、200冊以上もの医学書のブックリストを作っており、この時期の読書の半分以上は医学と自然科学の分野のものであったという[9]。このようなロックの知的傾向は、自然哲学者であり王立協会の設立メンバーの一人でもあったロバート・ボイル（Robert Boyle, 1627-1691）と1660年に知り合って以降、ますます強まり、ロックは、医学だけでなく実験科学や（特にデカルトの）自然学へと興味を深めていった[10]。

ロックは、このような学問的探究心をもち続ける一方で、次第に現実の政治の世界へと足を踏み入れていくことになる。ロックは、1665年にオックスフォードを離れてウォルター・ヴェーン卿（Sir Walter Vane, 1619-1676）の秘書として外交使節団に加わり、クレーフェ Cleve を訪問する[11]。この訪問は、対オランダ戦争において、ブランデンブルク選帝侯フリードリヒ・ヴィルヘルム（Friedrich Wilhelm, 1620-1688）に中立を求めることが目的であった。ロックの役割は、交渉の進捗状況を、ウェストミンスター・スクールからの友人であり、アーリントン卿（初代アーリントン伯）（Sir Henry Bennet, 1 st Earl of Arlington, 1618-1685）の秘書であるウィリアム・ゴドルフィン（William Godolphin, 1635-1696）に報告することであった[12]。交渉過程を知らせる公式の手紙とは別に、クレーフェ滞在時にロッ

---

9) Woolhouse (2007), pp. 30-31.
10) ボイルについては、Hunter (2004), pp. 100-108を参照。ウールハウスによれば、「自然哲学に幅広い関心をもつボイルの影響によって、ロックの読書は医学から自然哲学、特にデカルトのそれへと広がっていった」（Woolhouse (2007), p. 35）。
11) ライン川沿いにあるクレーフェ公国は、1614年にブランデンブルク選帝侯ヨハン・ジギスムント（Johann Sigismund, 1572-1608）によって相続され、ホーエンツォレルン家の支配下に置かれた領邦国家であり、現在のドイツとオランダに跨って存在していた（成瀬・山田・木村編（1996）、56-58ページ）。
12) Woolhouse (2007), p. 60. アーリントン卿は、クラレンドン伯の失脚後、1667年から74年にかけて、国王チャールズ２世を支えた五人の側近の内の一人である（後の四人は、トマス・クリフォード、バッキンガム公、アントニー・アシュリー・クーパー、ローダーデイル公）。彼らの頭文字をとって、「カバル Cabal」と呼ばれる（今井（1990）、244ページ）。

クはボイル宛に手紙を書いており、その中で、クレーフェの町の様子について、以下のように語っている。

> この町は小さく、見栄えもせず、建物や通りも一様ではありません。宗教ほどまとまりのないものはなく、三つの信仰が公的に認められています。カルヴァン派はルター派よりも多く、カトリック教徒 Catholicks は両派よりも多くいます（ただし、カトリック教徒 papist はいかなる公職にも就いていません）。加えて、少数の再洗礼派がいますが、彼らは公的には寛容されていません。……人々は、お互いに天への道を自由に選ぶことを容認しています。なぜなら、宗教を理由にした口論も敵意も彼らの間にいっさいみることができないからです。このような良き調和は、部分的には為政者の力に、また、ある程度は、民衆の分別と良き性質によるものと思います。彼らは、（私が調べた限り）、憎しみや恨みを秘密裏に抱くことなく、異なる意見を受け入れています[13]。

ロックは1666年に帰国してからも医学や実験哲学の研究に従事していたが、同年にアシュリー卿（初代シャフツベリ伯）(Sir Anthony Ashley Cooper, 1st Earl of Shaftesbury, 1621-1683) と出会い、1667年にエクセター・ハウスに同居するようになってからは、政治的、経済的、宗教的諸問題について、多くの草稿やパンフレットを執筆するようになる。そして、ロックの人生は、「次第に、ロック自身の医学への主たる関心よりも、アシュリー自身の政治的関心によって、より左右されるようになる」[14]。本書の第二章で検討する『寛容論』(Essay concerning Toleration) も、アシュリー家に入った年に、非国教徒の包容・寛容をめぐる政策論争の最中に執筆されたものである。これ以降も、財務府長官の任にあったアシュリー卿のために、1668年に『利子論草稿』(Some of the Consequences that are like to follow upon lessening of interest to four per cent) を書いたり、1669年には、アシュリー卿も領主の一人であった北米カロライナ植民地を統治するための『カ

---

13) Corr., pp. 227-231.
14) Woolhouse (2007), p. 88.

ロライナ憲法草案』（*Fundamental Constitutions of Carolina*）の起草に関わったりしている[15]。

　また、王政復古以降の国内における非国教徒弾圧やフランスの対外的な脅威の下、ロックは、初期の書簡の中でも言及し、『世俗権力二論』でも議論した政治・宗教問題について、より現実的な対応を求められることになる[16]。本書の第三章で取り上げるサミュエル・パーカー（Samuel Parker, 1640-1688）の『教会統治論』（*A Discourse of Ecclesiastical Politie*）は、1669年から70年にかけての寛容に反対する著作のうち最も影響力のあるものの一つであった。第四章で議論するように、国王大権による非国教徒の寛容を支持するアシュリー卿と同じ立場に置かれたロックは、当初の問題意識を投影しながら、その著作に対する批判的なノート（『サミュエル・パーカーの「教会統治論」に関する覚書』）を書き残している[17]。その後、ロックは、1675年から3年半におよぶ長期のフランス旅行に出かけており、そこで、カトリック・フランスの脅威、特に、政治的支配に積極的に参与する聖職者の実態（聖職者主義）を目の当たりする[18]。

　対外的なフランスの脅威に加えて、同時期のイングランド国内では、カトリック教徒のヨーク公（後の国王ジェイムズ2世）（Duke of York, James II, 1633-1701）の王位継承権が問題となっていた。ヨーク公の王位継承は、教皇主義者陰謀事件（1678年）と相俟って、カトリック絶対主義の恐怖を

---

15) *Ibid.*, p. 90.
16) もちろん哲学的な探究は続けられ、1667年には、ボイルの友人でもあり「イギリスのヒポクラテス」と呼ばれた内科医のトマス・シデナム（Thomas Sydenham, 1624-1689）にも出会っている（*ibid.*, p. 80）。シデナムについては、Cook（2004）, pp. 535-542を参照。1668年には、シデナムの影響を受け、経験論的な方法論に依拠して、『解剖学』（*Anatomie*）を記す（Woolhouse（2007）, p. 86）。そして、1671年には、『人間知性論』執筆の契機となった会合がエクセター・ハウスで開かれ、同じ年に早くも二つの草稿が執筆される（*ibid.*, pp. 98-105）。
17) Cranston（1957）, pp. 130-133.
18) ロックのフランス旅行中の日誌や手紙等については、Lough（ed.）（1953）を参照。また、フランス旅行とロックの思想形成（特に反聖職者支配）の関係を論じたものとして、山田（2012a）を参照。

人々に抱かせた[19]。そこで、1679年から81年にかけて、ヨーク公の王位継承権を無効にするための法案が庶民院で議論されるようになった。この法案をめぐる国王と議会の対立は、一般に「王位継承排除法危機」と呼ばれており、(アシュリー卿あらため)シャフツベリ伯が議会派(ウィッグ)の中心人物として指導的な役割を果たしていた。ロックは1679年にフランスから帰国すると、すぐにこの争いに巻き込まれ、国王派(トーリ)の主張(神授権に由来する国王の絶対的な権力による統治の正当化)を支えるために出版されたロバート・フィルマー卿(Sir Robert Filmer, 1588頃-1653)の著作に対して、逐語的な批判を行うとともに、自らの政治理論を提示した[20]。この著作が1689年に出版される『統治二論』である。また同時期に、カトリックの脅威を背景に国教会の統一を主張し、非国教徒の分離を非難した国教会聖職者エドワード・スティリングフリート(Edward Stillingfleet, 1635-1699)の著作に対しても、ロックは批判を行っている[21]。本書の第五章では、この時期のロックの反聖職者主義に注目しながら、この批判草稿(『スティリングフリート批判に関する論稿』)の分析を行い、第六章では、ロックのフィルマー批判が顕著な「第一論文」(『統治二論』前篇)の分析を行う。国家と教会の問題について、『統治二論』が国家を中心に論じているのに対して、『論稿』は教会を中心に論じており、この二つの著作の分析から、この時期のロックの思想を把握していくことになる。

このようにしてロックは、内乱から王政復古さらには名誉革命にまでいたる変化の激しい俗世に身を置く中、医学や自然学から実験哲学、認識論

---

19) イエズス会士による国王チャールズ2世暗殺計画に、ルイ14世の支援を受けたヨーク公が加担していたのではないかという噂が流れ、イングランドの国内情勢は、反カトリックの傾向を強めていった(今井(1990)、246-247ページ)。
20) フィルマーによる一連の政治的著作は、1679年から80年にかけて再版され、ロックが主な論駁対象としている『パトリアーカ』は、1680年に初めて出版された(Sommerville (1991), pp. xiv-xv)。
21) ロックは、スティリングフリートの二つの著作『分離の災い』(*The Mischief of Separation*)(1680年)と『分離の不当性』(*The Unreasonableness of Separation*)(1681年)を批判した手稿 MS Locke c.34 を書き残している。スティリングフリートの著作の邦題は、山田(2013)を参考にした。

へと知的関心を深化させていく一方、当初から政治・宗教問題に関心をもち続けており、シャフツベリ伯との出会いをきっかけに、現実政治への関わりを強めていった。

王政復古により、つかの間の平和が訪れた喜びを、ロックは『世俗権力二論』の読者への序で以下のように述べる。

> 私は、この世界で自分自身の存在を認識するや否や、自分が嵐の中にいることに気がついた。この嵐は、ほとんど今の今まで続いていたため、凪のおとずれを最大の喜びと満足をもって迎えずにはいられない。そして、このことは、義務と感謝のうちに、そのような祝福を失わないように注意し、我々の軽薄な愚かさにより、その実現だけでなくそれを望むことさえもできなくなった平和と安定をもたらしてくれた統治に、人々の心を服従させることによって、それを持続させるために出来る限りのことを行うように義務づけられている、と私には思われる[22]。

しかしながら、このような平和な状態は長くは続かなかった。上でみてきたように、社会情勢が不安定になるにつれ、学問的探究にのみ専念することは難しく、ロックは、シャフツベリ伯の良き助言者として、政治・宗教問題を中心に多くの手稿や著作を執筆した。本書（特に、第一、二、四、五、六章）では、こうしたロックの著作を、現実の政治社会の動きと関連づけて議論する。

それでは、次に、"Civil Society" を〈政治社会〉ではなく〈世俗社会〉と捉えて議論することの意味を説明するために、"Civil" という語がロックの著作の中でどのように使用されているのかを確認していこう。

III. ロックによる "Civil" の用語法——『統治二論』と『寛容書簡』

本節では、ロックが "Civil" あるいは "Civil Society" という語を、どの

---

[22] FT, p. 7（友岡訳15ページ）.

ような文脈で使用しているのかを、ロックの政治・宗教思想が一応の完成をみる『統治二論』と『寛容書簡』を例に確認し、この言葉がロックの思想とも密接に関わる複数の意味を内包していることを示す。

　ロックは、『統治二論』「第二論文」の第7章の章題を、「政治社会について Of Political or Civil Society」とし、"Political" と "Civil" を同じ意味で用いる[23]。ロックは、同章で、「夫と妻」、「両親と子供」、「主と家僕」、そして、それらからなる「家族」の社会と「政治社会」の違いについて論じている[24]。そして、「政治社会」について、次のように説明する。

> 各人が、この［プロパティを保全するとともに、他人による自然法の侵害を判断し処罰する］自然的権力を共同体の手に委ね、あらゆる場合に、それによって制定された法に対して保護を求める訴えが可能であるときにのみ、政治社会 Political Society は存在する。したがって、個々の構成員の完全に私的な判断 private judgment は排除され、当事者にとって公平で同一の永続的な安定した規則によって、共同体が審判者となる[25]。

ロックによれば、政治社会の構成員になるということは、「自分自身と他の人類の保全のために適当と考えることを行う権力」と「［自ら適当と考える通りに］処罰する権力」を放棄することを意味した[26]。

　ロックはまた「政治社会 Political Society の内にある人々とそうではない人々」の違いを次のように述べる。

> ひとつの［政治］体にまとまり、人々の間の争いを裁定し違反者を処罰する権威をもった、訴えることのできる共通の確立した法と裁判所を有する人々は、互いに政治社会 Civil Society の内にある。しかし、そのような共通の訴えるべき場所をもたない人々は、依然として自然状態にある。そこには自分以外に裁判官も執行官もいないため、各人自らが裁判官・執行官とならざるをえない。それは、以前に私が示したところの完

---

23) TTG. II, 77（加藤訳384ページ）.
24) TTG. II, 77-94（加藤訳384-405ページ）.
25) TTG. II, 87（加藤訳393ページ）.
26) TTG. II, 129-130（加藤訳445ページ）.

全な自然状態である[27]。

このように、政治社会と自然状態（家族社会も含まれる）の違いを、ロックは、私的な判断権（及びそれに基づく処罰権）が各人に認められているのか、それとも、社会に委ねられているのか、いわば〈公〉と〈私〉の二分法的な区分によって説明する。

この"Civil"に〈公〉の意味が内包されている点については、塚田の議論が参考になる。塚田は、16世紀から17世紀初頭のブリテンにおける"civil society"という言葉の意味内容を明らかにしていく中で、16世紀イングランドの神学者リチャード・フッカー（Richard Hooker, 1554-1600）の『教会統治の法』（Of the Laws of Ecclesiastical Polity）に言及し、"civil society"の類義語として、"politic society"と"public society"が用いられていることを具体的に示す[28]。実際、ロックは、フッカーが「政治社会 civil society」における支配を「公的な統治 public Regiment」とみなし、家父長的支配と区別している箇所（『教会統治の法』第1巻第1章10節）を引用している[29]。

また、ロック自身、「第二論文」の第7章89節で、"Political Society"と"Civil Society"、"Commonwealth"を互換的に用い、多義的な"Commonwealth"という語については、国王ジェイムズ1世と同じ意味で使用しているという[30]。そして、ロックは、第18章200節で、国王ジェイムズ1世の議会演説（1603年）を引用する。その演説では、「公共の福祉 the Weal of the Publick」と「特殊で私的な目的 particular and private Ends」が対比される一方、「公共 the Publick」と「全コモンウェルス the whole Commonwealth」が同じ意味で用いられている[31]。ここから、"Commonwealth"という語に、〈私〉と対比される〈公〉の意味が含まれていること、そして、互換的に使用される"Political Society"や"Civil Society"に

---

27) TTG. II, 87（加藤訳393-394ページ）.
28) 塚田（1996）、8-9ページ。
29) TTG. II, 74（加藤訳379ページ）.
30) TTG. II, 133（加藤訳449-450ページ）.

序　章

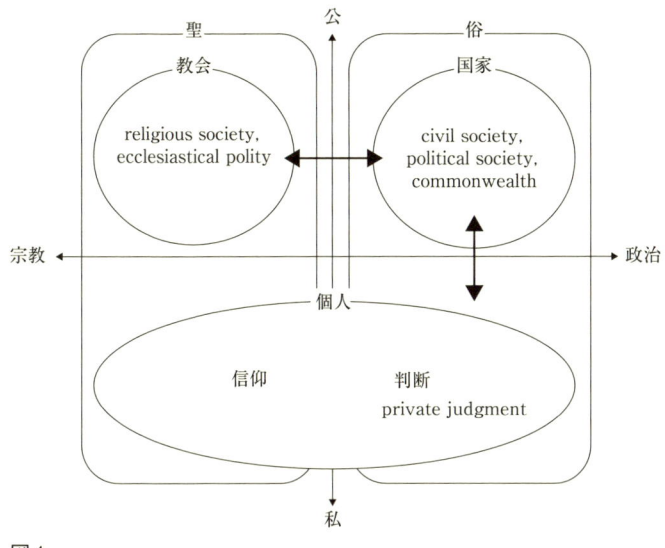

図1

も同様の意味が内包されていることが、ロック自身の用語法からもみて取ることができる[32]。

　確かに、この〈公〉と〈私〉の区分は、『寛容書簡』(1689年) においても看取でき、そこでは、個人における〈私〉の領域は、信仰と結びつくかたちで内面化され、〈公〉の領域とは明確に区別される。しかし、だからといって〈公〉の領域が完全に世俗化 (＝脱宗教化) されたわけではない。なぜなら、以下で確認するように、"Civil" は、"religious" や "ecclesiastical" と明確に対比されながら用いられているからである[33]。

　ここで、用語法に関するこれまでの議論を図のかたちで整理し、以下の議論の見取り図を示しておく。『統治二論』における政治社会と自然状態

---

31) TTG. II, 200 (加藤訳537ページ). 原文 (抜粋)：'I will ever prefer the Weal of the Publick, and of the whole Commonwealth, in making of good Laws and Constitutions to any particular and private Ends of mine' (TTG. II, 200).
32) 中神もまた "civil society" に〈公〉の意味を見出し、この点を強調する場合に、〈政治―公共社会〉と表記する (中神 (2003)、292ページ、注87)。

13

の相違（特に判断主体が社会全体なのか個人なのかの相違）から、ロックが〈公〉と〈私〉を区別して議論していること、また、ロック自身の用語法から、"Civil Society"、"Political Society"、"Commonwealth"が〈公〉の意味を内包しながら互換的に用いられていることを確認した。この〈公〉と〈私〉の区分は、前ページ図1の国家と個人の対比に対応している。しかし、本章以下で詳しくみていくように、ロックの議論は単純な公私二元論ではない。ロックは、〈公〉と〈私〉の緊張関係だけでなく、公的領域における国家と教会の管轄権をめぐる対立を、社会秩序の混乱を招く原因として問題視する。本書の着眼点もここにある。そこで、次に『寛容書簡』を取り上げて、聖俗各領域における〈公〉と〈私〉の関係及び公的領域における教会と国家の関係について確認したい。

　まずは世俗為政者の管轄権について、〈公〉と〈私〉の区別を確認する。ロックは、国家の役割について、次のように述べる。

> 国家 Res publica は、市民の財産を守り促進するためだけに構成される人々の社会であると、私には思われる。私が市民の財産と呼ぶものは、生命、自由、健康及び苦痛からの解放、そして、土地、貨幣、家財といった外的な事物の所有である[34]。

このような国家の役割に関するロックの説明は、『統治二論』の政治社会の説明と同じといえる。そして、ロックは、世俗為政者 magistratus civi-

---

33) 大澤は、『寛容書簡』と『統治二論』の結びつきを指摘し、ロックの意図として、「信仰の自由を『統治二論』のプロパティの保全に包摂させることにあった」と解釈する。そして、これにより、信仰の自由は、「霊的要素を完全に剥奪され、世俗内的な言論・意見の位相においてのみ捉えられることになった」と結論づける（大澤（1995）、322-323ページ）。大澤の議論については大筋で同意するが、大澤が世俗化のプロセスを中心に議論を行うのに対して、本書では世俗と宗教の緊張関係それ自体に注目するため、最終的な結論においては見解が異なる。

34) LT, p. 67（平野訳9ページ）．「市民の財産」の原語は、"bona civilia"であるが、その意味内容から、『統治二論』のプロパティ（生命・自由・財産を含む広義の所有権）と同義であるといえる。

lis の義務は、「この世に属するこれらの事物［市民の財産］の正当な所有を、一般にすべての人々のために、とりわけ臣民のひとりひとりのために、公正に制定された平等な法によって、維持・確保すること」にあると述べ、世俗為政者の管轄権をこの世の事柄に限定する[35]。

また、「魂への配慮」が世俗為政者の管轄権に属さない理由を、「真の救いとなる宗教は、心の内的な確信にあり」、それは、為政者による「いかなる外的な力によっても強制することができない」からであると説明し[36]、「為政者の管轄権が、これらの市民の財産にのみ関わるものであり、世俗権力の支配権のすべて omne civilis potestatis jus et imperium が、もっぱらこれらの財産の保護・促進に制限・拘束されているということ」、そして、「それを、魂の救済にまで拡張することは決してできないし、また、そうするべきでないということ」は明らかであると主張する[37]。このことを先の図1を用いて説明し直すと、世俗的領域における国家の管轄権は公的領域に限定され、個人の私的領域にまで及ぶことはない、ということになる。次に、教会の管轄権及び教会と国家の関係についてみていく。

ロックは、教会を「魂の救済のために神に受け入れられるだろうと信じるやり方で、神を公に礼拝するために、人々が自発的に結びついている自由な結社」であると定義する[38]。そして、「宗教的な結社 societatis religiosae」の目的は、「神の公的な礼拝」による「永遠の生命の獲得」にあることを再度確認し、教会権力の管轄権（教会法の適用範囲）について、以下のように述べる。

---

35) LT, p. 67（平野訳11ページ）.
36) LT, p. 69（平野訳13ページ）. ロックは他に、「神によってそれ［魂への配慮］が為政者に委ねられていないこと」、そして「法の権威や処罰の力が人々の心を変えることができたとしても、それが魂の救済にはまったく役に立たないこと」を理由として挙げている（LT, pp. 67-71（平野訳11-15ページ））.
37) LT, p. 67（平野訳11ページ）.
38) LT, p. 71（平野訳15ページ）.

あらゆる教会法 omnes leges ecclesiasticae は、この目的［永遠の生命の獲得］によって限定されるべきである。この社会［教会］においては、市民の、つまり、俗世の財産の所有について de bonorum civilium vel terrenorum possessione は、何も取り扱われておらず、また、取り扱われることもない。いかなる理由であれ、ここでは、どんな権力も用いられるべきではない。なぜなら、権力は、世俗為政者 magistratum civilem に完全に属するものであり、外的な財産の所有と使用は、その管轄権の下にあるからである[39]。

ロックはまた、教会のもつ破門の権限についても、「破門された人から市民の財産 bonorum civilium あるいは私的所有物 privatim possidebat をいっさい奪うことはできない」といい、その理由を、「あらゆる権力が為政者に属しており、私人は、自己防衛のときを除いて、それを用いることができない」からであると述べる[40]。このようにして、ロックは、私的領域を個人の信仰（魂の救済）と結びつけることによって内面化する一方で、そのような個人の自由な集まりとしての教会を国家と同一平面上に対置し、世俗為政者の権力と教会権力とをその目的に応じて明確に区別する。

『統治二論』と『寛容書簡』に関するこれまでの議論を通じて、"Civil"あるいは "Civil Society" が、両著作においてどのようなに用いられているのかを具体的に確認してきた。『統治二論』では、自然状態との対比で"Civil Society" が用いられており、それは、"Political Society"（及び"Commonwealth"）と同義であった。この意味で、"Civil Society" を〈政治社会〉として把握することには、一定の妥当性がある。しかし、『寛容書簡』の中で確認したように、"Civil" は、「宗教的 religiosae（religious）」や「教会の ecclesiasticae（ecclesiastical）」といった語と対置されるかたちで用いられていた。このような世俗と宗教の用語上の対抗関係は、ロックの知的背景について概観する中で確認したように、ロックが初期の段階から抱いていた問題意識や、シャフツベリ伯との出会いを契機に直面することになる

---

39) LT, p. 77（平野訳21ページ）.
40) LT, p. 79（平野訳23ページ）.

現実の政治・宗教問題と密接に結びついている。本書の第一章以下では、こうしたロックの用語法や、現実社会の中で常に宗教的事柄が対抗物として想定されている点を重視し、ロックの "Civil Society" を〈世俗社会〉として把握することで、その全貌を明らかにしていきたい。

次節では、『統治二論』の解釈を中心に、これまでの研究で "Civil Society" が、どのように解釈されてきたのかを整理し、〈世俗社会〉として把握する本書の位置づけや問題設定の妥当性を確認する。

Ⅳ. 世俗社会としての "Civil Society"

さて、既存のロック研究において、"Civil Society" はこれまでどのように解釈されてきたのだろうか。Ⅲ節で確認した『統治二論』における「政治社会 Political Society」と同義の "Civil Society" については、従来、大きく分けて三つの意味が付されてきた。それは、「市民社会」、「政治社会」、そして、「世俗社会」の三つである。日本においては、"Civil Society" への訳語の当て方によって、『統治二論』を中心とするロックの思想を、各解釈者がどのように捉えているのかをうかがい知ることができる[41]。そこで、以下では、『統治二論』の解釈を中心に、この三つの意味に即してこれまでの研究を整理する。

『統治二論』が名誉革命を正当化するためではなく、「王位継承排除法危機」の文脈で執筆されたことを明らかにした P. ラスレットの研究により、『統治二論』の全篇が、フィルマーの説（自然権及び契約説への批判と神授権に基づく君主の絶対的権力の擁護）に対する反論を中心に書かれていたことは、既に通説となっている。しかし、ロックの同時代的な位置づけやその

---

41) 日本におけるロックの思想の受容のされ方は、時代状況に応じて変化し、そのことが、訳語の選択にも影響を与えた。思想の受容と時代状況との関連については、山田（2012b）が参考になる。山田は、戦前の日本を対象に、ロックの思想がどのように受容されたのかを当時の時代状況に即して明らかにしている。

意義を明らかにしようとする研究に限ってみても、研究者によって解釈は分かれており、以下の三つに分類することができる。

　第一の解釈は、『統治二論』におけるロックの所有権論（自然権に基づく労働を媒介とした私的所有権の確立）を、近代的な個人主義や資本主義と結びつけて積極的に評価し、新興市民階級を擁護するものとして解釈する点に特徴がある[42]。例えばL. シュトラウスは、ロックの所有権論について次のように説明する。「利己心によってのみ駆り立てられている個人」が、貨幣の導入によって喚起された獲得欲によって労働へと向かわされ、その結果、富の生産が行われる[43]。そして、「富の無制限な獲得が不当でないこと、道徳的な不正ではないこと」を、ロックは証明する必要があると考えていたという[44]。またこの点についてC. B. マクファーソンは、ロックの自然状態に「商業経済」と「賃労働関係」を見出すことにより、ロックは「不平等な所有だけでなく、無制限の私的所有に対する自然の権利」を正当化し、「新興市民階級の私有に道徳的な根拠を与えた」と解釈する[45]。したがって、ロックの世俗性についても、脱宗教すなわちキリスト教的伝統の克服が強調され[46]、〈Civil Society＝近代市民社会〉と解釈される。

---

42) 代表的な研究者として、L. シュトラウス、C. B. マクファーソン、田中正司、生越利昭らを挙げることができる。

43) Strauss (1953), pp. 236-244（シュトラウス (1988)、248-255ページ）. 田中も、ロックは「ホッブズの利己心をプロパティへの欲望としてとらえることにより、その上に市民社会形成理論を展開しようとした」と解釈する（田中 (1979)、170ページ）。生越は、ロックの「市民社会」概念を「独立生産者層を社会的発展の担い手として社会の中心にすえ、この階層の利益こそ社会的富裕につながるとする生産者の立場からの経済発展論」であると説明する（生越 (1976)、39-40ページ）。こうした解釈に対して、三浦は、ロックの"Civil Society"を「有産階級優先の政治」を行う「市民国家」として捉える点で、彼らと同様の立場に立つ一方、(万人の) 自然権とそこから導かれる (有産階級の) 所有権との間の「理論的亀裂」に注目する（三浦 (1997)、23-94ページ）。

44) Strauss (1953), p. 246（シュトラウス (1988)、257ページ）.

45) Macpherson (2011), pp. 209-221（マクファーソン (1980)、237-248ページ）.

46) Ibid., pp. 223-245（同上書、269-271ページ）.

第二の解釈は、第一の解釈をアナクロニズムであると批判し、(当時の社会的伝統や価値観、既存の概念装置などを含む) 歴史的文脈を背景に、所有権を広義のプロパティ概念 (生命・自由・財産) として捉え直し、ロックの思想の根底にある神学的枠組みを強調する点に特徴がある[47]。この立場をとる代表的な研究者である J. ダンによれば、神の創造した世界の秩序観を前提に、人間が神の目的を達成することが、ロックの思想の中心的な原理となっており、政治社会が全体としてそのように誘導する役目を負っているという。そして、『統治二論』も、政治的行為における「自律的な権利の神学的宣言」であり、「フィルマー的な絶対主義」に対するロックの「宗教的個人主義」の表明であると解釈する[48]。また J. タリーは、「プロパティの基本型 fundamental form」を、「すべての被造物 workmanship を保存するという神の目的を達成するために、世界を利用する自然の権利と義務」であるとし、神の目的に従って、「人々の活動を調整するコモンウェルスは、補完的な種類の社会」であるという[49]。この場合、ロックの一見「世俗的」な議論も、神学的な語彙 (「神の作品」、「神の所有物」、「神への義務」など) によって再構成され、宗教的義務の遂行の場として世俗社会を捉えることにより、世俗と宗教の対立も、前者が後者に包摂されるかたちで一元的に解消される[50]。この時〈Civil Society ＝神意に適う政治社

---

47) 代表的な研究者として、J. ダン、J. タリー、加藤節らを挙げることができる。ダンは、「歴史的 historical」という語は、(マクファーソンやシュトラウスのように) 20世紀の視点からみたときにだけ現れる「目に見えないインクで書かれた理論」について議論するのではなく、「ロックが実際に語っていること」について考察することを意味しているという (Dunn (1969), p. ix)。これに対して、田中は、ロックの思想が「『神学的枠組』の下に展開されていること」自体は認めつつも、「ロックの作品モデルの意味」が「ネガティブにしか」解されていないために、「人間の労働の成果としての所有の交換が貨幣と商業に媒介されることによって全体の富裕につながる」というロックの事実認識が軽視されていると反論する (田中 (2005)、393-397ページ)。生越もまた「歴史を動かす社会的、経済的、政治的諸力」に着目し、現実の社会認識を問題にする (生越 (1991)、12、25ページ)。
48) Dunn (1969), pp. 11-18, 50-51, 87-94.
49) Tully (1980), p. 175.

会〉と解釈される[51]。

　第三の解釈は、歴史的文脈を重視する点では第二の解釈と同じであるが、第二の解釈がより抽象的・理論的な議論を展開するのに対してロックが直面していた個々別々の出来事に注目し、ロックが実際にどのような立場・見解をとっていたのかを具体的に示そうとする点に特徴がある[52]。ロックと非国教徒弾圧に対して抵抗を唱える急進主義者たちとの交友関係を明らかにしたR. アッシュクラフトは、「ロックの政治・宗教思想の急進化は、現実の政治世界に積極的に関わっていく中で生じた」と主張し、ロックの実践的な活動の側面を強調する[53]。ロックの抵抗権思想の成立過程に注目するJ. マーシャルも、1682年半ば（あるいは後半）における国王の絶対的支配に対する抵抗運動への関わりが、「武力による抵抗」の議論を含む『統治二論』「第二論文」の執筆へとロックを向かわせたと主張する[54]。この場合、現実政治の世界（国王による絶対的・専制的な権力による支配）に対抗するものとして、〈Civil Society ＝実現されるべき政治社会〉が措定される[55]。ここでは、宗教と対置されるかたちでの"世俗性"は後

---

50) 加藤は、ロックの「神学的パラダイム」の重要性を強調し、『統治二論』の世俗的な解釈を批判する。そして、「『世俗的統治』の理論として一見非宗教的に構成されたロックの政治学」を、「神学の置換」として解釈することの必要性を説く（加藤（1987）、153、157ページ）。友岡も加藤と同様の見解をとる。友岡は、『統治二論』の自然状態を、「創造された人間の本来的原理……に基づく本来的発展」と「人間の堕落によるその発展の阻害」を「世俗的に構成・転用したもの」と解釈し、それは、「価値的な世俗化」ではなく、「合理的政治論構成における方法の世俗化」にすぎず、「究極的には神的価値と称しうる"プロパティ"をフィルマー的原理の集約［＝恣意的権力の支配］から守ろうとしたものである」と主張する（友岡（1986）、163-164ページ）。

51) 加藤（1987）、179ページ。友岡は「神的規範の意図に対する人間の協働」によって「政治社会」が設立されるという（友岡（1986年）、112ページ）。

52) 代表的な研究者として、R. アッシュクラフト、J. マーシャル、M. ゴルディラを挙げることができる。

53) Ashcraft (1986), pp. 78-79, 406-466. 大澤は、アッシュクラフトと同様の立場から、レヴェラーズとロック（ウィッグ急進派）の思想的連続性を主張する（大澤（1995））。

54) Marshall (1994), pp. 205-291.

景に退く[56]。

　アッシュクラフトやマーシャルの研究は、力点の違いはあるものの、具体的な出来事に即して、初期の「権威主義的」・「保守的」な思想から後期の「自由主義的」な思想への変化を中心に、ロックの思想的変遷を時間軸に沿って描き出している点に特徴がある。これに対して、特定の出来事の同時代的な意味に注目して議論を展開する研究者もいる。例えば、M. ゴルディは、ロックが『統治二論』を執筆した意図をより具体的に把握するため、従来の「王位継承排除法危機」におけるフィルマー批判の文脈の他に、寛容政策をめぐる国王と国教会の対立問題に注目する。そして、非国教徒弾圧を画策する聖職者が政治に積極的に関与することに対するロックの批判的態度（反聖職者主義）の重要性を指摘し、『統治二論』が、「君主の絶対主義」だけでなく「国教会の権威主義」に対する批判として執筆されたと主張する[57]。

　近年、ロックのこうした反聖職者主義的態度に注目する研究が行われるようになってきた[58]。例えば、山田は、1675年からのロックのフランス旅

---

55) この定式化は、以下の塚田の議論を参考にした。塚田は、16・17世紀の「コモンウェルス」の用語法（「［現状］批判の基準」、「改革の目標」）との類似性から、Civil Society は、「その実現が目指されるべき理想の人と人との交わり、あるいはそれを通して現実の社会が批判的に理解される理想の人と人との交わりと考えるべきである」と主張する（塚田（1996）、508-509ページ）。

56) 中神は、第二の解釈とは逆に、ロックの「政治社会」に宗教的要素を含める（脱宗教化するのではなく）ことによって、聖俗の対立を解消する、つまり、世俗的領域に一元化する議論を行っている。中神によれば、「人々の宗教ないし道徳における『意見』の多様性は、公共─政治社会の統一性へと緩やかにまとめあげられ、〈多様性における統一〉がなされる」という。そして、そのような社会を特に〈自由な政治社会〉と表現する。（中神（2003）、49ページ）。岡村も、第二の解釈に対して、「ロックはすべてを神学の世界に還元した」のではなく、「内面的世界（信仰）と外面的世界（世俗）とを分離するとともに接合した」と主張する。この分離・接合によって岡村は、各人が、「キリスト教的な信仰心を持つことによって」「政治社会という世俗的な組織の担い手になり得る」ということを意味している（岡村（1998）、viiiページ）。

57) Goldie（1983）.

58) Rose（2005）, 山田（2012a）。

行の意義として、ロックが「教会・聖職者と王・世俗為政者の職務領域の混同の問題を旅行中に実感した」点を挙げ、帰国後に、ロックが国教会聖職者スティリングフリート批判を念頭に執筆した教会論（『論稿』）及び『統治二論』について、「いずれも、反聖職者支配の視点に立って、イングランド教会と政体の再編に取り組むものだった」と結論づける[59]。この場合、現実政治の世界との対抗関係に基づく先の定式化とは異なり、〈Civil Society＝世俗社会〉は、常に〈Ecclesiastical Polity＝教会組織〉との緊張関係の中で捉えられる。

　本書では、第三の解釈の中で、特にロックの反聖職者主義に注目するゴルディらの解釈を参考にし、ロックの世俗社会認識を、〈公＝外面＝政治〉と〈私＝内面＝宗教〉の二分法（＝政教分離）へと至る世俗化のプロセスとしてではなく、〈公〉の領域における「聖」と「俗」、つまり教会と国家の緊張関係を軸に把握する。本書における公と私、外面と内面、政治と宗教、国家と教会の関係をあらためて図のかたちで整理すると次のようになる（図2）。横軸は政治と宗教を、縦軸は公（外面）と私（内面）を両端にとる。そして、公的領域において、政治に関わることは国家の管轄領域となり、宗教に関わることは教会の管轄領域となる。ただし、それぞれの管轄領域の境目が曖昧であることから、両者の間に管轄権をめぐる対立が生まれることになる。特に、国教会の長でもある、大権を行使する国王の存在が、国家と教会の管轄領域の区分をより不確かなものとする。

　この緊張関係を背景にロックの世俗社会認識の解明に向かう理由として、次の三点を挙げることができる。まず、本章のⅡ節でも確認したように、政治と宗教の問題は、ロックの当初からの問題関心の一つであり、ロックが実際の政治世界に足を踏み入れ、執筆活動を開始してからも、解決すべき重要な課題となっていたからである。そして、Ⅲ節で『統治二論』と『寛容書簡』を取り上げて示したように、ロックは"Civil"という語を使用する際、対抗物として"religious"や"ecclesiastical"を措定して

---

[59] 同上書、196、199ページ。

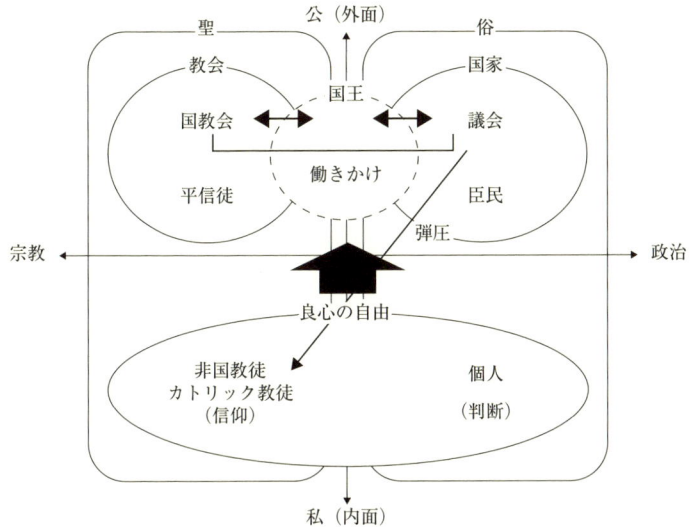

図2

いたからである。また、歴史的文脈やロックの思想における宗教的側面に注目する一方で、第二の解釈の立場ではなく、上記の立場をとる理由として、さらに以下の点が挙げられる。

　一般に、新たな社会的変化に直面した際、思想家は既存の伝統的な言語を使用して、議論せざるをえない。しかし、そのような言語の使用によって、言語の意味内容は、実体を反映するかたちで変化していく[60]。したがって、神学的な思考枠組みや言語の使用から、現実社会におけるロックの課題が神の意図の実現にあると主張するだけでは不十分であり、むしろ、それによって、ロックがどのような社会を描こうとしていたのかを明らかにする必要がある[61]。そのためには、ロックが目にしていた現実社会

---

60) このような言語の性質については、語彙と言語に関するポーコックの以下の説明を参考にした。「社会的、文化的伝統の異なる側面から生じた専門的な語彙の採用によって、そして、政治について議論する手段として、それら［専門的な語彙］の使用を説明し、擁護するために特化された言語の発達によって、政治思想は大いに築き上げられてきた。」(Pocock (2009), p. 15)。

を直接的な人間関係や関わっていた論争の中身を精査することによって、立体的に浮かび上がらせることが重要であり、この点に第三の解釈の研究史上の意義があるといえる。

　このような研究史の流れを意識しながら、岡村は「イギリスの置かれていた国際関係という視点」が、ロックの時代を見直す上で、必要であると主張する[62]。つまり、「カトリック＝フランス＝専制支配」の対外的な脅威が、カトリック教徒であるヨーク公の王位継承によって、より一層強まることへの危機感が『統治二論』の執筆背景にあり、したがって、その中心課題も、「カトリック教徒であったヨーク公が、王位に就いたなら……その支配は専制的なものになるにちがいないという観点から、国王派が援用したフィルマーの王権神授説の中にある専制的な支配の要素を強調することによって批判すること」にあったと主張する[63]。そして、このような専制支配に対して、ロックは、「政治社会という世俗的な組織を構想」したという[64]。

---

61) 例えば、伊藤は、「一人ひとりの人間への神の内在化＝天職倫理の確立」をロックが説いたと解釈する友岡に対して、「それが物語る社会的＝歴史的意味」を提示していないと批判し、また加藤に対しても、「歴史的＝具体的内容」が、「その分析視角に制約されて、放置されている」と批判する（伊藤（1992）、37、39ページ）。

62) 岡村（1998）、iii, 118–120ページ。第一の解釈に対して、岡村は、「ロックの政治社会概念は、生まれつつあった資本主義社会を、私有財産や市場経済といった概念を使って分析したというのではなく、あくまで政治過程における専制的な支配を批判し、これにとって代わる政治社会を提示したものである」と批判し、また、第二の解釈に対しては、「神学的ヴィジョン」の強調は、「民主主義のチャンピオン」ロックという解釈の裏返しであり、「ロック思想の持つ多面的な性格の一面を強調しすぎている」と批判する（同上書、vi-vii ページ）。また、本書の検討課題ではないが、ロックの自由主義思想を国際的な文脈（特に植民地支配論）の中で分析するものに、例えば、三浦（2009）や Armitage（2013）がある。三浦がロックの自由主義思想の負の側面、つまり、自然状態にある地域（＝植民地）の不平等な支配の正当化に注目するのに対して、アーミテイジは、ロックがアメリカ先住民の理性能力を認めていた点で、ロックの議論が国際的な舞台で人々が協調する可能性を含んだものであったことを強調する。

63) 岡村（1998）、119–120、125ページ。

確かに、「カトリック＝フランス＝専制支配」という図式によって、『統治二論』の課題やロックの「政治社会」の特徴をより明確に示すことができるという点については異論なく、議論の大枠についても同意する。しかし、岡村の議論は、イングランド国内に関しては、国王と国教会を一体のものとして扱い、それに対抗する議会という従来の二項対立的な図式が踏襲されている[65]。

このような図式に対して、近年、寛容政策をめぐる国王（国王大権）・議会（議会主権）・国教会（神授権）間の対立の様子が明らかになってきた[66]。また、寛容政策をめぐっては、カトリック教徒を無条件に排除するのではなく、どのような場合に彼らに対して寛容を認めることができるのか、それ自体が重要な論点の一つになっていた[67]。しかしながら、『統治二論』を中心とする従来のロック研究では、ロックのプロパティ論や（プロパティの侵害に対する）抵抗権論の形成過程及びその内容解明を主眼に、同著作の執筆された1679-81年の「王位継承排除法危機」に焦点が当てられ、このような宗教問題を含む歴史的文脈を踏まえたロック研究は、いまだ発展途上にあるといえる[68]。特に、ロックの反聖職者主義の内実やその批判様式の解明は、依然として重要な検討課題である。そこで、本書で

---

64) 同上書、viiページ。岡村はこのような「政治社会」を「自由・平等・独立な個人が主体的に参加して構成する政治的な共同体」であるという（同上書、iページ）。
65) 例えば岡村は、王位継承排除法の成立を目指す運動を、「カトリック化する国教会とチャールズ二世の統治に反対する反政府運動」とみなす（同上書、227ページ）。
66) Spurr (1991), Rose (2011). ローズの著作の意義については、武井 (2013c) を参照。また、国王・議会・国教会の対立関係については、図2の公的領域を参照。
67) Miller (1973), Walsham (1999), (2006).
68) ただし、こうしたロック研究がまったくないわけではない。先述したゴルディやローズ、山田の研究に加え、最近の研究として、辻 (2014) がある。辻は、歴史的な文脈として、「宗教思想、宗教制度、世俗統治（国政紛争）」の三つを取り上げ、その中で、ロックの自由主義的な思想を再解釈する（同上書、193-213ページ）。各文脈における辻の議論は、筆者の議論と重なる部分も多いが、本書では世俗と宗教の緊張関係により力点を置いている点が異なる。

は、このような問題意識から、実際にロックが関わった四つの論争を中心に取り上げ、論駁対象との比較分析を通じて、ロックの世俗社会認識の解明に迫っていきたい。以下、本書で取り上げる具体的な論争と議論構成（章立て）について説明する。

本書では、ロックによる（1）E. バグショー批判、（2）S. パーカー批判、（3）E. スティリングフリート批判、（4）R. フィルマー批判の四つを取り上げる。

第一章では、ロックの初期の著作『世俗権力二論』を、歴史的な文脈（具体的には、「礼拝統一法」の成立過程）の中で再検討する。そして、同著作の「第一論文」と「第二論文」の内容上の違いを、その論駁対象であるエドワード・バグショーの議論との比較分析から明らかにする。

第二章では、寛容政策をめぐる国王・議会・国教会の対立の一側面を明らかにするため、ロックの『寛容論』（1667年）とカトリック問題（寛容論争におけるカトリック教徒の位置づけ）について考察する。『寛容論』の分析を通じて、『世俗権力二論』からのロックの思想的展開を確認するとともに、寛容政策が、教会の管轄権ではなく国家（為政者）の管轄権の行使であること、したがって、国家に従順である限り、カトリック教徒に対しても寛容が認められうるということを、ロックが付した留保・限定条件から明らかにする。

第三章では、国教会聖職者サミュエル・パーカーの『教会統治論』の分析を行う。この著作は、1669年に反・寛容運動の中で執筆されたものである。ロック自身、1667年に『寛容論』を既に執筆しており、またこの著作に対する批判も書き残している。この批判草稿を第四章で分析するための準備として、『教会統治論』の分析を行い、国家と教会の（特に管轄権をめぐる）関係性について、パーカーの認識を明らかにする。

第四章では、第三章の議論を踏まえて、ロックによる『パーカーの「教会統治論」に関する覚書』（以下『覚書』）の分析を行う。そして、ロックのパーカー批判の内実（ロックによるパーカー理解や批判の妥当性）及び、国家と教会の関係性におけるロックの認識の特徴を明らかにする。

第五章では、1681年頃に執筆されたロックの『スティリングフリート批判に関する論稿』(以下『論稿』)の分析を行う。この『論稿』は、強制による国教会の統一を主張する国教会聖職者エドワード・スティリングフリートに対する批判を記したものである。この『論稿』の分析から、ロックの反聖職者主義及び、教会と国家の管轄領域を区別するロックの議論を確認する。

　第六章では、『統治二論』におけるロックのフィルマー批判の検討を行う。同時期に執筆された先の『論稿』が、教会と国家の管轄領域の問題を中心に、教会の統治の在り方について論じているのに対して、『統治二論』は、国家の側から世俗的な統治の在り方について論じている。従来、後篇の「第二論文」が主たる議論の対象とされてきたが、「当代に通有力をもつ神学」と形容されるフィルマーの学説との対抗関係から、ロックの世俗的な統治の在り方を明らかにするため、ロックのフィルマー批判が具体的に展開されている前篇の「第一論文」を中心に分析を行う。

　終章では、本書のむすびとして、ロックの世俗社会認識が『統治二論』「第二論文」の中でどのように現れているのか確認するとともに、第一章から第六章までの議論を振り返り、国家(政治)と教会(宗教)の関係性(特に両者の間の緊張関係)を軸とするロックの世俗社会認識について再度まとめを行う。

第一章

エドワード・バグショー批判
――『世俗権力二論』

Ⅰ. はじめに

　本章では、ロックの初期の著作『世俗権力二論』の分析を通じて、ロックが直面していた課題及びそれに対するロックの処方箋を明らかにする。そして、本書で注目するロックの反聖職者主義的態度が、この初期の著作においても看取できることを指摘し、本書の第二章以降で、この点におけるロックの思想的連続性を論証していくための出発点としたい。

　本章で取り上げる『世俗権力二論』は、ロックの初期の重要な著作の一つである。これは二つの草稿からなり、一つは英語で、もう一つはラテン語で書かれている。伝記的な著作の中で部分的に言及され[1]、1967年にP. エイブラムズによって *Two Tracts on Government* として出版された。エイブラムズによれば、英語草稿（以下「第一論文」）は1660年12月に、その後、ラテン語草稿（以下「第二論文」）が1661-62年にかけて執筆された[2]。「第一論文」は、エドワード・バグショー（Edward Bagshaw, 1629-

---

1) 例えば King (1830a), pp. 13-15, Cranston (1957), pp. 59-63. これらの草稿は、1961年にC. ヴィアーノによって最初に出版されたが、より詳細な注釈がついたエイブラムズの版が一般に用いられるようになった。その後、ゴルディ編の *Locke: Political Essays* (Cambridge, 1997) に所収された。

2) Abrams (1967), pp. 10-11, 16.

1671)の『宗教的礼拝における無規定中立事項に関する大問題』(*The Great Question Concerning Things Indifferent in Religious Worship*)(以下『大問題』)[3]を論駁するために書かれ、「第二論文」は、アカデミックな読者のために、同じ議論をより理論的にしたものといわれている[4]。

　これらの草稿が、ロックが残した未発表の書簡・草稿類(「ラブレース・コレクション」)から発見されて以来、その「権威主義的」な特徴から、後期の「自由主義的」な著作との関係性が問われてきた[5]。細かな解釈上の相違はあるものの、大きく分けて、以下の三つに整理することができる。

　第一の解釈は、初期ロック(特に、本章で分析する『世俗権力二論』に代表される1660年代前半の「保守的」なロック像)と後期ロック(『統治二論』に代表される1680年代以降の「自由主義的」なロック像)との間に変化を認めつつも、思想上の一貫性・共通性を主張するものである[6]。例えば、ラスレットやガフは、法的権威や立憲主義的な特徴に注目し、ダンは、「根底にある神の意図」の重要性を強調する[7]。

　また、細部の議論は異なるが、初期から後期にかけての思考様式・問題枠組みの一貫性を主張する研究者もいる[8]。思考様式の一貫性について、例えば、I. ハリスは、「生存・生活にとって必要不可欠なものに関する著者の考え方」を思想家の「ヴィジョン」として、その連続的な側面を強調し[9]、中神は、ロックの政治観を「〈慎慮在る自由〉観」と呼び、その生

---

[3] Bagshaw (1660). 引用に際しては、同年にロンドンで印刷された第2版 (Wing/B413) を使用する。またバグショーについては、城戸 (1992) を参照。

[4] Abrams (1967), p. 16.

[5] ロックは1704年に亡くなる際、書簡や草稿をいとこのピーター・キング (Peter King, 1669-1734) に残した。以来、キングの子孫に受け継がれていたが、1947年にボドリアン図書館がラブレース伯 (キングの子孫) からこれらを購入し、一般に公開された (Leyden (1952), p. 63)。

[6] 代表的な研究者として、P. ラスレット、J. W. ガフ、J. ダン等が挙げられる。

[7] Laslett (1988), p. 20, Gough (1973), pp. 193-220, esp. pp. 202-204, Dunn (1969), pp. 12, 27. ダンと同様に友岡も、「神の存在」を『世俗権力二論』から『統治[二]論』にまで至る思考の「統一的基盤」とみなす (友岡 (1986)、88-90ページ)。

[8] Kelly (1991), Creppell (1996), Kraynak (1980).

涯にわたる一貫性を主張する[10]。また、問題枠組みの一貫性について、山田は、「宗教的な見解を異にする人々の自由と平和な共存という課題」が『寛容論』に継承されていると指摘し、加藤も「『発展する精神』の一つの系譜」として、『世俗権力二論』・『寛容論』・『統治二論』・『寛容書簡』を位置づけ、問題枠組みの連続性を主張する[11]。

このような解釈に対して、第二の解釈は、両ロック像の相違点をより強調する点に特徴がある[12]。例えば、M. クランストンは、「明らかに権威の側に傾倒しすぎている」と評する P. キングの解釈に依拠しながら、初期のロックを「極端な権威主義者」と形容し、「数年のうちに、ロックの政治思想は、根本的に変化することとなった」と述べる[13]。

また、両ロック像の相違点を強調する点ではクランストンと同じだが、歴史的な文脈を重視する点で、キングに依拠したクランストンとは異なる解釈を行う研究者もいる。例えば、アッシュクラフトは、「考えを変えた理由をロック自身が言明していないのであれば……文脈的な証拠を必然的に重視しなければならない」といい、「ロックの政治的・宗教的思想の急進化 radicalization は、政治世界 the world of public affairs への積極的な関与を通じて生じたものである」と主張する[14]。ただし、アッシュクラフトは、1667年以降の自由主義的な思想の発展プロセスにより関心があるため、『世俗権力二論』そのものについては詳細な分析を行っていない[15]。マーシャルも同様の観点（ロックの思想的展開への関心）から、ロックの初

---

9) Harris (1998), pp. 1-15.
10) 中神 (2003)、20ページ。
11) 山田 (2006)、67ページ、加藤 (1987)、43-83ページ。
12) 代表的なものに M. クランストン、R. アッシュクラフト、J. マーシャル、J. P. サマヴィル等の研究が挙げられる。
13) King (1830a), p. 13, Cranston (1957), p. 67. クランストンの見解を支持するものとして、浜林 (1958)、310ページ。エイブラムズは、クランストンをはじめとして、後の研究者たちがこのように解釈してきた理由を、P. キングによる「恣意的権威のチャンピオンとしての若きロック像」に依拠してきたためであると説明する (Abrams (1967), p. 7)。
14) Ashcraft (1986), pp. 76, 78-79.

期の思想に言及し、ロックが『世俗権力二論』を執筆した歴史的文脈をより重視する[16]。ただし、マーシャルの議論は、ロックによる即時的なバグショー論駁の側面に限定されている。ロックの論駁相手であるバグショーの議論は、16世紀後半以来の教会規定に関する論争（adiaphora（アディアフォラ）論争[17]）の文脈で理解されるべきであるが、その点に関してマーシャルの議論は不十分であり、ピューリタンの懸念を反映したバグショーの議論をより正確に把握しているとは言い難い[18]。

これに対して、サマヴィルは、adiaphora（アディアフォラ）論争の文脈及び17世紀前半のピューリタンの議論について、ウィリアム・パーキンズ（William Perkins, 1558-1602）やウィリアム・エイムズ（William Ames, 1576-1633）といった代表的なピューリタン神学者を取り上げながら、為政者への服従と良心の自由に関する彼らの問題認識をより明確に示している[19]。ただし、本章以下の議論（特にⅡ節2-3）で指摘するように、ロックの議論における幾つかの重要な点（例えば、厳格なアングリカンとの相違や彼らに対するロックの批判的態度）を見落としているために、より権威主義的にロックを解釈し、後期のロックとの違いを強調することになる[20]。

第三の解釈は、第一、第二の解釈とは異なり、後期の著作との関係性を

---

15) *Ibid.*, pp. 88-89. クラレンドン版『寛容論』の校訂・出版を行ったJ. R. ミルトンとP. ミルトン（以下、両ミルトン）も、『寛容論』の執筆に際して、ロックが考えを変えたと指摘する（Milton and Milton (2006), p. 31）。また、大森は、「ロックにおける道徳的・政治的人間像の変容」に焦点を当て、ロックの思想的転回の説明を試みている（大森 (1980)、(1981)）。

16) Marshall (1994), pp. 3-21.

17) この論争については、本章Ⅱ節1を参照。

18) ピューリタンたちは、自らの良心に反する為政者の法への服従が罪になるのではないかと恐れた。それゆえロックは、二つの課題に応える必要があった。第一に、為政者は宗教上の無規定中立事項を決定し、それを強いることができるということ、第二に、神に対して罪を犯すことなしに為政者の法に従うことができるということである。マーシャルは、ロックの議論のこうした側面を無視しているわけではないが、一つ目の問題をより重点的に扱っている。

19) Sommerville (2004), pp. 166-179.

20) *Ibid.*, p. 178.

主たる問題とはせず、『世俗権力二論』をそれ自体として分析するものであり、数は少ないものの、ローズや朝倉の研究が挙げられる。ただし、ローズが、adiaphora論争の文脈を踏まえた上で、『世俗権力二論』のより具体的な分析を行うのに対して、朝倉は「良心の自由」の議論に注目し、『世俗権力二論』の理論的な分析を試みている[21]。朝倉の結論やローズの議論には首肯できる点も多いが、両者がともに見落としている重要な点がある。それは、「第一論文」と「第二論文」との間の、外形だけでなく内容上の相違である。

ローズは、二つの草稿からなる『世俗権力二論』を一体のものとして議論するが[22]、その違いについては、W. フォン・ライデンやエイブラムズが既に指摘している[23]。また中村も、「第一論文」では、「結論を実質的に根拠づける方法的基礎」がほとんど展開されておらず、「第二論文」で「方法の諸基礎のうち法的な問題」を、『自然法論』で「認識論的問題」を議論しているという[24]。エイブラムズや中村の見解については同意するが、本章では、法的・認識論的課題というよりはむしろ、ロックが直面していた歴史的課題に着目し、ロックの議論の立脚点が、為政者の〈統治の在り方〉から〈服従調達の仕方〉へと変化した結果、「第一論文」と「第二論文」との間で内容上の違いが生まれたということを明らかにする。

本章では、まず、「第一論文」の執筆背景を概観した後、「第一論文」の

---

[21] Rose（2005）, 朝倉（1999）。

[22] 例えば、ダンも、「形式的・体系的な質」の違いを除き、両論文は、為政者の権威が決定することのできる「宗教的義務の領域が存在するというただ一つの主張を詳細に論じている」という（Dunn（1969）, p. 13）。

[23] Leyden（1954）, p. 30, Abrams（1967）, p. 15. J. コールマンもエイブラムズとほぼ同じ立場をとる（Colman（1983）, pp. 9-28）。彼らの立場は、理論的側面に注目する点では、第一の解釈を取る立場に近いが、一貫性を主張しない点が異なる。

[24] 中村（1967）、94ページ。同様の解釈をとるものとして、種谷（1986）、48-49ページ。また伊藤は、「第一論文」と「第二論文」の区別をしないものの、『世俗権力二論』と『自然法論』との関係については、中村、種谷らと同様の解釈をとる（伊藤（1992）、158-174ページ）。一方、田中は、両著作間の断絶を強調する（田中（2005）、38-41ページ）。

分析を行い、ロックが直面していた課題とそれに対する処方箋を明らかにする（Ⅱ）。次に、「第二論文」についても同様に議論を行い、その課題と処方箋を明らかにし、「第一論文」との内容上の違いを具体的に示す（Ⅲ）。そして、最後に、本章の議論のまとめを行い、その意義と次章への展望を示したい（Ⅳ）。

Ⅱ．「第一論文」の分析──為政者の絶対的権力の擁護

1　執筆背景

　ロックは、「第一論文」、「第二論文」を通じて、教会規定の問題について論じている[25]。この問題は、イエスの名におけるお辞儀や洗礼時の十字、聖餐を受けるための跪き等、『聖書』の中に明確に規定されていない国教会の教会規定（以下、無規定中立事項 indifferent things）に従うべきか否かというものであった。無規定中立事項とは、本来「信仰生活にとって必要ではないもの」であり、「これを保持するかどうかはどちらでもよい」ものであった[26]。しかし、規定されていないがゆえに、教会がそうした事柄を判断し、為政者がそれを臣民に課すことができるという体制側の論理も存在した[27]。そして、この問題をめぐって、当時、国教会側と非国教徒

---

[25]　ただし、本章以下で明らかにするように、教会規定の問題に対するアプローチの仕方が、両論文間で異なっている。「第一論文」では、〈為政者の支配〉を正当化する議論が主に展開されているが、「第二論文」では、為政者の命令に対する〈臣民の服従〉の側面がより重視されている。

[26]　キリスト教大辞典編集委員会（1963）、24ページ。"indifferent things" の訳語として、「無規定中立事項」の他に「非本質的事項」をあてる場合もあるが、この場合、何が本質的であるのか（また何が本質的ではないのか）という（特に国教会側の）価値判断が既に入り込んでいるため、こうした価値判断を挟まず、本来の「どちらでもよい」という意味をより反映させた訳語として、本書では「無規定中立事項」を採用する。この訳語については、八代（1993）、260-261ページを参考にした。

[27]　八代（1979）、212ページ。

の間で論争が繰り広げられており、ロックも「第一論文」の中で、無規定中立事項について、教会の判断を強制する為政者の絶対的な権力を擁護することになる。

ただし、この問題の起源は、16世紀半ばの祭服論争 Vestiarian controversy まで遡ることができ、そこでは、教会及びその首長（である為政者）が祭服のような無規定中立事項を課すことができるのかどうかが問題となっていた[28]。J. スパーによれば、「大主教パーカー［Matthew Parker, 1504-1575］による、祭服や儀礼の統一を強制しようとする試みが、1560年代半ばにピューリタンたちの憤慨を引き起こし」、それが「一般に、ピューリタンの運動の起源とみなされている」という[29]。また、サマヴィルが指摘するように、無規定中立事項に関する問題は、「為政者の権力と臣民の義務」との間の関係性に密接に結びついていた[30]。

この問題は、内乱による中断を経て、1650年代後半から1660年にかけて再び議論されるようになる[31]。1660年4月、王政復古に際して、国王チャールズ2世は「ブレダ宣言」を発布し、その中で「敏感な良心の自由 Liberty to tender Consciences」、「王国の平和を乱さない限り、いかなる人も、宗教的事柄に関する意見の相違を理由に、不安にさらされたり、疑問を投げかけられたりしないこと」、そして「信仰の自由 indulgence を完全に認めるために、十分な審議にもとづいて提出される議会制定法に同意する準備があること」を宣言した[32]。これは、内乱によって廃止された国教会を再建するにあたって、その方向性を示すものであった。これを受けて、ある人々は、信仰と実践の幅広い自由を認めるような包容的な教会を期待し、また、国教会の外部で宗教的自由が認められることになるだろうと予想する人々もいた[33]。例えば、長老派は、教会の教義や儀式の規定を

---

28) Collinson (1996), pp. 231-232, 友岡（1976）、178-181ページ。
29) Spurr (1998), pp. 49-50.
30) Sommerville (2004), p. 167.
31) Abrams (1967), p. 38.
32) HLJ, pp. 6-9.
33) Spurr (2006), p. 145.

緩和し、良心的な非国教徒の牧師を再び国教会内に入れる「包容 comprehension」の立場を支持し、独立派や会衆派は、「寛容 toleration」の立場をとり、国教会に属さなくても、自分たちの集会における礼拝の自由を公に認めるように主張した[34]。

他方で、こうした人々に対して「包容」も「寛容」も認めず、旧来の国教会体制の復活を目指す厳格なアングリカンもおり[35]、彼らは、「教会と国家の権威における神的基礎」、統治体制（「君主制と主教制」）の正統性、「サクラメントの本質」を重視し、後に「高教会派 High Churchmen」と呼ばれることになる[36]。特に主教制（「主教、司祭、執事」の三聖職位からなる位階制[37]）に関しては、国教会内部でも三つの立場があり、一つ目は、主教制の正統性を神的起源に求め（神授権主教説）、他の教会体制は認めない立場、二つ目は、主教制の神的起源を主張するものの、他の教会体制を容認する立場、三つ目は、主教制の起源を使徒以来の歴史性（人為性）に

---

34) Spurr (2006), p. 157.「ブレダ宣言」においても看取できる「信仰の自由 indulgence」と「寛容」の違いについて、青柳は、前者がカトリック教徒を含むさまざまな宗派に礼拝の自由を認めるのに対して、後者は「国教徒に改宗しない者たちに対して限定的に礼拝の自由を与えるという意味が強い」と指摘する（青柳 (2008)、37ページ）。カトリック教徒を寛容の対象に含めるのか否かは王政復古期の重要な問題であり、青柳は「カトリック対抗策としての包容の意義」を強調する（青柳 (2008)、16-17、84-104ページ）。この問題については、本書の第二章であらためて取り上げる。

35) 彼らはロード主義者 Laudians とも呼ばれ、中心的人物として、ギルバート・シェルドン（Gilbert Sheldon, 1598-1677）、ハーバート・ソーンダイク（Herbert Thorndike, 1598-1672）、ヘンリ・ハモンド（Henry Hammond, 1605-1660）などがいる（Rose (2005), p. 604）。R. S. ボッシャーは、彼らを「ロード派 Laudian party」として描く（Bosher (1951)）。ただし、I. M. グリーンは、「ロード派」という語を厳格なアングリカンに適用することに疑問符をつける（Green (1978), pp. 22-24）。

36) Livingstone (ed.) (1997), p. 767. これに対して「低教会派 Low Churchmen」は、主教職や司祭職、サクラメントを重視せず、プロテスタント非国教徒にほとんど近い立場をとる。ただし、「低教会 Low Churchman」という語自体は、「高教会 High Churchman」という語に対抗して、18世紀初頭に用いられるようになった（ibid., p. 999）。

37) Ibid., pp. 67-68.

求め、教会体制の変更可能性を認める立場である[38]。

　厳格なアングリカンは一つ目の立場をとるが、国王チャールズ2世自身は穏健な主教制（三つ目の立場）を支持し、同年10月に、包容的な国教会の設立について概略を示した「ウースター・ハウス宣言」を出した[39]。国王と厳格なアングリカンとの間には緊張関係が生じていたものの、このような構想は、少なくとも穏健なアングリカンとピューリタンの間では共有されており、この段階では、両者の間で妥協に至る可能性が存在していたといえる[40]。

　ただし、ここでの「ピューリタン」という語が主に意味しているのは、長老派のことである。ピューリタンといっても決して一枚岩ではなく、急進的なセクトから穏健な長老派まで幅広い宗派が含まれている。近年、長老派の「媒介的役割 mediating role」が注目されているが[41]、彼らは、1662年の「礼拝統一法」の制定以降も、非国教徒でありながら心情的には国教会徒であり続けた。それゆえ、上で述べたように、彼らの多くは「寛容 tolerance」ではなく国教会への「包容 comprehension」を切望していた[42]。バグショーも、カルヴァン主義を信奉していたが、「国教会における［宗教上の外面的な］統一 uniformity なき団結 unity」の立場をとっていた[43]。そして、この立場からロックの論争相手となるバグショーは『大問題』を執筆することになる。

　ここで、「第一論文」の具体的な分析に入る前に、バグショーとはいかなる人物であったのか、また、なぜ『大問題』を執筆したのかを、彼の経歴を辿りながら確認したい[44]。1629年、バグショーは、カルヴァン主義者で法曹家の父エドワード・バグショーの息子として、ノーサンプトン

---

38) Sykes (1956), pp. 66-72.
39) Spurr (2006), p. 145.
40) *Ibid.*, p. 145.
41) Ha (2011), p. 2-4.
42) Coffey and Lim (2008), p. 6.
43) Pyle (2000), pp. 47-49.
44) バグショーの生涯については、Keeble (2004) を参考にした。

シャーのブロートンに生まれる。ウェストミンスター・スクールを卒業し、オックスフォード大学クライスト・チャーチの奨学生に選ばれ、1647年2月1日に同学寮に入学した。1649年に学士号を、1651年に修士号を取得した。1656年に、副学長オーウェン（John Owen, 1616-1683）の斡旋により、ウェストミンスター・スクールの副校長に任命されたが、聖堂での帽子の着用をめぐって、校長バズビー（Richard Busby, 1606-1695）と口論し、1658年5月に追放された。この後、オックスフォードに戻ったが、学友であり親友のウォルター・ポープ（Walter Pope, 1627-1714）によれば、帽子とフードを「教皇主義の遺物」として廃止する運動を主導したという。バグショーの気性の激しさは、かねてより有名であり、こうした運動が、無規定中立事項において良心の自由を主張する『大問題』の執筆につながっていく。

　1659年8月25日に、バグショーは、オックスフォードシャーのアンブロスデンの教区司祭に推薦され、11月3日には、エクセターの主教に叙任されたが、1661年までに、非国教主義を理由に、聖職禄を失うとともに、クライスト・チャーチのフェローシップも剥奪された。おそらくこの間に、オックスフォードで、ロックはバグショーの執筆した『大問題』を目にしたものと思われる。1663年には、過激な発言が「反逆的行為」とみなされ、バグショーは、ロンドン塔に収監された。1667年にいったん釈放され、1670年から71年にかけて、リチャード・バクスター（Richard Baxter, 1615-1691）と論戦を交えるが、1671年に、国王への忠誠の誓いを拒んだため、ニューゲートに勾留される判決を受けた。ただし、収監されることなく、同年、ウェストミンスターにある自宅でその生涯を終える。

　バグショーの徹底した非国教主義と気性の激しさを、バクスターは、「再洗礼派であり、第五王国派であり、分離主義者であり、熱狂的な精神の持ち主 a man of an extraordinary vehement spirit」であると非難した[45]。そのようなバグショーの姿は、ロックにとっても宗教的熱狂の主唱者と映ったのかもしれない。ロックは「第一論文」の中で、宗教的熱狂に言及しつつ、バグショーの『大問題』に対して論駁を加えていく。それで

は次に、ロックが実際にどのような議論を行っているのか、その具体的な内容の分析に入りたい。

2　内容分析

「第一論文」におけるロックの議論の特徴は、三点に要約することができる。第一に、ピューリタンが無制限であると主張する良心の自由を、ロックが内乱の原因であるとみなしていたこと。第二に、聖・俗の領域区分の代わりに、ロックが「内面的 inward」世界と「外面的 outward」世界の区別を用い、為政者の権力行使は外面的世界に限定されると主張したこと。第三に、無規定中立事項を、神の意志に直接由来するもの、つまり、宗教上、救済に必要なものであるかのように強制することを、ロックが批判していたこと。したがって、これらの三点に着目しながらロックの議論を概観していく。

2-1　無規定中立事項に対する為政者の絶対的権力

ロックは、良心の自由を放置していたこと、すなわち「優柔不断な［臣民の］判断を野放しにしていたこと liberty for tender consciences」が、「この国を席捲したすべての混迷と前代未聞の破壊的意見との、そもそもの導火線」であり、「熱狂的誤謬 zealous mistakes や宗教的激情 religious furies に陥りやすい同様の心情が依然として人々の中にあり」[46]、彼らに良心の自由を約束する教説ほど、「この世の生活を危険に晒したり戦争の危険を増幅したり」するものは他にないという[47]。

ここで、ロックが良心の自由を無秩序の原因とみなすとき、二つの状況が想定されている。一つは、宗教的熱狂である[48]。「万が一、無規定中立事項がまったく無制約のままに放置されたとすれば、何ごとも合法的ではなくなる」[49]。なぜなら、自分たちが信じている礼拝様式からの「どんな

45）Maclear (1990), p. 7, Baxter (1681), p. 162.
46）FT, p. 40（友岡訳90–91ページ）.
47）FT, p. 41（友岡訳92ページ）.

に些細な逸脱」も、すぐに「神に対する冒涜」とみなすような人々は、当然のごとく、「剣をもって神の大義名分を擁護」し、「彼ら自身のためではなくこの名誉のために戦う」からである[50]。これはまた、ピューリタンによる良心の自由の要求が、他者に対する不寛容につながるということも含意している[51]。ロックによれば、為政者が宗教上の無規定中立事項に介入できない場合、社会の平和は、「良心に訴えて剣を抜くことができるすべての人々によって引き裂かれ、粉砕されるべき運命」に晒されることになる[52]。それゆえ、ロックは、平和を維持し、良心の自由の要求に基づく無秩序を防ぐためには、無規定中立事項に対する為政者の権力が必要不可欠であると主張した[53]。

　ロックが想定するもう一つの状況は、〈私的・宗教的領域〉の〈公的・政治的領域〉への拡大・侵食である[54]。ロックはバグショーに対して、も

---

48) P. J. ケリーは、『世俗権力二論』から『寛容書簡』にかけて「宗教的"熱狂 enthusiasm"の政治的な悪影響」を扱う決心をロックはしていたと考える。筆者も、「"熱狂"によって引き起こされる政治的課題」が、「キリスト教徒の良心の自由」と「世俗為政者の主権的権威」を調和させることにあったというケリーの見方に同意する（Kelly (1991), pp. 125-126）。熱狂は、ヨーロッパでは、この時期から19世紀半ばにかけて重大な問題となっていた。この問題の詳細については、Klein and La Vopa (eds.) (1998) を参照。

49) FT, p. 7（友岡訳17ページ）．

50) FT, p. 42（友岡訳93ページ）．

51) ロックはまた、「全般的な自由は、全般的な束縛に他ならない。つまり、公的な自由を安易に主張する人々は、その最大の侵害者でもある」と述べている（FT, p. 7（友岡訳16ページ））。マーシャルは、「不寛容や権威に対する'ピューリタン'の要望が一般に自由の要求の下に覆い隠されているという一貫した疑いに対して……ロックがかなりの根拠をもっていた」と指摘する（Marshall (1994), p. 8）。

52) FT, p. 42（友岡訳94ページ）．

53) ロックは「為政者 magistrate」を、「第一論文」では、「最高の立法権力」をもっている人物あるいは集合体であると説明し（FT, p. 11（友岡訳25-26ページ））、「第二論文」でも同様に、「法を制定したり廃止したりする権力」として説明する（ST, p.56（友岡訳125ページ））。ただし、「最高権力が置かれる統治の形態や人々の数」は問題にはしていない（FT, p. 11（友岡訳25ページ））。この点については、ST, p. 57（友岡訳125ページ）も参照。

54) 本書の序章の図2を参照。

し「外面的な無規定中立事項」が「霊的な関心事」であるならば、「それぞれの領域」を我々に示し、「世俗的事柄 civil things がどこで終わり宗教的事柄 spiritual things がどこで始まるのかを教えるべき」であると批判する[55]。そして、多くの人々は『聖書』を用いて世俗的な事柄を良心の問題（宗教的事柄）と容易に結びつけるため、「小心な良心が……霊的なものとしないほど、無規定中立的な行為は何一つ存在しない」と主張する[56]。

つまり、世俗的な事柄と霊的（宗教的）な事柄との間の境目は非常に曖昧であり、この曖昧さにより、宗教的熱狂者は、霊的な事柄を政治的領域へと拡大することが可能となる。その結果、世俗的な事柄でさえ宗教的なものと結びつけられるため、為政者がそれらを臣民に課すことができなくなり、無秩序に至るとロックは考える。さらに、「政治権力自体が、究極的には反キリスト的」とみなされ、無規定中立事項に関する為政者の命令に服従することが罪であると考えられるようになり、そのような為政者に対抗するように群衆 multitude を駆り立てることになるという[57]。それゆえ、ロックは、無規定中立的なものである限り、世俗的なものであれ宗教的なものであれ、それらに対する絶対的な権力を為政者は必要とすると主張した。

ロックはまた、私人の判断力について、バグショーとは異なる見解を示しつつ、為政者の絶対的権力について議論する。バグショーは、この世の雑多な事物になぞらえて、人々の外面上の多様性を主張するとともに、「神を崇め、礼拝の本質において一致している」という点で、すべての人々（キリスト教徒）の「心的な統一性 unity in mind」を強調する。そして、各人の内面的な「心 Spirits の命令」や「慎慮 prudence の導き」に信頼を置き、「[行為の] 多様性が、混乱をもたらすことは決してない」と考える[58]。

---

55) FT, pp. 23–24（友岡訳53–54ページ）.
56) FT, p. 24（友岡訳54ページ）.
57) FT, p. 36（友岡訳81–82ページ）.
58) Bagshaw (1660), pp. 13–14.

これに対して、ロックは、無規定中立事項を判断する私人の能力については懐疑的であり[59]、「私的な意見」は、「彼ら自身の利害」や「無知と無思慮」によって「誤った方向へ導かれる」ため、私人の判断が「あらゆる法令の衡平性と拘束力」を測る基準にはなりえないという[60]。他方で、為政者の判断には信頼をおき、その権威の起源が何であれ（神授権であろうと民衆の同意であろうと）、為政者が無規定中立事項に関する唯一の判断者であると主張した[61]。

　上でみてきたように、無規定中立事項に関して判断を下し、それを強制する為政者の絶対的権力について論じる際、ロックは、宗教的熱狂と宗教の政治的領域への拡大・侵食に起因する問題に注目していた。また、私人に対する（悲観的な）認識と為政者の判断への信頼によって自説を支えていた。そして、世俗的な事柄と宗教的な事柄の区別をなくし、両方の事柄に対して、為政者が絶対的な権力をもつと主張した。ただし、両領域の区別をなくす代わりに、ロックは、内面的世界と外面的世界の区別を用いるようになる。この議論を次に確認する。

2-2　内面的世界と外面的世界の区別

　内面的世界と外面的世界の区別を議論する前に、ロックの宗教に関する定義を確認しておこう。ロックによれば、宗教とは、「第一の創設者〔神〕

---

[59] ロックの懐疑的態度については Wootton (2003), pp. 26-36, Colman (1983), p. 12を参照。伊藤は、私人の判断能力に関するロックの議論について、「あくまで現実判断＝経験的基礎からするところの政策論レヴェルで行われて」おり、「原理的にいって「臣民」が神の法の認識主体になりえないのか否かということは、統治者による神の法＝自然法認識の方法とともに検討されていない」と指摘する（伊藤（1992）、161ページ、傍点は原文）。

[60] FT, p. 21（友岡訳48ページ）。ケリーもまた、「個人の主観的な判断」がどのようにして世俗為政者の権威の否定につながるのかを、ピューリタンの議論に焦点を当てながら説明している（Kelly (1991), pp. 130-131）。ただしケリーも、ロックとアングリカンの違いを詳細に議論していないため、本章III節で議論する聖職者主義に対するロックの批判的態度を見落としている。クレッペルもこの点については同様である（Creppell (1996), p. 207）。

[61] FT, p. 12（友岡訳26-27ページ）。

の力以外のいかなる力をもってしても、また、彼［神］が定めた以外のいかなる方法をもってしても、人間の心の中に捻出することはできない」ものである[62]。神は、「その摂理の賢明な仕掛けによってか、より直接的な霊的作用によって」、「喜んで授け教えようとする」諸真理を人々に得心させる[63]。そして、「宗教の実質的部分」は「信仰と痛悔」であり、「心の裁判官たる神は、こうした内的行為についての知識と譴責とを留保している」という[64]。

　そして、ロックは、宗教の本質を諸個人の内面的世界におき、外的行為と切り離すことによって、為政者による外的行為への命令を正当化する[65]。つまり、為政者は、自身の信仰そのものを臣民に強制することはできないが、『聖書』に規定されていない事柄については臣民に法を課すことができる[66]。したがって、ロックは、「礼拝の一定の外面的な形式が必然的に宗教の精神を奪い去る」ことはないと主張する[67]。

　一方、ピューリタンたちは、信仰と礼拝様式を不可分なものと考えた。彼らは、キリストによるユダヤ人の戒律からの解放を根拠に、外面的な礼拝であっても、為政者が無規定中立事項を課すことはできないと主張した[68]。バグショーも、キリストは、「厳格で威圧的なパリサイ人」を他の人々にくびきを負わしているとして痛烈に非難し、「自由のために彼の下

---

[62] FT, p. 13（友岡訳30ページ）.
[63] FT, p. 14（友岡訳32ページ）.
[64] FT, p. 47（友岡訳104ページ）. ロックはまた、「神の宗教」は「神への信仰と依存、神への愛、罪に対する悲しみといった内的諸行為」であるという（FT, p. 52（友岡訳115ページ））.
[65] ロックは必ずしもすべての外的行為を宗教から除外しているわけではない。ロックは、「公的な祈り、感謝の行為、讃美歌、秘跡への参与、神の御言葉の拝聴」といった外的諸行為を、聖書に規定されているという理由から宗教礼拝に含めている（ST, p. 58（友岡訳129ページ））.
[66] FT, p. 13（友岡訳30ページ）.
[67] FT, p. 43（友岡訳96ページ）. ロックは例としてサープリス（聖職者が着用する白衣）を挙げる（FT, p. 44（友岡訳98ページ））.
[68] Sommerville (2004), pp. 166-167. このような主張はピューリタンの神学者によって広く用いられていた（*ibid.*, p. 167）.

に来るようにすべての者たちを招いた」と結論づけ、この「自由」という言葉は、「罪からの自由だけでなく、すべての人間の命令からの自由」と理解されるべきであると主張した[69]。

ロックは、バグショーに対して、キリストがパリサイ人たちを非難したのは、「彼らの、内面的、実質的な部分を疎かにした、気どった形式的礼拝」及び、「自らの伝統を神の法に混入し、神の命令に匹敵する権威を有するものとして強要し、人々の良心に重荷を負わせるという自由の略奪行為」に対してであったと反論する[70]。ロックは、バグショーが根拠とした「マタイによる福音書」第11章と「ヨハネによる福音書」第8章に言及し、キリストの言葉は、「法ではなく、罪や悪霊からの自由」の擁護として理解されるべきであったと主張する。なぜなら、キリストの臣民の自由は、「彼らがその臣民であるところの王国［神の国］と同一の性質のもの、つまり、この世のものや外面的人間 outward man のものではなく、内面的人間 inward man のもの」であったからである[71]。

ロックは、ピューリタンたちによる世俗と宗教の区別の代わりに、内面と外面の区別を用い、宗教の本質を内面的世界に限定することによって、為政者が外面的世界における無規定中立事項を課すことを正当化した。そして、人々の破壊的な性質（「混乱した群衆 a confused multitude」）について再度指摘し[72]、以下のように主張する。

> 群衆 multitude は絶えず熱願することを止めず、一向に満たされることなく、その頭上に〔限界として〕設けられたものすべてに手を掛けて引き倒そうとするものであるから、無規定中立事項における諸制度は、宗教のより実質的部分を確保するための外壁として建てられてよい[73]。

---

69) Bagshaw (1660), p. 3. バグショーは、「マタイによる福音書」第23章と第11章28、29、30節及び「ヨハネによる福音書」第8章36節に言及している。
70) FT, p. 18（友岡訳40ページ）.
71) FT, p. 18（友岡訳41ページ）.
72) FT, p. 39（友岡訳88ページ）.
73) FT, p. 39（友岡訳88ページ）.

このようにして、ロックは、無規定中立事項に対する為政者の絶対的権力を擁護しようとした。この議論は、後のロックの「自由主義的」な立場と比べると、しばしば「権威主義的」、「絶対主義的」であるとみなされる。

しかし、ロックの議論における、ある重要な側面がしばしば見過ごされるために、過度にこの時期のロックが権威主義的に解釈されてしまっている。その重要な側面とは、ロックの聖職者（特に厳格なアングリカン）に対する批判的な態度である。ロックの反聖職者主義は、本書を通して明らかにするように、少なくともこの時期から『統治二論』執筆の時期に至るまで、ロックに一貫した態度であった。そして、本書の序章で確認したように、「聖」と「俗」の緊張関係は、具体的にはロックと厳格なアングリカンとの間の対立関係から把握することができる。そこで、以下では、聖職者主義に反対するロックの議論を確認する[74]。

2-3 反聖職者主義

ロックの反聖職者主義的立場を明らかにする上で、「良心［の自由］を侵害すること imposing on conscience」の意味を確認しておく必要がある。ロックはそれを以下のように定義する。

> 良心［の自由］を侵害することは、私にとっては、教義なり法なりを、実にこれらが人間の法令、人間の権威の産物にすぎないものであるにもかかわらず、神的起源のもの、救いに必要なもの、したがってそれ自体良心を拘束する力のあるものとして、人の信念なり行動なりを押しつけることであるように思われる[75]。

---

[74] マーシャルやローズも、ロックの反聖職者主義の重要性を指摘する（Marshall (1994), p. 13, Rose (2005), p. 617）。

[75] FT, p. 23（友岡訳51ページ）. ハリスはこの定義を重視せず、ロックが良心を完全に秩序に反するものとみなしていたと考え、「ロックは良心と秩序の調和を欠いていた」と主張する（Harris (1998), pp. 65-74）。ハリスと同様の見解をとるものとして、中村 (1967)、97-98ページ、井上 (1978)、176-179ページ、大澤 (1995)、244ページ。

既に言及したように、ピューリタンたち（特に長老派の人々）は、『聖書』の記述を根拠に、為政者の命令からの良心の自由を主張した。しかし、上述の定義に従って、ロックはそれを次のように解釈し直す。すなわち、キリストがパリサイ人を非難したのは、彼らによる強制そのものに対してではなく、「神の命令と同じ権威をもつかのように」彼らの伝統を強制し、「人々の良心に重荷を負わせたこと」に対してであったと[76]。

良心の自由の侵害の意味をめぐっては、研究者の間でも解釈が分かれている。友岡はキリストが非難したパリサイ人の強制の仕方を「神的起源性」・「宗教的救済的性格」の「僭称」とよび、「ある命令が非本質的事物を規定内容とし、且つ、人間的範疇のものたる政治的目的を根拠・理由とする場合、その命令は『良心に拘束をおく』ことにはならない」という[77]。これに対して朝倉は、友岡を批判して、ロックの意図は「『良心に拘束を置くこと』の意味を限定することによって、良心に拘束を置くことなしに、為政者が何らかの命令を発することは論理的に不可能であることを導くことにあった」という[78]。しかし、本章以下で論証するように、ロックは「良心［の自由］を侵害すること」の意味を限定することによって、無規定中立事項について、良心の自由を侵害することなしに、為政者が自らの判断を臣民に課すことを正当化する。したがって、筆者も友岡と同様の見解をとる[79]。

ロックによる「良心［の自由］を侵害すること」の定義は、さらに二つの含意をもつ。一つは、バグショーの主張に対する反論である。バグショーは、「［無規定中立的なものではなく］使徒 Apostles が必要とみなすもの」だけが、「我々に課される対象となるべきである」と主張する[80]。それゆえ、バグショーの議論は以下のようになる。

---

76) FT, p. 18（友岡訳40ページ）.
77) 友岡（1976）、52ページ。
78) 朝倉（1999）、41ページ。
79) 種谷も友岡や筆者と同様に解釈する（種谷（1986）、66-67ページ）。
80) Bagshaw (1660), p. 7-9.

神が自由に放任していたにもかかわらず、そうした事柄に対して、人間［為政者］が新たな規則をつくり、そうした規則が必要なもの Necessity であると主張したとしても、それらを、人間のしつらえた樹木、したがって、神が認めた樹木ではないとして、我々は正当に拒絶することができる[81]。

これに対してロックは、為政者が強制することのできる事柄に関して、二つの場合を想定する。一つは、「それ自身の性質上、必要とされるものであり、すべてが神の法に含まれる」場合である[82]。もう一つは、暫定的に、つまり、必要であるかどうかが状況に応じて決まる場合である[83]。ロックは、為政者が無規定中立事項を課すときには、後者の必要性だけで十分であると主張する[84]。ロックは、自身の論理にしたがって、上で引用したバグショーの文を正しく次のように書き直した。

人間の考え出した物が神的起源をもつと主張され、神の明白な命令に反してそのようなものとして課され、神が自由に任せている事物に教義的・神的必要性 dogmatical and divine necessity を帯びさせた時には……我々はそれらを、人間のしつらえた樹木、したがって、神の認めた樹木ではないとして、正当に拒絶することができる[85]。

もう一つの含意は、高教会を志向する厳格なアングリカンを批判することであった[86]。彼らの議論は、「国家が我々に無規定中立的な行為を行うように命じる場合には、そうするように良心において拘束されており、もし従わなければ罪を犯すことになる」というものであった[87]。そして、「外的な強制と（カトリックとは異なる）説得の組み合わせ」が「人を救済

---

81) *Ibid.*, p. 5.
82) FT, p. 33（友岡訳74ページ）.
83) FT, p. 33（友岡訳74-75ページ）.
84) FT, p. 33（友岡訳75ページ）.
85) FT, p. 28（友岡訳64-65ページ）.
86) ケリーは一つ目の含意をつかんでいるが、二つ目については把握し損なっている（Kelly (1991), pp. 136-137）.
87) Sommerville (2004), p. 166.

に導くならば」、そうした強制は正当化された[88]。つまり、このようなアングリカンたちは、外的行為を通じて内面の信仰に影響を与えることができると考えていた。

　他方、ロックは、内面的世界と外面的世界を区別し、たとえ無規定中立的なものであっても、救済に導くことを理由に、それらを臣民に課すことを為政者に認めなかった。ローズは、こうしたロックの態度を、厳格なアングリカンとの重要な違いとして指摘するが[89]、サマヴィルは、それに言及することなく、ロックを大まかにアングリカンの中に位置づける[90]。また、アッシュクラフトは、ロックの反聖職者主義を、聖職者による「独立した権威の主張」に対する「世俗為政者の絶対的な権威の擁護」とみなすが、「良心［の自由］を侵害すること」の意味については十分な注意を払っていない[91]。上述したように、ロックにとって「良心［の自由］を侵害すること」とは、神的な権威に基づき、救済に必要なものであると主張することによって、本来人為的な教義や法を人々に課すことであった[92]。

　これまでのところで、「第一論文」におけるロックの議論を三つの特徴に焦点を当てながら概観してきた。一つ目は、良心の自由の主張が無秩序を引き起こすことを示し、為政者の絶対的な権力を擁護するロックの議論

---

[88] Rose (2005), p. 614.

[89] *Ibid.*, p. 614. Marshall (1994), pp. 16-17も参照。

[90] Sommerville (2004), p. 166. また、両ミルトンも「宗教礼拝の統一を課す為政者権力の擁護」は、「標準的な国教会派の立場」と同じであるという (Milton and Milton (2006), p. 46)。これに対して、「スタップ宛の手紙」(1659年) とロックが「第一論文」で描いた理想的な世界 (FT, pp. 41-42 (友岡訳92-93ページ)) に言及しながら、D. ウットンは、「［寛容を支持する］敵対者に対するロックの共感が、ロックが徹底したアングリカンやスコラ的な人物ではなかったということを特徴づけている」という (Wootton (2003), pp. 35-36)。クレイナックは、この議論を聖職者主義に反するものではなく、ホッブズと類似した議論として解釈し、それを「世俗的絶対主義 Secular Absolutism」と呼ぶ (Kraynak (1996), pp. 57-58)。

[91] Ashcraft (1995), p. 75. アッシュクラフトは、ロックの晩年の著作『キリスト教の合理性』(1695年) に関しては、こうしたロックの反聖職者主義的態度を把握している (*ibid.*, p. 82)。

[92] ロックの反聖職者主義については、本章Ⅲ節2-3で再び議論する。

であった。その際、ロックは、宗教的熱狂と宗教の政治的領域への拡大・侵食という二つの事態を想定していた。宗教的な領域と世俗的な領域に関する問題は、二つ目の特徴と関係していた。ロックは、それらの間の境目が曖昧であることから、無規定中立事項に対して、為政者が絶対的な権力をもつことができると主張した。その代わりに、内面と外面の区別を採用し、為政者の権力を外面的世界に限定した。この区別が三つ目の特徴と関わっていた。ロックは為政者に対して、聖・俗を問わず、無規定中立的なものである限り、それらを臣民に課すことができると認めたが、救済に必要なもの、つまり、神の法であるかのように主張することによって強制することを批判した。宗教の本質は個人の内面的世界にあり、そのような為政者の強制は、ロックの定義にしたがえば、良心の自由を侵害することを意味した。これらの議論は、無規定中立事項に対する為政者の絶対的権力の必要性だけでなく、その権力の適用可能な範囲についても示していた。

ただし、ロックの議論には、歴史的な状況の変化に応じて、「第一論文」と「第二論文」の間で、微妙ではあるが重要な変化がみられる。両論文の関係性について、これまでの研究を整理した際にも言及したが、従来、法的・認識論的な側面から両論文間の理論上の相違が指摘されてきたものの、ロックが直面していた歴史的課題の変化、具体的には「礼拝統一法」の成立過程に着目して、両論文間の議論の変化を分析したものはこれまでなかった[93]。王政復古以降、国教会体制が再建される中で、ロックの議論の立脚点も、為政者の〈統治の在り方〉から〈服従調達の仕方〉へと変化していった。ロックは、前者について「第一論文」で議論を行い、後者について「第二論文」の中で議論を行う。次節以下では、ロックが「第二論文」の中でどのような議論を展開しているのか具体的にみていきたい。

---

[93] 直接ロックを扱ったものではないが、王政復古期の国教会の再建、特に1660-1662年の出来事に焦点を当てた研究が近年行われている。例えば、Keeble (ed.) (2014) を参照。

III. 「第二論文」の分析――臣民の良心の自由と服従の義務

1 執筆背景

　まず、ロックが「第一論文」と「第二論文」を執筆する間に、政治的な状況に変化が生じていたことを確認するため、「第二論文」の執筆に至る1660年以降の出来事について概観していく。国教会側と非国教徒（特に長老派）との間で教会規定について妥協にいたる可能性が残されていた1660年の雰囲気と比較して、同年11月に「ウースター・ハウス宣言」を立法化するための法案が否決されて以降、状況は劇的に変わっていった[94]。まず、この法案の否決は、国教会からピューリタンの意見を排除する口火となった[95]。さらに、第五王国派のトマス・ヴェンナー（Thomas Venner, 1609-1661）が、1661年1月に反乱を起こし、「宗教に関する意見の相違が、反乱を引き起こす扇動や政治的な破壊活動のための偽善的な口実にすぎない」という強固な信念を人々の間に植えつけた[96]。また、国王チャールズ2世によって1661年4月から7月にかけて開かれたサヴォイ会議においても、一般祈祷書の修正をめぐるアングリカンと長老派の交渉は決裂した[97]。そして、内乱後に制定された法を無効にし、内乱以前の状態の回復を目指す新たな議会（いわゆる「騎士議会」）が選出され[98]、アングリカン

---

94) Spurr (1991), pp. 37-38, Keeble (2002), p. 115.
95) Keeble (2002), p. 115.
96) *Ibid.*, p. 116, Spurr (1991), p. 38.
97) サヴォイ会議（Savoy Conference）は、1661年の4月15日から7月24日まで、一般祈祷書を再検討するために国王チャールズ2世によって開かれた会議である。参加者は、「12人の主教、12人の長老派の神学者、そして各陣営からの9人の補佐役からなる」（Livingstone (ed.) (1997), p. 1458）。Spurr (1991), p. 39.
98) 今井（1990）、242ページ。「騎士議会」は、当初、「長老派の政治的・宗教的権力を押しつぶすための法を制定し、再建された国教会をより強固にし、……国王に対しても敬意を示す『騎士 Cavalier』の名に相応しい議会」であったが、信仰の自由を容認する姿勢を崩さない国王に対して、次第に「辛辣な批判者」となっていった（Seaward (1989), p. 35）。

とピューリタンが妥協に至る可能性はほとんどなくなった。

　このような状況の中で、庶民院は、1661年6月に「礼拝統一法」の準備を始めた。この法案は1661年7月に庶民院を通過したが、貴族院で否決されたため、「主教による聖職按手」と「厳粛な同盟と契約 Solemn League and Covenant」の放棄を求める修正が庶民院で施された。そして、修正法案が貴族院にはかられ、1662年5月に国王の承認を得た[99]。修正内容にある「厳粛な同盟と契約」とは、内乱期に議会側がスコットランドからの援助を得るために、国教会の主教制にかえて、スコットランドの長老主義教会体制を採用することを約束したものである[100]。この「契約」の放棄は、王政復古後に再建された国教会が長老主義的要素を完全に排除することを意味した。また、「主教による聖職按手」が求められたのは、内乱期に主教による聖職按手を受けていない聖職者（特に長老派）の正統性について、国教会側が問題視したためであった[101]。「礼拝統一法」の制定により、こうした問題点も解消され、教会規定に関する論争は一応の決着をみることとなる。

2　内容分析
2-1　為政者の法に対する臣民の服従義務

　ロックは、アングリカンとピューリタンとの間で妥協点を模索する段階から、厳格な国教会制度（「主教、司祭、執事」の三聖職位からなる主教制）が再建されていく中で、「第二論文」を執筆したと考えられる。この場合、「第二論文」は、「第一論文」とは異なる歴史的文脈の中で書かれたということになる。「第一論文」の課題は、内乱後の秩序維持を目的に、無規定中立事項に対する為政者の絶対的な権力を擁護することであったが、「礼拝統一法」の制定が現実味を帯びてくると、為政者の法が臣民の信念に反する場合に人々はその法に従うべきか、というより具体的な問題に対処す

---

99) Keeble (2002), p. 117, Seaward (1989), pp. 175-178.
100) 今井（1990）、203ページ。
101) Sykes (1956), p. 118-120.

る必要があった[102]。そして、ロックは、「第二論文」の中でこの問題をより理論的に扱うことになる。このことは、おそらく1661年の5月から6月頃に、「第一論文」の「読者への序文」に挿入された以下の文章の中で示唆されている[103]。

> ただ一言、議論を始めるにあたって言わせていただきたいことがある。それは、もし我々のうちの誰かが、自らの議会における同意によって批准され課されたに他ならないところの諸法の拘束性を問題にするとすれば、それは奇妙なことであろう、ということである[104]。

バグショーは、既にそのような問題について、『大問題』の中で以下のように懸念を表明していた。

> 誰であれ、それ［無規定中立事項］を必要なものとして、人々に課そうとするとき、そのように課された事柄は、すぐにその自由を失い、その合法性も同様に失う。そして、我々は、使徒の教えに反することなしに、それに服従することはできない。なぜなら、我々は、服従することによって、その命令を出す人物の強制的な力を認めることになり、［その命令に］同意することによって、その人物による［権力の］簒奪を支持し、また促進することになってしまうからである[105]。

これは、為政者は本来的にそのような権力をもっていないため、宗教上の無規定中立事項を課すことはできないということを意味している。それゆえ、為政者がそのような事柄について人々に服従を強いるならば、その為政者は良心の自由を侵害したことになり、他方で、もし人々がそのような為政者の命令に服従するならば、彼らはまた、キリストの教えを破ること

---

102) ローズもまた、「統一のための法に服従するかどうかは、政治的・法的問題であると同時に、道徳的ジレンマでもあった」と指摘する（Rose (2014), p. 48）。
103) マーシャルによれば、国教会の統一を再確立するために議会が「礼拝統一法」の準備を始めた際に、この文章が付け加えられたという（Marshall (1994), p. 20）。
104) FT, p. 10（友岡訳22ページ）.
105) Bagshaw (1660), p. 10.

にもなる[106]。このような恐れは、17世紀前半（内乱以前）のピューリタンたちによって既に次のように表明されていた。「もし宗教的儀式の問題について疑問を感じている人に従うならば……単なる人間の意志を、まるでそれが神自身の意志を権威としてもっているかのように扱うという罪を犯すことになるだろう」と[107]。

　ロックの認識では、無規定中立事項は、聖・俗の内実を問題とせず、同じものとして扱われるため、そのようなピューリタンたちの考えに対し、ロックは、「第一論文」の中で、宗教的事柄が生活全般へと拡大解釈されることによって生じる無秩序を根拠に反論する。しかし、この反論は、上に引用した文章の前半部分にのみ該当するものである。つまり、「第一論文」では、無規定中立事項に関する為政者の命令を受け入れることがキリストの教えに違反する、というバグショーの議論をロックは論駁していない。ロックがこの問題を扱ったのは「第一論文」ではなく、「第二論文」であった。

　既に述べたように、ロックが「第二論文」を執筆していた時、議会は礼拝統一のための法案を審議し始めていた。もし、「礼拝統一法」が、それに納得することのできない人々に課される場合、そこで懸念される問題は、彼らがこの法に良心に基づいて従いうるのかどうかということであった。また、たとえ従うことができたとしても、今度は服従の仕方が問題となる。実際、この法は、聖職者、教区司祭などに以下のように宣誓することを要求した。

---

[106] バグショーは、具体例として、「ガラテヤ人への手紙」第２章11-14節に言及する（Bagshaw (1660), p. 9）。

[107] Sommerville (2004), p. 170. サマヴィルはここで、スコットランドの長老派の神学者、サミュエル・ラザフォード（Samuel Rutherford, 1600–1661）によって書かれた *The Divine Right of Church-Government and Excommunication* (1646) を参照している。J. F. マクリアも同じ文章を引用している。しかし、マクリアは、「強制という行為自体」が無効であるというバグショーの議論の一例として示しており、このようなバグショーあるいはピューリタンの懸念を見落としている（Maclear (1990), p. 8）。

> 私、A. B. は、祈祷書と名づけられた書物に含まれ、規定されているすべての事柄に、そして、聖餐式の実施方法及びその他の教会の儀式・作法に対して、心から同意し賛同致しますことを誓います[108]。

　この要求に対して、多くの聖職者は拒絶したが、教区司祭の大部分はそれを受け入れた[109]。それゆえ、「礼拝統一法」は、必ずしも大規模な非国教徒集団をつくり出したわけではなかった。実際、著名な聖職者も、「非国教徒の秘密礼拝集会所や、カトリック教徒の集まり、無神論者の騒ぎにたびたび顔を出していたが、表面上は従順な国教会の一員」であり続けた[110]。もちろん、この法への服従は、それを自らの信念と一致するものとして受け入れるということを必ずしも意味しない。しかしながら、このような服従の仕方は新しいものではなかった[111]。例えば、R. バクスターは、『キリスト教指針』（*A Christian directory, or, A summ of practical theologie and cases of conscience*）の中で、以下のように書いている。

> 昔の非国教徒たちは、イングランドの高位聖職を違法な職務と考えていたが、教会法上の服従の誓いを行うことは合法であると主張した。なぜなら、彼らはそれが国王及び法によって課されていると考えたからである。そして、彼らは、教会統治において神授権を主張する権威ある立場にいる人としてではなく、権威をもたない普通の人、つまり、国王が委任した限りにおいて教会権力を行使する国王の代理人として、彼らに誓いを立てるのである、と主張した[112]。

　ロックもまた「第二論文」において、このような観点から「礼拝統一法」に対する服従の問題について考察している。ロック自身は、直接、「礼拝統一法」には言及していないが、オックスフォードでのロックの親友の一人であるサミュエル・ティリー（Samuel Tilly、生没年不明）は、ロッ

---

108) Raithby (1819a), pp. 364–370.
109) Keeble (2002), p. 119, Spurr (1991), pp. 42–43.
110) Spurr (2006), pp. 147–150.
111) Vallance (2001), Spurr (1991), pp. 45–47, Green (1978), p. 149を参照。
112) Baxter (1673), p. 205.

クに宛てた手紙（1662年3月7日）の中で、それについて触れている[113]。

> 私は、あなたの草稿［「第一論文」］をこのようにお送りする危険にさらすつもりはなく、こうする前に、オックスフォードを訪問すればよかったのですが……、その［礼拝統一法案の］決議まで、そのようなこと［オックスフォードへの訪問］を諦めざるを得なくなり、私はその草稿［「第一論文」］を、配達人の手で送り届けなければなりませんでした。いかなる私的な理由であれ、公的に有用な、そして、重要なものとなりうるものを、もはや私の手元にとどめておくことはできませんから[114]。

同じ手紙の中でティリーは、バグショーについて、「あなたの論敵は、『聖書』の多くの記述の誤用に加えて、もし『聖書』の記述によって主張される根拠に弱点がないとしても、実際にはまったく論拠がない、多くの自信に満ちた主張を行っています」と書いている[115]。

ロックは、最終的に「第一論文」を出版しなかったが、この時期に「第二論文」を書いていた。ロックは、特に「第二論文」の法区分に関する議論の中で、為政者の法への服従の問題について議論する。

2-2　法秩序論と良心の自由

ロックは、「第一論文」の中で、無規定中立事項の性質を明らかにするために、「人定法と神法」、つまり、「神の命令と人間の指令」の違いに言及し、人間の命令は、「神の権威が命じた上位の法によって」定められた「より実質的で必要とされるもの」以上に、無規定中立事項を上昇させることはないと主張した[116]。ただし、ロックはここで、命令することの意

---

113) ティリーは、1651年3月22日にオックスフォード大学のウォダム・カレッジに入学し、1654年に学士号、1657年に修士号を取得し、その後、キングズベリー（1664-85年）とイースト・ランブルック（1670-85年）の教区司祭を務めた（De Beer (ed.) (1976), p. 28）。クランストンによれば、修士号のための研究を行っていた時に、オックスフォードでロックと交友関係を結んだようである（Cranston (1957), p. 37, fn. 5）。
114) Tilly (1976), p. 185.
115) *Ibid.*, p. 185.

味については議論しているが、命令に服従することの意味については言及していない。ロックは、「第二論文」の中で、法の一般的性質について説明した後、立法主体の違いに応じて、法を以下の四つ、神法／道徳法、国家法／人定法、兄弟法／愛の法、修道法／私法に区分し、良心の自由と為政者の法への服従が矛盾しないことを論証する[117]。

　まず、ロックは、法の一般的性質について、フッカーの『教会統治の法』第1巻第2章1節を引用して、「[法とは] 権限と強制力を付与するものであり、行為の枠組みや尺度を決めるものである」と説明する[118]。フッカー自身は、同箇所の他、第3章1節で、「人々は……上位の権威が課す行為の規則に対してのみ法の名称を用いるが、われわれは、その意味をやや拡大して、行為を枠にはめる規則や教会規定は何であれ、法と名付けることにする」という[119]。ダントレーヴによれば、こうした「法の概念の拡張」は、法が「かならずしも上位者と下位者との存在を要求するものではない」ということを言明するものであるという[120]。ロックもまた、フッカーと同様に、「立法主体」が、法を制定する権力をもつがゆえに「被支配者たる臣民よりも上位にある」と述べる一方で、「拘束力の契機が、平等なキリスト教徒や、ときには下位のキリスト教徒のすべてから生じうる」と主張し、そのときの法を「修道法／私法」と名づける[121]。ロックの法秩序論においては、法の階層性だけでなく、この私的領域が最後に残されていることが、服従の問題を考える上でも重要である。そこで、次

---

116) FT, p. 47（友岡訳104ページ）.
117) ST, pp. 62-63（友岡訳138-139ページ）. 法区分と服従の義務に関するロックの議論について、エイブラムズは、イングランドの神学者であり、リンカン主教の R. サンダスン（Robert Sanderson, 1587-1663）の影響を強調する（Abrams (1967), pp. 70-73）。ローズもまた、「良心の自由」を犯すことなしに、為政者の法に服従することができるというサンダスンの議論を、「ロック同様、多くの人々が支持していた」と指摘する（Rose (2014), p. 48）。
118) ST, p. 62（友岡訳138ページ）. Hooker (1977), p. 58.
119) *Ibid.*, p. 63.
120) ダントレーヴ（2006）、117ページ。
121) ST, p. 63（友岡訳138-139ページ）.

に、四つの法区分を概観しながら、この点について考えていく。

　まず、一つ目の神法について、これは、理性の光または神の啓示によって認識され、さらに「自然法と実定法」に区分される。ロックは、それらが「公布のされ方と命令の明晰さにおいてのみ」異なるため、それらを総称して「道徳法」と命名する。この法は「正しさと正義の偉大な基準であり、あらゆる道徳的善・悪の永遠の基礎」となる[122]。ロックは、「この法の境界内に含まれていない他のものはすべて、本性上、無規定中立的であり、それらの扱いは自由となる」という[123]。二つ目の人定法は、「合法的な権力を掌握している上位者による下位の者への命令」であり、「その固有の素材は、神法の領域に含まれない無規定中立的な事柄」となる[124]。三つ目の兄弟法（愛の法 law of charity）は、「我々に対して何の権力ももたない虚弱な兄弟が、無規定中立的な事柄における自由（それは神及び為政者によって我々に認められてはいるが）を、自前の権利によって規制することができる際に生じるもの」である[125]。この法に従うことによって、「合法的な事柄における自分たちの自由を自ら進んで公的に行使しなくなり」、「キリスト教的な自由に精通していない」人々が、「我々の模範によって誤りへと導かれる」のを防ぐことができる[126]。最後に、四つ目の修道法（私法 private law）は、「人が自らに課す」法であり、これまでの法によって規制されていない無規定中立事項を従うべきものとする。ロックによれば、「この法には、知識 conscientia［良心］と契約の二つの側面があり、前者は判断、後者は意志に由来する」という[127]。

　ここで重要なのは、四つの法の間の従属的な関係性である。ロックはそれについて次のように述べる。

---

[122] ST, p. 63（友岡訳139ページ）.
[123] ST, p. 63（友岡訳140ページ）.
[124] ST, pp. 63-64（友岡訳140ページ）.
[125] ST, p. 64（友岡訳141ページ）.
[126] ST, p. 64（友岡訳142ページ）.
[127] ST, p. 65（友岡訳143ページ）.

神法がその適用範囲を決める時、為政者の権威が始まり、為政者の法のもと、未決定で無規定中立的なものとして分類されるものは何であれ、国家権力に従属する。国家の法令が尽きるところで、躓きの法［愛の法］が、あるべき場所を見出し、これらすべてが沈黙しているときに初めて、知識と誓い［契約］の法令が観察されるのである[128]。

こうした各法の従属的な関係性から、さらに二つの重要な点を指摘することができる。一つ目は、非常に限定されてはいるが、人々が自由に判断することのできる領域があるということである。特に、「知識の法 the law of conscience」は、「生活する上でなされる事柄について、道徳的命題がもつ何らかの真理に関する、実践的な知識の根本的な判断」となる[129]。さらに、その判断は、神が人間の内なる立法者として植えつけた自然の光に基づいている[130]。したがって、為政者でさえ、力によって、人々に判断を変えさせることはできない[131]。二つ目は、そのような法の階層性が維持されている限り、たとえ私的な判断が誤ったとしても、良心の自由が無秩序につながることはないということである。

確かにロックは、「聖俗問わず、為政者のあらゆる法が、臣民の良心を義務づける」ということを認める[132]。ピューリタンたちは、「いかなる仕方であれ、この［良心の］自由を抑圧し制限する法はみな、まさにそのことによって、不当であり無効である」と一貫して主張した[133]。しかし、ロックは、為政者の法が良心の自由を完全に取り去ることはできないと考えた。ロックは自由を、「判断の自由」と「意志の自由」に分けて、この

---

128) ST, p. 67（友岡訳148ページ）.
129) ST, p. 65（友岡訳143ページ）.
130) ST, p. 65（友岡訳143ページ）.
131) 種谷は、このようなロックの議論を、「第一論文」と「第二論文」における「為政者規制権の範囲」に関する違いとして解釈する（種谷（1986）、134ページ）。また類似した議論として、友岡（1976）、192-193ページ。エイブラムズは、この点をホッブズとの違いとして強調するとともに、アングリカンの通説に依拠した議論であると指摘する（Abrams（1967），p. 77）。
132) ST, p. 76（友岡訳166ページ）.
133) ST, p. 76（友岡訳166ページ）.

ことを説明する。ロックはそれらを以下のように定義した[134]。

> 判断の自由は、ある事柄が、本質的に従うべきものである、という判断の是認が必ずしも要求されないときに存在し、ここに、良心の全自由がある。

> 意志の自由は、ある事柄に対して、意志の是認が要求されないときに存在し、これは、良心の自由を侵害することなしに取り払われうるものである。

為政者が要求できるのは、意志の是認であり、判断のそれではない[135]。つまり、為政者のあらゆる法は、人々を・行・為・す・る・よ・う・に義務づけるが、・判・断・す・る・よ・う・に・は義務づけないのである。ロックは、これらの区別が、「服従の必要性を良心の自由と結びつける」ことを可能にしたと結論づける[136]。このことは、人々が本心から納得することができないとしても、為政者の法に服従することができるということを意味する。なぜなら、判断の自由が、まだ残されているからである[137]。

2-3　ロックと厳格なアングリカンとの相違

ここでは、「第二論文」の議論を踏まえて、あらためてロックと厳格なアングリカンとの相違を、「礼拝統一法」に対する彼らの態度に着目しながら考察する。「礼拝統一法」に関して、実際、当時の人々の多くは、内面の信仰と外的行為とを区別することによって、その法に服従することが

---

[134] ST, p. 76（友岡訳167ページ）.
[135] ST, p. 77（友岡訳168ページ）.
[136] ST, p. 77（友岡訳168ページ）. Cf. 朝倉（1999）、34-35ページ。
[137] ローズも、「客観的に信念が政治的に静寂で社会的に平和である限り、人々の主観的な細部は完全に自由である」というロックの議論から、「寛容への道を看取することができるのではないか」と指摘する（Rose (2005), pp. 617-618）。ケリーは、この区別を「『熱狂者』の良心の自由に対する何らかの小さな譲歩」と解釈しているが、そのような区別が歴史的文脈の中で可能にする服従の重要性については考察していない（Kelly (1991), p. 137）。この点については、Colman (1983), pp. 18-24、朝倉（1999）、34-35ページも参照。

できた。既に議論してきたように、ロックは、為政者の法に対する服従の問題を「第二論文」の中で理論的に考察した。

しかし、正統な国教会の見解では、「救済に関する側面［内面］と政治的な側面［外面］は不可分であり、一方への服従は自動的に他方への服従」を意味した[138]。「礼拝統一法」の制定を主導したカンタベリー大主教ギルバート・シェルドン（Gilbert Sheldon, 1598-1677）は、法への服従は政治的な義務であると同時に宗教的な義務でもあると考えた[139]。アングリカンの神学者リチャード・アレストリー（Richard Allestree, 1619-1681）もまた、信仰における「統一」の重要性を以下のように主張した。

> 他の人々が、独断的に教義を主張し、それら［統一された礼拝様式］を行わないことの中に良心をおき、それどころか、分離、不服従、反乱を選ぶほど、それらから距離を置き、それゆえ彼らの中に罪を見ざるを得ないとき、これらの相違は、アブラハムのふところから富める人を分けるのと同じくらい大きな溝、亀裂をつくり出す。一つの神、一つの信仰、一つの礼拝が心をひとつにするのである[140]。

アレストリーは、外的な統一と内面の統一を同一視し、そのような統一が無秩序を防ぐことになると考えていた。しかし、ロックであれば、バグショー批判の議論における「良心［の自由］を侵害すること」の定義から、この種の見解を批判したであろう。ロックは、「第二論文」における自由の区分に関する議論の後に、このことを繰り返し述べる。もし、為政者が、無規定中立事項を、それ自体の性質上そうではないにもかかわらず、服従すべきもの、救済に必要なものとして臣民に課すならば、「良心の自由を罠にかけ、それを命じることで罪を犯すことになる」だろうと[141]。

---

138) Rose (2005), pp. 615-616.
139) Keeble (2002), p. 120.
140) *Ibid.*, p. 118, Allestree (1662), p. 17.
141) ST, p. 77（友岡訳168-169ページ）.

Ⅳ．おわりに

　最後に、本章の議論のまとめと次章に向けての課題について述べたい。Ⅰ節で確認したように、『世俗権力二論』の議論は、ロックが為政者の絶対的な権力を擁護しているとして、後期の著作と比べてより「権威主義的」であるとみなされる傾向にあった。しかし、17世紀前半のピューリタンたちの心情を共有するバグショーの懸念に対し、ロックがどのような応答を試みているのか（あるいは、いないのか）を、当時の時代状況（特に「礼拝統一法」をめぐる問題）と関連づけながら、テキスト間の詳細な比較分析を行い、より具体的に考察することにより、以下の二点が明らかとなった。

　第一に、「第一論文」と「第二論文」で扱われている問題に変化があったということである。「第一論文」では、「為政者が無規定中立事項を課すことができるのかどうか」が主たる問題であったが、「第二論文」では、「為政者による法が臣民の信念に反する場合、その法に従うことができるのか」、別の言い方をすれば、良心の自由と法への服従をいかに両立させるのかが中心的な問題であった[142]。特に後者の問題をめぐる議論では、『寛容論』以降の著作に継承・発展していく寛容の契機を看取することができた。従来の研究では、「第一論文」と「第二論文」の違いについては、法的・認識論的な側面から言及されてきたが、本章では、歴史的な側面から再度、両論文の内容上の違いについて検証した。

　第二に、為政者が無規定中立事項を臣民に課す目的において、ロックと厳格なアングリカンたちとの間に重要な違いがあったということである。彼らは、それを課すことによって、外的行為だけでなく、内面の信仰にも

---

[142] マーシャルによれば、「為政者の権力を明確にすること」から「［為政者の］管轄権を限定すること」への変化が、『世俗権力二論』から『寛容論』にかけて生じたという (Marshall (1994), p. 52)。しかし、厳密には、本章で議論してきたように、『世俗権力二論』の「第一論文」から「第二論文」にかけて、この変化は生じていた。

大きな影響を与えようと考えていた。他方、ロックはそれらを明確に区別し、そのような統一の強制を批判した。本章でもたびたび指摘してきたが、従来の研究では、ロックのこうした議論に注目したものは少なかった。そして、このことが、初期のロックの権威主義的・保守的性格を、実際よりも強調して解釈する一因になっていたと考えられる。

　本章における『世俗権力二論』の議論を、序章の図2を用いて整理すると、次のようになる。厳格なアングリカンが議会の法（「礼拝統一法」）を通じて、外面だけでなく内面の統一を強制するのに対して、非国教徒の側は良心の自由を主張して、外面的な服従を拒否する。ロックはこの両者の対立が、先の内乱を引き起こしたという認識から、為政者の絶対的権力の行使を外面的な領域に限定するとともに、良心の自由の侵害の意味を限定することによって、良心の自由と法への服従を両立させる議論を展開した。ただし、『世俗権力二論』においては、教会と国家の管轄領域の区分について、明示的に議論がなされていない。この区分については、『寛容論』以降の議論を待たなければならない。

　確かに『世俗権力二論』と『寛容論』以降の著作の間には、多くの研究者が指摘しているように、ロックの思想あるいはその具体的な実現方法に関して変化が生じている。しかし、本章で議論してきた良心の自由と服従の義務をめぐる問題やロックの反聖職者主義的態度は、後期の著作においても看取できるものである。したがって、ロックの思想的な連続性の一端を明らかにするためには、初期のロックの議論に現れるこうした点が、『寛容論』以降の著作の中で、どのように展開されていくのかを具体的に検証していく必要がある。

　そこで、次章では、『寛容論』執筆時に問題となっていた包容・寛容政策をめぐる論争について、特にカトリック教徒の扱いに目を向けながら、ロックと厳格なアングリカンとの違いを確認する。

第二章

カトリック教徒批判と「寛容」政策
―― 『寛容論』

I．はじめに

　本章では、前章で確認したロックの問題意識、すなわち、個人の良心の自由と法への服従の両立や厳格なアングリカンに対する批判（反聖職者主義的態度）が、初期のもう一つの重要な著作である『寛容論』（*Essay concerning Toleration*）においてどのように展開されているのかを、同著作で議論される「寛容」政策を中心に明らかにしたい。特に本章でカトリック教徒に注目する理由は、カトリック教徒に「寛容」を認めるか否かが同時代的な問題・関心事であったことに加えて、カトリック教徒に対する態度や扱いをみることによって、ロックと厳格なアングリカンとの違いをより浮かび上がらせることができるからである。

　『寛容論』は、ロックがアシュリー卿（初代シャフツベリ伯）とエクセター・ハウスで同居するようになってから最初に執筆した論稿である。執筆に至る思想的背景については本章のⅢ節で説明するが、ロック研究において、この論稿は、前章で分析した『世俗権力二論』からの思想的転換がみられること、また、後期の『寛容書簡』（1689年）の「母型」とみなすことができることから、注目されてきた[1]。また、既存の『寛容論』解釈の特徴として、ロックが宗教問題を政治的に扱っていると解釈する点が挙げられる。G. J. ショチェットによれば、「国教会の存在は……宗教問題で

あったはずのものを『政治問題化 politicize』するのに十分であり、『クラレンドン法典』が、国教会信奉以外の宗教的実践を政治犯罪にすることによって、そのプロセスを完成した」という[2]。そして、『世俗権力二論』から『寛容論』にかけてのロックの思想的変化を指摘しつつも、「ロックは、社会秩序維持の点から、宗教を政治的に理解しなければならないと一貫して主張し続けた」と述べる[3]。このことを、序章の図2を用いて言い換えると、「国教会信奉以外の宗教的実践」は、社会秩序との関わりから、国教会の管轄領域（公的・宗教的領域）ではなく、国家の管轄領域（公的・政治的領域）つまり政治問題として扱われなければならない、ということになる。

　ロックは、本書の第一章で議論したように、「無規定中立事項」をめぐる問題について、内面と外面の区別から、それを政治問題として扱い、個人の良心の自由を確保する一方、為政者が「無規定中立事項」を課すことを正当化した。

　他方、『寛容論』においては、「完全に憶測による見解」だけでなく、礼拝における「無規定中立事項」（場所・時間・方法）は、為政者（国家）の管轄外とされ、「無制約の寛容を正当に主張できる」とロックはいう[4]。この点で、ロックは『世俗権力二論』の「絶対主義的」な立場から「自由主義的」な立場へ変化したといわれる。この思想的変化については、本書の第一章で取り上げたので、ここでは議論しないが、ロックは、「無規定中立事項」の内、「［周囲に影響を及ぼす］見解とそれに伴う行動」は、「寛

---

1) 山田（2006）、8-9ページ。一つ目の点については、本書の第一章Ⅰ節を参照。二つ目の点について、例えば、井上は、『寛容論』において、ロックは「『書簡』の原理となる信教の自由や宗教と政治との分離を主張」していると解釈する（井上（1978）、193ページ）。中村もまた『寛容論』の原理的性格を主張する（中村（1971）、123ページ）。他に種谷（1986）、180ページを参照。
2) Schochet (1992), pp. 148-149.
3) *Ibid.*, p. 150. 大澤も「国家と教会との関係をめぐる問題を政治的な視点から捉える方法は、既に『世俗権力二論』の頃から見られるものである」と指摘する（大澤（1999）、411ページ）。
4) ET, p. 272 (山田訳192ページ).

容への資格をもつ title to toleration」というに留め、「それらが国家の騒乱に向かわず、また共同体に与える利益以上の不都合を生じさせないという限り」において、という条件を付ける[5]。ロックは、『寛容論』の冒頭で、為政者の権力行使の目的を「この世の平和 the civill peace と臣民のプロパティを保護する」ことに限定するが[6]、他者に影響を及ぼす見解と行動に対して「寛容」を認めるか否か（「寛容」政策）は、ロックの付した条件によって、為政者の管轄事項になっているといえよう[7]。

そして、『寛容論』において、この為政者の政策的判断によって「寛容」の対象から除外されるのが、本章で取り上げるカトリック教徒である。ロックは、「完全に憶測による見解」の例として、煉獄や実体変化といったローマ・カトリック教会の教義を挙げ、そうした見解は「寛容への絶対的かつ全般的権利」をもつと主張する[8]。反対に、もし私が「教皇主義者 papists の種々華麗な儀式」で神に祈ろうとも、「そのこと自体によって私を、私の君主にとって有害な臣民にし、また同輩の臣民にとっても有害な隣人としうるようなものは何も見出さない」と述べ、一見すると、カトリック教徒に寛容を認めているようにみえる[9]。

しかし、ロックは以下の理由からカトリック教徒に寛容を認めるべきではないと主張する。

---

[5] ET, p. 276（山田訳197ページ）.

[6] ET, pp. 270-271（山田訳190-191ページ）.

[7] 「寛容」の政策的側面に言及するものとして、Dunn (1969), p. 30, Marshall (1994), p. 53, Harris (1998), p. 120, 中神（2003）、36ページ、辻（2014）、202-204ページ。

[8] ET, p. 271（山田訳191ページ）.「実体変化」とは、聖餐式におけるパンとブドウ酒の実体がキリストの体と血（聖体）に変化することをいい、中世以降、カトリック教会の教義とされた（大貫隆他編（2002）、210ページ）。「煉獄」とは、「天国に入る前に、現世で犯した罪に応じた罰を受け、清められる場所」のことである（同上書、1226ページ）。16世紀の宗教的論争において、プロテスタント側は、煉獄のような死後の世界は、「《でっちあげ》であり、聖書には存在しない」として、カトリック側を激しく非難した（ゴフ（1988）、3ページ）。

[9] ET, p. 274（山田訳194-195ページ）.

人々は通常、彼らの宗教をおおざっぱに採用し、かつ彼らの党派の見解をすべてひっくるめて自分のものとみなすので、教皇以外の他の君主の臣民であるローマ・カトリック教徒 Roman Catholicks に明らかなように、彼らの礼拝と憶測による見解 speculative opinions を、そこで彼らが生きている社会にとって絶対的に破壊的な他の教えと混同することが、しばしば生じる。従って、こうした人々は、そうした破壊的な見解を彼らの宗教と混同し、それらの見解を根本的真理として崇め、かつ彼らの信仰箇条として服従するので、彼らの宗教の実践において、彼らは統治者によって寛容されるべきではない[10]。

　ロックは『寛容論』の別の箇所でも、カトリック教徒に対する不寛容の理由を挙げている[11]。こうしたロックのカトリック教徒批判は、当時のイングランドが置かれていた国際的な文脈の中で、教皇に忠誠を誓うカトリック教徒が、国内において、社会秩序の撹乱要因になるのを防ぐために、為政者が「寛容」ではなく「抑圧」によって対処する必要性を説いたものであると、これまで解釈される傾向にあった。例えば、山田は、「ローマ・カトリックの教義や礼拝は教皇への忠誠と切り離すことができず、信徒が本来忠誠を捧げるべき君主やその統治にとって、教皇崇拝は破壊的な効果をもたらす」という政治的理由から、ロックがカトリック教徒の弾圧・排除を主張したと解釈する[12]。また、こうしたロックのカトリック教徒批判の背景として、「カトリック教を擁する当時の大陸先進国……フランスに対する恐怖、敵意、競争心」があったと指摘する[13]。ハリスも、同様に「カトリック教徒の二重の忠誠に対するロックの批判」をフランスの対外的な脅威と結びつけて解釈する[14]。

　これらの解釈自体は基本的に妥当と考えるが、他方で、カトリック対プロテスタントという二項対立的な図式から、カトリック教徒が一枚岩的に

---

10) ET, pp. 284-285（山田訳206ページ）.
11) ET, pp. 290-291（山田訳214-215ページ）.
12) 山田（2006）、75-76ページ。Dunn (1969), p. 37、妹尾（2005）、196ページも同様。
13) 山田（2006）、46ページ。

扱われ、ロックの付した限定部分に十分な注意が払われてこなかったといえる。フランスとの対抗関係を中心にカトリック教徒を把握する上記の解釈に対して、マーシャルは、イングランド国内におけるカトリック教徒の複数性に着目し、ロックが「従順なカトリック教徒 loyal and tolerable [Catholics in England]」と「扇動的なカトリック教徒 seditious and intolerable Catholics in England」を区別した上で、前者に対して寛容を認める方法を模索していた可能性を指摘する[15]。その根拠として、1672年の国王チャールズ2世の「信仰自由宣言」をシャフツベリ伯やロックが支持していたことや、1681年から83年にかけての国教会聖職者エドワード・スティリングフリートに対する批判の中で、ロックが「統制された寛容 regulated toleration の可能性」として「イングランドの従順なカトリック教徒 obedient English Catholics に対する寛容」に言及していたことを挙げる[16]。また、1674年頃にロックが執筆したといわれる草稿『司祭に課する特別審査』の分析から、「従順なカトリック教徒」についての議論を行っている[17]。

---

14) Harris (1998), pp. 119-120. 同様の解釈をとるものとして、浜林 (1958)、318ページ、井上 (1978)、192-193ページ。アッシュクラフトは、対外的な脅威には言及せず、「その［カトリック教の］教義や信奉者に対する根深い嫌悪感や恐怖」を「同時代の人々の主流の意見」であったと説明する (Ashcraft (1986), p. 100)。

15) Marshall (2006), pp. 687-690.

16) *Ibid.*, p. 688.

17) 三浦によれば、当時のカトリック教徒について、「指導層」（教皇・カトリック君主・側近）と「平信徒層」を区別し、後者の大部分は「篤実で平和的な庶民」であり、その「平和的な礼拝と信仰生活を奪うことは、為政者には許されない」にもかかわらず、ロックはこの二つを混同しているために、「カトリック指導層の行為ゆえに一般信徒の信教の自由を奪うという誤謬を犯している」という（三浦 (1997)、205ページ）。これに対して、辻は、「聖職者以外の一般の信徒について」、ロックが、「信仰の実践を許容すべきと考えていた可能性」を指摘する（辻 (2014)、206ページ）。三浦の解釈は、ロックがカトリック教徒を区別しているというマーシャルの解釈とは大きく異なる。筆者は、本章以下で議論していくように、『寛容論』のカトリック教徒批判におけるロックの限定や留保が、「従順なカトリック教徒」に向けられたものと解釈する点で、マーシャルと同じ見解をとる。

ただし、マーシャルの議論には補うべき点が二点ある。第一に、カトリック教徒の多様性に注目するものの、「従順なカトリック教徒」の実態については説明が不十分であるため、少なくとも、エリザベス朝以降のイングランド国内におけるカトリック教徒の諸相を確認する必要がある。第二に、マーシャル自身、ロックが複数のカトリック教徒の存在を認めていることを指摘しているが、そのことが『寛容論』に即して十分に議論されていないため、あらためて検討する必要がある。

　そこで、本章では、基本的にマーシャルの解釈に依拠しつつ、上記の二点を中心に議論を行っていく。まず、イングランドのカトリック教徒を中心に扱った歴史研究を参照しながら、カトリック教徒の多様性について確認する（Ⅱ）。次に、『寛容論』執筆以前のロックのカトリック教徒観の変遷を、三つの書簡を取り上げながら説明し、歴史的にも、また、ロックの認識においても、カトリック教徒が一様ではないことを確認した上で、『寛容論』の再検討を行う（Ⅲ）。結論を先取りすれば、この再検討によって、ロックの批判の対象が、「従順なカトリック教徒」ではなく、イングランドで布教活動を行っている特定の扇動的なカトリック教徒、すなわちイエズス会士に向けられたものであるという可能性を提示したい[18]。最後に、「寛容」を国家の政策として議論するロックの図式が、1681年頃に執筆されたロックの『スティリングフリート批判に関する論稿』においても看取できることを示し（Ⅳ）、ロックが「寛容」を政治問題（国家の管轄事項）としたことの含意として、議会と結びついて非国教徒弾圧を推し進める厳格なアングリカンに対する批判があったことを指摘する（Ⅴ）。

---

18) イエズス会士による布教が平和を乱すという批判は、テューダー朝から存在する議論の様式であり、当初、1580年にイングランドに布教に訪れたイエズス会士ロバート・パーソンズ（Robert Parsons, 1546-1610）に対して向けられたものであった（Houliston (2007), p. 7）。そして、内乱から空位期にかけて、批判の言葉としての「イエズス会士」は隆盛を極め、「国王殺し［国王チャールズ1世の処刑］も、イエズス会 the Society of Jesus によって企てられたものである」と信じる者もいた（Walsham (2006), p. 204）。

Ⅱ．カトリック教徒の多様性

1　エリザベス朝以降のカトリック教徒

　まず、プロテスタントとの対抗関係から、しばしば一枚岩的に把握されるカトリック教徒について、複数の立場が存在したことから確認したい[19]。カトリック教徒の女王メアリ1世の治世が終わり、エリザベスが王位に就くと、再びプロテスタント国家となったイングランド社会において、「隠れ教皇主義者 Church Papists」と呼ばれる新しい種類のキリスト教徒が現れた。彼らは、「"絶対的な国教忌避強硬派"の"周辺"にいた"外面的な国教信奉者"」であり、カトリックを信奉しつつも表面的には国教会の信徒であり続けた。この「隠れ教皇主義者」は、「より排他的にイングランド国教会の礼拝に出席しない平信徒を意味する」国教忌避者 recusants とは明確に区別された[20]。

　このような「隠れ教皇主義者」が登場した背景には、エリザベス朝の宗教政策が関係していた。女王エリザベスは国教会体制の確立を急ぐことはせず、まずは「外面的な国教信奉の方針」を打ち出した。したがって、エリザベス朝期に制定された刑罰法規は、「隠れ教皇主義者ではなく、国教忌避者を発見し罰するためのもの」であった。また、たとえ外面的であっても、国教を信奉するということは、「国家への忠誠と市民としての責任を果たすこと」を示した。これに対して、「国教忌避」は「カトリックの恒常性や反抗的態度」を表していた[21]。また、国教忌避を促すかたちで、ローマからの宣教師やイエズス会士たちが、国教会の礼拝への参加を拒否するように指導し、「カトリック教徒を教区教会から完全に引き離そうと

---

19) 以下、イングランド国内におけるカトリック教徒の多様性と「隠れ教皇主義者」については、A. ワルシャムの研究に依拠している。
20) Walsham (1993), pp. 1, 6, 10. Church-Papists の訳語は、青柳 (2014) を参考にした。青柳は「隠れカトリック教徒」としているが、Papist と Catholic を区別するため、本章では「隠れ教皇主義者」と訳した。
21) *Ibid.*, p. 13.

した」[22]。このようなカトリック教徒の区別は、国王ジェイムズ1世の治世においても引き継がれ、例えば、1607年の「忠誠の誓い」において、「隠れ教皇主義者を寛容する意図」を看取でき、臣民に対して世俗的な服従のみが求められていた[23]。

そして、「国教信奉は、旧来の［カトリック］信仰を支持する不特定の沈黙者をほとんど目に見えない存在」にし、「彼らのカトリック信仰は結局のところ、行為ではなく心構え an attitude not an act となった」。こうした「隠れ教皇主義者」は、1580年に最盛期を迎え、以降、世紀が変わって急速に衰退していったものの、17世紀半ば以降も「隠れ教皇主義者」への言及は見られた[24]。例えば、バクスターは、次のように述べている。「プロテスタントの名のもとに、一般に、隠れ教皇主義者 Church-Papists と呼ばれる人々が、以前にも多くいたことはよく知られているが、今でもそういった人々が多くいると考えるべき十分な理由がある」[25]。また、やや時代は下るが、後にロックが批判することになるスティリングフリートも、国教会から非国教徒が分離する原因として「イエズス会 the Jesuitical Party」の影響を指摘し、「エリザベスの治世にイングランド国教会が再建されたとき、教皇主義者によっても非国教徒によっても、国教会の霊的交わり(コミュニオン)からのあからさまな分離はなかった」が、「外国の司祭やイエズス会士の熱心な集団が、我々の教会への完全な服従から、隠れ教皇主義者 the secret Papists を引き離し始めた」という[26]。

このように、エリザベス朝以降、「隠れ教皇主義者」と呼ばれるかたちで、国教会とその長である国王に従順なカトリック教徒が存在する一方、

---

22) Hibbard (1980), p. 4.
23) Walsham (1993), p. 84. ただし、この「忠誠の誓い」をめぐっては、「市民としての服従」を求める国王側とそれに反対するカトリック教徒（特にイエズス会士）の間で論争が繰り広げられることになる。詳細については、高橋 (2005) を参照。
24) Walsham (1993), pp. 91, 96.
25) *Ibid.,* p. 97, Baxter (1659), p. 337.
26) Stillingfleet (1681), pp. xi-xii.

国教信奉を頑なに拒否する国教忌避者たちが存在していた。また、国教会からの分離を画策するローマの宣教師やイエズス会士も存在しており、彼らが国教忌避者と結びつくことが、国教会体制にとっても脅威であった[27]。そのため、以下でみていくように、王政復古以降のカトリック教徒弾圧は、特に国教忌避者及び彼らを扇動するイエズス会士らを主たる対象としていたと考えられる。

2 王政復古以降のカトリック教徒弾圧

次に、王政復古以降のカトリック教徒弾圧について、「クラレンドン法典」から審査法の成立を中心に概観する。1661年の「自治体法」を皮切りに、1662年に「礼拝統一法」、1664年に「秘密礼拝集会禁止法」、1665年に「五マイル法」が制定され、カトリック教徒を含む非国教徒弾圧が行われた[28]。これらの法は一般に「クラレンドン法典」と呼ばれるが、クラレンドン伯自身は「包容」政策を望み、騎士議会と国教会の強硬的な態度に批判的であった[29]。J. ミラーによれば、クラレンドン伯は、「カトリック教徒 the Catholics を区別して、イエズス会士 the Jesuits を追放する」ことによって、国王に忠誠を誓うカトリック教徒(「イングランド・カトリック the English Catholics」)の寛容の実現を模索したという[30]。

---

27) J. スコットによれば、1678年に起った「教皇主義者陰謀」事件の背景に、フランスを中心とする対抗宗教改革の脅威があり、イングランドにおいて、イエズス会士の動向が公の関心事になっていたという (Scott (1990), pp. 118-119)。この「陰謀」とは、タイタス・オーツ (Titus Oates, 1649-1705) によって捏造されたイエズス会士による国王暗殺計画のことであり、イングランド国内に「反カトリックのヒステリ状態」を引き起こした (今井 (1990)、246-247ページ)。
28) 今井 (1990)、243-246ページ。「自治体法」は、非国教徒が自治体の公職に就くことを禁止し、「秘密礼拝集会禁止法」は、家族の構成員以外で礼拝のために五人以上集まることを禁止した。「五マイル法」は、抵抗しないことを誓わない場合には、以前に勤めていた自治都市や教区の五マイル以内の立ち入りを非国教徒の聖職者に禁止した (Spurr (2006), p. 151)。「礼拝統一法」については、本書第一章Ⅲ節を参照。
29) 同上書、243ページ。
30) Miller (1973), pp. 96-99.

王政復古以降、国教会体制をめぐっては、非国教徒に対して寛容を認めない厳格なアングリカンが主導権を握っていたが、1667年にクラレンドン伯が失脚して以降、寛容の気運が一気に高まった。そうした動きの背後で、国王チャールズ2世は、フランスからの財政支援を動機として、外交方針を転換し、1670年に「ドーヴァー秘密条約」を結んだ。そして、1672年に「信仰自由宣言」を出し、プロテスタント非国教徒とカトリック教徒に対する刑罰を国王大権によって停止することを宣言した。しかし、議会の反発により、これをすぐに撤回し、その反動から、1673年に、カトリック教徒を公職から追放する「審査法」を制定した。

　ただし、この法律の正式名は「カトリックの国教忌避者から生じ得る危険を防ぐための法 An Act for preventing Dangers which may happen from Popish Recusants」であり、カトリックの国教忌避者を念頭に置いたものであることがわかる。例えば、この法律の第七条では、もともとカトリック教徒ではなかった者が、カトリックの国教忌避者 Popish Recusant であることを公言し、自分の子供をカトリック教徒として育てる、あるいは、カトリック教徒として指導・教育されるのを黙認した場合の罰則が定められている[31]。彼らの存在は、先にふれた「隠れ教皇主義者」とは異なり、国教会からの分離及びカトリック信仰 Popish Religion の布教という点で、国教会にとって脅威とみなされていたと考えられる。

　ミラーによれば、「1667年から1672年にかけて、政府の政策における変化は明白であったが、反カトリック主義が政治に果たした役割はほとんどなく」、「国王［チャールズ2世］がルイ14世と同盟を結ぶことに決め、宮廷とカトリックとの関係が深まる」など、国王や宮廷側のカトリック寄りの姿勢が、カトリック教徒を「政治問題化」したという[32]。

　したがって、（この点は、三浦も指摘しているが）カトリック教徒が政治問題として取り上げられる場合、その原因は、特にカトリックの平信徒にで

---

31) Raithby (1819b).
32) Miller (1973), pp. 93, 106-107.

はなく、公権力に関わる人々（特に国王及びその周辺の人々）の動向によるところが大きかった[33]。また、カトリック教徒に対する弾圧法が制定された場合も、全カトリック教徒を対象としていたわけではなく、特定のカトリック教徒を排除するねらいがあったものと考えられる[34]。このように、「カトリック教徒」と一言でいっても、当時の人々が、それを区別して議論していたことがわかる。それでは、同時代において、ロックもまたこのような区別をしていたのだろうか。次に、ロックのカトリック教徒観の変遷を辿りながら、このことを確認する。

Ⅲ．カトリック教徒批判と『寛容論』

1　カトリック教徒観の変遷

ロックの場合、当初は、カトリック教徒全般に対して不寛容な態度を示していたが、次第にカトリック教徒の中にも、寛容に値する人々がいることを認めるようになる。このカトリック教徒に対するロックの認識の変化を、『寛容論』執筆以前の三つの書簡を取り上げて確認する。最初に、1659年にヘンリー・スタッブに宛てた書簡を取り上げ、次に、しばしば、ロックが寛容思想に向かった契機として言及される1665年のクレーフェ滞在時の書簡を二つ紹介する。

1-1　ヘンリー・スタッブ宛の手紙

ヘンリー・スタッブは、オックスフォード時代のロックの友人であり、1659年に『古き良き大義の擁護論』（*An Essay in Defence of the Good Old Cause…*）を執筆し、その中でカトリック擁護論を展開している。

---

33) 三浦（1997）、205ページ。
34) 例えば、先の「審査法」においても、1651年のウスターの戦い（オリヴァー・クロムウェルとの戦い）で国王チャールズ2世に仕えた貴族に対しては、例外規定が設けられている（Raithby (1819b)）。

イングランドにおいて、現在、ウィドリントン[35]のようなカトリック教徒たち Widdringtonian Catholicks を擁護するのに、彼らの著作から、何であれ証拠を引用することも、イングランドの主席司祭ジョージ・ブラックウェル氏に言及することも、所信を表明した他の者たちに言及することもするつもりはありません。私はただ、エリザベス女王への忠誠を誓った13人の尊敬すべき学識のあるイングランドの聖職者たちから証拠を提示するだけのつもりです[36]。

ロックは、寛容を認めるスタッブの主張をある程度受け入れつつも、カトリック教徒に対しては、批判的な意見を述べる。本書の序章でも取り上げたが、再度、ロックの寛容的な姿勢が見られる部分とカトリック教徒に対して批判的な部分をそれぞれ引用する。

あなたが、寛容の歴史を今日まで辿ることなく、オランダやフランス、ポーランドなどの話をして下さらなかったことを残念に思います。なぜなら、最近の事例ほど影響力のあるものは他になく、異なる信仰をもった人々が、天への道は違えども、同じ統治の下で平穏にまとまり、一致して同じ世俗の利益 civill interest を求め、社会の平和という同じ目標に向かって、協力しながら歩んでいるという日常的な経験の権威を付け加えて下さったなら……私たちは最も容易に説得されたことでしょう[37]。

あなたが教皇主義者 Papists にお認めになる自由が、どうしてこの国の安

---

[35] おそらくウィリアム・ウィドリントン（William Widdrington, first Baron of Widdrington, 1610-1651）のことだと思われる。ウィドリントン家はカトリック信仰と密接に結びついており、息子たちは国王ジェイムズ2世の支持者であった。ウィリアム自身がカトリック教徒であったかどうかは定かではないが、教区司祭からは「教皇主義者」の烙印を押されたことがある。彼は、王党派の軍人であり、内乱時には国王チャールズ1世のために戦った。子孫の第四代ウィドリントン男爵は、ジャコバイトのリーダーであり、1715年のジャコバイトの反乱で指導的役割を果たした（Newman (1981), p. 411, Bennett (2004), pp. 823-824）。

[36] Stubbe (1659), p. 133.

[37] Corr., p. 110.

全（統治の目的）と一致することがありましょうか。どうして、彼らが、相反する利益を求める二つの異なる権威に同時に服することができるのか、私にはわかりかねます。特に、私たちにとって有害なそれ［教皇の権威］が、『聖書』に基づき、神に直接由来すると考えられる神聖かつ無謬の意見によって、また、いかなる契約によっても制限されず、それゆえ、いかなる［政治］団体 body に対しても責任を負わない彼ら自身の聖なる伝統 sacred tradition によって支えられている場合には[38]。

　二つ目の引用部分で、ロックは明らかにカトリック教徒に対して不寛容な態度を示している。その理由は、イングランドのカトリック教徒はローマ教皇（霊的な権威）とイングランド国王（世俗的な権威）の両方に従うことになるが、二つの異なる権威に同時に服従することに対して、ロックが懐疑的であったからである。

　しかし、本書の第一章で議論したように、1662年の「礼拝統一法」をめぐる論争の中で、政教分離とまではいかないまでも、内面と外面を区別することにより、異なる信仰を抱きつつも世俗の君主に服従することが可能であることをロックは『世俗権力二論』（特に「第二論文」）の中で理論的に示す。つまり、スタッブ宛の手紙の中でロックが提起した問題を、ロック自身が理論的に克服することになる。

　そして、この理論的克服に実体験が積み重なることによって、ロックは寛容思想に向かうことになる。その契機としてしばしば言及されるのが、1665年のクレーフェ訪問である。以下、その時のロックの書簡を二つ取り上げ、カトリック教徒に対するロックの認識の変化を具体的に確認する[39]。

1-2　ロバート・ボイル宛の手紙

　序章でもふれたように、ロックは1665年にオックスフォードを離れて、

---

38) *Ibid.*, p. 111.
39) マーシャルも、ロックのカトリック教徒に対する態度の変化について、同じ書簡を取り上げて説明する（Marshall (1994), pp. 46-47）。

ヴェーン卿の秘書として、クレーフェ公国を訪問し、友人のロバート・ボイルに次のような手紙を送っている。

> この町は小さく、見栄えもせず、建物や通りも一様ではありません。宗教ほどまとまりのないものはなく、三つの信仰が公的に認められています。カルヴァン派はルター派よりも多く、カトリック教徒 Catholicks は両派よりも多くいます（ただし、教皇主義者 papists はいかなる公職にも就いていません）。加えて、少数の再洗礼派がいますが、彼らは公的には寛容されていません。……人々は、お互いに天への道を自由に選ぶことを容認しています。なぜなら、宗教を理由にした口論も敵意も彼らの間にいっさいみることができないからです。このような良き調和は、部分的には為政者の力に、また、ある程度は、民衆の分別と良き性質によるものと思います。彼らは、（私が調べた限り）、憎しみや恨みを秘密裏に抱くことなく、異なる意見を受け入れています[40]。

ロックは、異なる信仰を認めても、それが秩序を乱すことなく、調和が保たれていることを目の当たりにする。そして、その原因として「為政者の力」と「民衆の分別と良き性質」を挙げている。ロックはさらにカトリック教徒に対して、これまで自分が抱いていたものとは異なった印象を受けることになる。この点を以下の手紙で具体的に確認する。

1-3　ジョン・ストレイチー宛の手紙

ロックは、クレーフェ滞在中、友人のジョン・ストレイチー（John Strachey, 1634-1674/5）[41]に、以下の手紙を送っている。

> カトリック教 the Catholick religion は、私たちがイングランドで信じているものとは異なっており、それについて私は、偏見に満ち物事が噂話

---

40) Corr., pp. 227-231.
41) ストレイチーは、サマセット州サットン・コート出身の法廷弁護人（グレイ法曹院所属）であり、彼の母親の最初の夫サミュエル・ジェップ（Samuel Jepp）がロックと縁戚関係にあった（De Beer (ed.) (1976), p. 54）。

によって知られる場所［イングランド］にいた時とは違った考えをもっています。私は、カトリック教徒の司祭 the Catholick priests ほどよい気質をもち礼儀正しい人々に会ったことはありません。私は常にお礼を言わなければならないほど多くの好意を受け取っています。しかし、よい気質のカトリック教徒 the good naturd catholicks がいる一方、私たちの同胞であるカルヴァン派については、イングランドの長老派とほとんど異なるところがありません[42]。

　ロックは、スタブ宛の手紙においては、カトリック教徒に対して不寛容な態度を表明していた。しかし、その後、クレーフェを訪問したロックは、カトリック教徒（及びそれ以外の宗派）への寛容が必ずしも社会秩序を乱していないことを目の当たりにし、さらに、「よい気質」をもった「礼儀正しい」カトリック教徒と直に接する機会をもった。

　ロックは、第一章で議論したように『世俗権力二論』（特に「第二論文」）において、内面における信仰の自由の確保と外面的服従の両立という問題を理論的に克服した。さらに、クレーフェ滞在時に、宗教的寛容と社会調和が両立しているさまを体験しただけでなく、当地のカトリック教徒と接する中で、当初抱いていたカトリック教徒全般に対する偏見を払拭することとなった。こうしたロック自身の思想的展開やカトリック教徒に対する認識の変化も、『寛容論』の再検討を行う上で、念頭に置いておく必要がある。

2　『寛容論』の再検討

　以上を踏まえて、次に、『寛容論』の中で、ロックがカトリック教徒に対して部分的に寛容を認めている箇所を中心に再検討を行う。まず、『寛容論』「第一草稿」についてみていきたい。ロックは結論部分で、カトリック教徒について、四つのことを述べている。

　一つ目は、「教皇主義者 Papists と他のすべての人々は、礼拝や憶測に

---

[42] Corr., p. 246.

よる見解について、寛容への権利をもつ」ということである[43]。この箇所でロックは、カトリック教徒に限定を付すことなく、単に「教皇主義者Papists」と表現し、「礼拝や憶測による見解」について彼らに寛容を認める。

二つ目は、「教皇以外の他の政府にとって、反抗的かつ破壊的なさまざまな見解を基本的真理として彼らの宗教に採用してきた教皇主義者Papistsは、寛容への資格をまったくもたない」ということである[44]。この箇所では、「反抗的かつ破壊的なさまざまな見解を……彼らの宗教に採用してきた教皇主義者 The Papists haveing adopted into their religion…several opinions, that are op [p] osite & destructive……」と限定付きで表現し、一つ目のカトリック教徒とは区別し、彼らに対しては寛容の資格を認めていない。

三つ目と四つ目について、ロックは、それぞれ以下のように述べている。

> 教皇主義者 the Papists を現在のイングランドで一定数を構成する人々とみなすと……寛容されようが迫害されようが、彼らはやはり国家にとって危険である。なぜなら、彼らの原則そのものが、彼らを国家と和解不能にし、それゆえに寛容されるべきではないからである[45]。

> 教皇主義者 the Papists を数の増減という変動のある一団とみなすと、彼らの数を減らし、彼らの党派を弱体化させるために、寛容か抑圧か、のどちらかを使うことが役に立つなら、それに応じて寛容され抑圧されるべきである[46]。

ここでは、「一定数を構成する人々 a certaine number of men」、「変動のある一団 a changeable body of men」、「党派 party」と、カトリック教徒の集団性を特に問題視していることがわかる[47]。

上記の引用部分を慎重に読むと、ロックが、一般的なカトリック教徒に

---

43) FET, p. 306（山田訳239ページ）.
44) FET, p. 306（山田訳239ページ）.
45) FET, pp. 306-307（山田訳239ページ）.
46) FET, p. 307（山田訳239-240ページ）.

対しては寛容を認めている一方、政府にとって危険な見解を採用し、集団を形成しているカトリック教徒に対しては、寛容を認めていないことがわかる。つまり、寛容が認められるか否かは、その存在が統治にとって脅威であるか否かによって決定される。ロック自身も、以下のように述べている。

> 宗教や何か他の事項が、彼の統治にとって明白な危険となるまでに人々を結束させたなら、人々のどんな党派をも弱体化させ、抑制し、または潰す力と権利を為政者がもつことに、疑問の余地はない[48]。

ロックは、為政者が寛容を認めるか否かの唯一の判断者であると主張する。上のロックの区別からすれば、為政者に対する服従が確保された場合には、カトリック教徒に対して寛容が認められることになると考えられるが、為政者はそれをどのようにして確認するのだろうか。その具体的な方法については、『寛容論』の中では議論されておらず、カトリック教徒に対する寛容の可能性が示されるにとどまっている。ただし、1674年に執筆された草稿（『司祭に課する特別審査』）の中でより具体的な議論が行われているため、この問題については、Ⅲ-3で再び取り上げたい。

次に、ロックがカトリック教徒の多様性を考慮していない、つまり、カトリック教徒全般に対して寛容を認めていないとしばしば解釈される『寛容論』の四つの箇所を再検討したい。

まず、ロックは、「教皇主義者 the Papists について以下のことは確かである」という。

> 教皇をのぞいたすべての政府にとって絶対に破壊的な彼らの危険な見解のいくつか severall of their dangerous opinions は、それを広める場合には、寛容されるべきではない。そしてそれらの見解の何かを広め、または公表する者は誰であろうと、そのことを十分抑制しうる程度に、為政

---

47) ロックは四つの引用部分に続く箇所で、カトリック教徒に限らず、非国教徒 dissenters が党派を結成することの危険性を指摘している（FET, p. 307（山田訳240ページ））。
48) FET, p. 306（山田訳239ページ）.

者はその者を罰し〈抑圧し〉なければならない。そして、この原則は、教皇主義者 the Papists だけでなく、われわれの間にいるもう一方の種類の人々［狂信者 Fanatique］にも妥当する[49]。

　ここでロックは、カトリックの教義すべてを批判しているわけではない。あくまで、統治の破壊に結びつくものに対して、寛容を認めるべきではないと主張している。これは、先に引用した『寛容論』「第一草稿」の見解を引き継ぐものである。

　また、ロックは、別の箇所で「人間社会に絶対に破壊的な見解や行動」の例として、「異教の者との約束は破ってよい」、「もし統治者が宗教を改革しないなら、臣民が改革してよい」、「自分自身が信じる見解やそうしたものは何であれ、広めかつ伝えるべきである」といった見解や、「あらゆる形態の詐欺や不正」といった行動を挙げている[50]。特に、「異教の者との約束は破ってよい」というのは、カトリックの教義の一つであり、次項で検討する草稿『司祭に課する特別審査』の中で、カトリックの司祭に対して否認・放棄するように求められているものである。したがって、そうした破壊的な見解や行動を否認・放棄する場合、寛容が認められる可能性があると考えることができる。

　次に、ロックは、「教皇主義者 Papists」が「寛容の便宜を享受すべきでない」理由として、「彼らが権力をもつところでは、他の者には寛容を拒否すべき、と彼らは考えているからである」という[51]。しかし、これは、カトリック教徒を公職に就けることへの反対であり、Ⅱ節でも指摘したように、そのことと平信徒のカトリック教徒の寛容は別に考える必要がある。

　さらに、ロックは、「寛容の便宜を享受すべきではない」と考える理由として、以下の点を挙げる。

　　彼らが無謬の教皇に盲目的に従っている間は、彼らの忠誠をあなたは決

---

49) ET, p. 290 (山田訳214ページ).
50) ET, pp. 288-289 (山田訳212ページ).
51) ET, p. 290 (山田訳214ページ).

して確保することはできない。その教皇は、自分の腰帯に彼らの良心の鍵をくくりつけさせ、彼らの君主への彼らの誓約、約束と義務のすべてを、とくにその君主が異教の者である場合には、折りにふれて免除できるし、かつ統治をかく乱するよう、彼らを武装させることができる[52]。

ここでは、「無謬の教皇に盲目的に従っている間は」という限定が付されている。つまり、無謬の教皇に対する忠誠を明確に放棄し、国王が彼らの忠誠を確保する場合には、彼らに寛容が認められる可能性がある。そしてまた、実際に『司祭に課する特別審査』において、君主との誓約・約束を免除できる教皇の権威を否認することが、カトリックの司祭に求められることになる。

最後に、カトリック教徒を抑制することの必要性について、ロックは次のように述べている。

彼らの数を寛容は決して減らせないが、抑制は減らしうるし、少なくとも増加させることはない。そして、自分たちがこうむる苦難をつうじて、そうした抑制は傍観者 bystanders になるよう彼ら［教皇主義者］を促すであろう。……たいていの人は、彼ら［教皇主義者］が文句をつけるあの苛酷さを、彼らの宗教ゆえの良心的な人々への迫害というよりも、国家の敵として当然の正当な罰だと判断し、現に、それは宗教ゆえの良心的な人々の迫害ではない[53]。

ロックはここで、カトリック教徒の迫害が、宗教（内面の信仰）を理由とした良心の自由に対する迫害ではなく、「国家の敵」という世俗的な理由による迫害と説明している。これは、（統治の破壊に結びつく見解を含む）カトリック信仰の布教を行う扇動的なカトリック教徒に対する牽制と考えられる。

本章のⅠ節で、『寛容論』のカトリック教徒批判に関するこれまでの研究について概観した際、マーシャルの議論で補うべき点を二つ指摘した。

---

52) ET, p. 291（山田訳215ページ）.
53) ET, pp. 291-292（山田訳215ページ）.

それは、イングランド国内におけるカトリック教徒の多様性に関するより具体的な説明の必要性と、カトリック教徒の区別を念頭においた『寛容論』の検討であった。というのも、マーシャルの『寛容論』の分析は、カトリック教徒批判よりも、不寛容な非国教徒と迫害を行うアングリカンに対するロックの両面批判を中心に行われているからである[54]。

　これまでの議論を序章の図2を用いて説明すると、次のようになる。ロックは、（礼拝や憶測的な見解を含む）カトリック教徒の信仰については寛容を認めていた。しかし、社会にとって危険な見解（例えば「異教の者との約束は破ってよい」）を、公表し広める者に対しては、「国家の敵」として迫害を認める。この〈私的・宗教的領域〉から〈公的・政治的領域〉への拡大・侵食を、社会秩序の撹乱要因と捉え、為政者の権力行使を認める議論は、『世俗権力二論』の中で、ロックがピューリタンを批判したときと同じ議論の図式となっている。そして、『寛容論』の中では明示的に書かれてはいないが、II節でも確認したように、同時代のイングランドにおいて、扇動的なカトリック教徒とみなされていたのがイエズス会士であった。

　ロック自身、『寛容論』の別の箇所で、カトリック教徒の「礼拝と憶測による見解」への寛容が、「破壊的見解の拡大」や「伝道」に結びつかないのであれば、彼らに対して寛容を認めることができると述べている。しかし、同時に、ロックはそうしたことは「たいへん困難である」とも述べている[55]。つまり、『寛容論』執筆の段階では、限定や留保をつけて、カトリック教徒に対する寛容の可能性を示しつつも、その具体的な手段（特にカトリック教徒を区別する手段）を提示するまでには至らなかったと考えられる。そして、ロックが付した限定や留保を検討する中で、既に部分的には言及しているが、その具体的な手段の提案と考えられるのが、以下で

---

[54] Marshall (1994), pp. 53-62. マーシャルは、この両面批判から、ロックの広教主義的側面を強調し、ロックの教会論を、独立派と広教会派の要素を組み合わせた「折衷主義」であると主張する（*ibid.*, pp. 58-62）。

[55] ET, pp. 284-285（山田訳206ページ）。

紹介する『司祭に課する特別審査』である。

3　『司祭に課する特別審査』——「寛容」の具体的方法[56]

　この草稿は、マーシャルによれば、ピーター・ウォルシュ（Peter Walsh, 1618-1688）の『忠誠宣誓に関するいくつかの疑問』（1674年）に対するロック自身の応答であるという[57]。ウォルシュは、アイルランド人のカトリック司祭で、1661年に「忠誠宣誓書式、またはアイルランドの要望書」を執筆した人物である[58]。ロック自身、先のウォルシュの著作を所蔵していたことから、ロックがこの「要望書」について検討していれば、「イングランド国王への忠誠の誓い」によって「寛容されうる忠実なカトリック教徒を識別することが重要である」と当然考えたであろう、とマーシャルはいう[59]。

　この『司祭に課する特別審査』は、カトリック司祭に対して、以下のように宣誓させるものであった。「私こと A. B.［氏名］は、衷心より、以下の立場、または教義を徹底的に否認し、放棄するものである」[60]。そして、否認する教義は、教皇の無謬性や君主を退位させる教皇の権威（破門権、廃位権）、異端の（カトリック教徒以外の）君主への宣誓を破ることの合法性などであった[61]。

　否認する教義の内容もさることながら、この宣誓の対象者からイエズス会士が除外されている点もまた重要である。

> これらの公告のいずれがどのように解釈されるにせよ、上の審査はイングランドの全司祭 all English priests に例外なく遍く適用されることを意

---

56) Locke (1997d), pp. 222-224（山田・吉村訳102-105ページ）。草稿には 'Papists Test'（及び 'Te[st] Walsh'）と裏書きされ、'Priests' と 'Papists' が互換的に用いられている。本項の議論は、多くを Marshall (2006), pp. 688-689に負っている。
57) Marshall (2006), p. 688.
58) Locke (1997d), pp. 222-223（山田・吉村訳102ページ）。
59) Marshall (2006), p. 689.
60) Locke (1997d), p. 223（山田・吉村訳102ページ）。
61) *Ibid*., pp. 223-234（山田・吉村訳103-104ページ）。

図したのではないことを、つねに想定せねばならない。というのは、イングランドの司祭であってイエズス会士でもあるあの者たち those English priests who are withal Jesuits、すなわち、自らをイエスのお仲間と称する特別な修道会の聖職、組織、または団体に属する司祭たちのためのものではないからである[62]。

マーシャルは、この点に注目し、「もしこの草稿がロックによるものならば」という条件付きであるが、ロックは「カトリックの平信徒とすべての司祭との間の区別だけでなく、忠実なカトリック司祭とそうではないものとを区別する手段を見つけることに関心」があり、「カトリック教徒を寛容することができない」要因となっている「政治的諸原理を放棄する限り」、(イエズス会士以外の) カトリック教徒への寛容を認めることができると考えていた、と結論する[63]。

先に『寛容論』におけるカトリック教徒批判の検討を行い、別の解釈の可能性 (平信徒のカトリック教徒の寛容) を提示した。そして、その延長線上に『司祭に課する特別審査』を位置づけると、ここでのマーシャルの議論は、『寛容論』にみられるカトリック教徒の区別を、ロックがより具体的な方法で実現しようとしたものとして読むことができる。

IV. 「寛容」政策と『スティリングフリート批判に関する論稿』

最後に、1681年頃に執筆されたとされるロックの『スティリングフリート批判に関する論稿』を取り上げ、カトリック教徒を区別するこれまでの議論が、『論稿』にもみられることを確認する。

この『論稿』は、直接的には当時の有力な国教会聖職者エドワード・スティリングフリートの『分離の災い』(*The Mischief of Separation*) (1680年)

---

62) *Ibid.*, p. 224 (山田・吉村訳104ページ).
63) Marshall (2006), p. 689.

と『分離の不当性』(*The Unreasonableness of Separation*)(1681年)に対するロックの批判及びロック自身の見解を記したものであり、「1680年代初頭におけるロックの教会論、寛容論の展開を考える上で見逃すことができない」ものである[64]。この『論稿』自体の詳細な分析は本書の第五章にゆずり、以下では、主要な論点について説明した後、本章の問題との関連で、ロックがカトリック教徒をどのように議論しているのか確認したい[65]。

1　執筆背景と問題点

　王政復古以降の非国教徒弾圧については、本章のⅡ節で概観したが、スティリングフリートの著作やそれに対するロックの『論稿』が執筆された背景として、対外的なカトリック勢力（特にフランスのルイ14世）の伸長や1678年の「教皇主義者陰謀」事件によるカトリック脅威論の高まりがあった[66]。さらに、1679年から81年にかけて、王位継承排除法案が否決され、カトリック教徒のヨーク公が、次期国王ジェイムズ2世として即位することが決定的となった。これにより、カトリック信仰を強制するために、国教会に対して、国王がその権威を行使するのではないかという恐怖が人々の間に湧き起こった[67]。こうした事態がもし起これば、それは国教会体制の存立基盤を揺るがすものとなる。そして、こうした危機的状況が迫る中、国教会の弱体化を招く非国教徒の国教会からの分離は、解決すべき重要な問題となっていた。

　国教会の中でも特に厳格なアングリカン（高教会派）は、神授権主教説 *jure divino* episcopacy を根拠に、法による国教信奉の強制を主張した[68]。これに対して、スティリングフリートは、「強硬な統一策」を支持

---

64) 山田（2013）、123ページ。
65) 山田によれば、この『論稿』の議論は以下の四つ、（1）教会の本質、（2）国教会の存在と非国教徒の分離、（3）寛容と包容、（4）聖職者・教会と国王・世俗為政者、に整理できる（同上書、98-112ページ）。ここでは、このうち（2）と（3）を部分的に取り上げる。
66) Marshall (1994), p. 110.
67) Ashcraft (1986), p. 495.

せず、「包容」(と「限定的な寛容」)を主張した[69]。一方、ロックは、「寛容の下での見解の相違は、人々を相互の耐忍と慈愛に導くことになるだろうし、それは教皇専制下でのあの種の団結に向かうよりも真の団結 true unity となる」と述べ、「寛容」政策を主張した[70]。

ロックが「寛容」政策を主張した理由として、T. スタントンは、「イングランドにおける国家及び可視的教会 visible church の長［国王ジェイムズ2世］が、教皇主義者 Papist であるならば、包容を主張することは賢明ではないと考えたから」であるという[71]。なぜなら、国王が国教会を通じて、カトリック信仰を強制する可能性があったからである[72]。

しかし、ロックが「寛容」を主張した理由として、「便宜的国教徒 occasional conformists」の問題が挙げられる。というのも、厳格なアングリカンの解決策は、その副産物として、「便宜的国教徒」の問題を生み出したからである。彼らは、迫害の恐怖から、宗派ごとに礼拝を行う一方、「一時的に occasionally 国教会の教区礼拝や活動に参加」した[73]。スティリングフリートもまた、この問題に対処する必要があり、国教会外部の宗教団体への「一時的な霊的交わり（コミュニオン）」を容認（限定的に寛容）しつつも、国教会に対する「恒常的な霊的交わり（コミュニオン）」を義務として求める議論を展開する[74]。これに対してロックは、彼らに対する「寛容」を主張する。

ただし、ここで問題となるのが、非国教徒への「寛容」が、カトリック

---

68) ロックは「教会統治の何らかの形態が神授の権利によるものだと世に説くこと」は「茶番である」と批判する（MS Locke c.34, fol. 71）。ロックの神授権主教説に対する批判に着目するものとして、山田（2013）、99-100ページ、Marshall (1994), p. 108, Stanton (2006), p. 150.

69) 山田（2013）、72-73ページ。

70) MS Locke c.34, fol. 7. ただし、「包容」を否定したわけではなく、ロックは、「分離によってイングランド教会を覆すというのが教皇主義者の意図であったならば、それを回避する最善の方途は、教会の霊的交わり（コミュニオン）を拡大すること［＝包容］ではなかったか」と疑問を呈する（*ibid*, fol.10）。

71) Stanton (2006), p. 149.

72) ハリスも同様の説明を行う。Harris (1998), p. 184を参照。

73) 山田（2013）、66ページ。

74) MS Locke c.34, fols. 55-56.

教徒にも同じく「寛容」を認めることになるのではないか[75]、また「寛容」は分離を促進し、ひいては（教皇主義者が目論む）国教会体制の弱体化につながるのではないか、ということであった。カトリック教徒に対する寛容の問題は、本章の議論とも密接に関わるため、以下、簡潔にロックの議論を確認したい。

2　カトリック教徒に対する寛容の問題

ロックはまず、国教会外部の宗教団体に加わることについて、以下のように述べる。

> キリスト教徒の為政者は、キリスト教徒である者に、彼が教皇主義者Papistであろうとルター派であろうと、または、カルヴァン派であろうと、何であれ特定の別個のキリスト教団体に加わるように指示したり命令したりすることはほとんどできない。魂の救済のためにどの宗教団体に加わるのかを選ぶことは、すべての人と同様にキリスト教徒の特権でもある[76]。

ここでロックは、世俗為政者の管轄権を限定し、魂の救済にまで及ばないことを明確に述べる[77]。そして、世俗為政者が、自らの管轄権を超えて、宗教（内面の信仰）を理由に迫害することを、以下のように批判する。

> もしそれ［苛酷さ］が宗教のゆえというなら、［非国教徒とカトリック教徒の］どちらにおいてもそれは正当ではなく、そして罰が妥当な治療法になるとするなら、それは効果を欠くようなものであってはならない[78]。教皇主義者Papistsが、敵アイルランドを擁し、われわれに戦争をしかける臣民や君主である、という以外の何かの理由で罰せられるなら、彼ら

---

75) ロックによれば、この点について、スティリングフリートも懸念を表明している（*ibid*, fol. 7）。
76) *Ibid*, fol. 78.
77) この教会と国家の明確な区別に着目するものとして、山田（2013）、109-112ページ、Ashcraft (1986), p. 494, Harris (1998), p. 184, Stanton (2006), p.157.
78) MS Locke c.34, fol. 26.

は虐待されていると私は思う[79]。

また、「寛容」について、それを「教会ではなく国家の行い」として、以下のように述べる。

> 世に存在する教皇主義者 Papists が、せいぜいわれわれの間にいる程度の少数者であるなら、彼らは他の非国教徒 the other dissenters なみに、より大げさで無意味な考えにとりつかれているものとして、ただ最大の哀れみをかけながら、取り扱われるべきものだろうと私は考える[80]。

ロックは、イングランド国内のカトリック教徒に対して、他の非国教徒と同じく、宗教団体に加わる権利を認めるとともに、寛容を国家の政策と位置づけることによって、世俗為政者に従順である限り、彼らに対して寛容が認められると主張する。このロックの議論では、魂の救済に最も資すると確信した上で特定の宗教団体に加わる権利が、非国教徒だけでなく、カトリック教徒にも等しく認められている。

『寛容論』においては、プロテスタント非国教徒とカトリック教徒は明確に区別されていたが、『論稿』において、ロックは、プロテスタント非国教徒を含め、国家に服従する限りにおいて、国教会外部における教会団体（会衆）の存在や彼らの信仰の自由を容認するため、非国教徒の側が迫害を恐れて便宜的に国教会の礼拝に参加する必要はなくなる。これは、「便宜的国教徒」問題に対するロックの解決策でもあった。ロックの議論では、国教会とそれ以外というかたちで二分法的に議論が整理されることになる。そして、この議論の図式は、その後、『寛容書簡』に引き継がれていくことになる。

---

79) *Ibid*, fol. 26.
80) *Ibid*, fol. 26.

Ⅳ．おわりに

　本章では、『寛容論』の議論を中心に、ロックが「寛容」を政治問題として扱い、それを世俗為政者の管轄事項にしたことを出発点として、同時代のカトリック教徒問題について考察を行った。ロックは、『寛容論』において、カトリック教徒に無条件に「寛容」を認めることはせず、必要に応じて彼らを「抑圧」しなければならないと主張した。ただし、それは、彼らの教義や礼拝を理由にしたものではなく、彼らがローマ教皇に服従することから生じる社会的混乱を防ぐためであった。したがって、イングランド君主への服従が確保されれば、彼らに「寛容」が認められる可能性も残されていた。また、本章Ⅱ節、Ⅲ節で確認したように、カトリック教徒といっても一様ではなく、「従順なカトリック教徒」や国教忌避者、またイエズス会士も存在した。こうした点を念頭に置きながら、カトリック教徒批判におけるロックの限定条件やニュアンスを付けた部分を再検討すると、「抑圧」の対象に「従順なカトリック教徒」が含まれていないことがわかる。ただし、『寛容論』においては、彼らに「寛容」を認める議論は可能性の段階に留まっており、その具体的な施策が『司祭に課する特別審査』であったと考えられる。

　また、「寛容」を政治問題として扱うことの意味を、『世俗権力二論』以降のロックの問題意識と照らし合わせてみると、「寛容」を認めるか否かは（教会の管轄事項ではなく）国家（為政者）の管轄事項であると主張することは、当時、議会に働きかけて非国教徒弾圧を推し進めようとしていた厳格なアングリカンへの批判とも考えられる。このロックの批判様式については本書の第四章で議論するが、それに先立って、次章では、厳格なアングリカンの中心的な人物であったサミュエル・パーカーの『教会統治論』を取り上げ、教会と国家の関係をめぐるパーカーの認識を明らかにする。

第三章

アングリカンの教会・国家関係論
——サミュエル・パーカーの場合

Ⅰ. はじめに

　これまで議論してきたように、政治と宗教の領域区分あるいは国家と教会の管轄権をめぐる争いが、王政復古以降、大きな社会問題になっていた。非国教徒と国教会聖職者（特に厳格なアングリカン）は、内面と外面の一致から異なる見解を主張したが、彼らに対してロックは、内面と外面の区別から良心の自由と服従の義務の両立を主張した。その中で、ロックは、政治に関与する厳格なアングリカンをたびたび問題視していた[1]。そこで、ロックの世俗社会認識を明らかにするためにも、彼らに対するロックの批判の中身をより正確に把握しておく必要がある。

　本章において、まずはパーカーの『教会統治論』（*A Discourse of Ecclesiastical Politie*）を分析し、国家と教会の関係性に関するパーカーの議論の図式を明らかにする[2]。それを踏まえて、次章で、ロックが1669–70年初

---

[1] 本書の第一章でも議論したように、初期のロックの思想は、これまで「保守的」とみなされる傾向にあり、厳格なアングリカンに対するロックの批判的態度に注意が向けられることは少なかった。例えば、アッシュクラフトは、『世俗権力二論』にみられるロックの反聖職者主義を、良心の自由を主張して秩序を乱すピューリタンに向けられたものと解釈する（Ashcraft (1995), p. 74）。

[2] Parker (1670). ただし、実際の出版年は1669年。引用箇所は、1670年版のページ数で記す。

め頃に書き残した『サミュエル・パーカーの「教会統治論」に関する覚書』を分析し、ロックのパーカー批判の含意について考察したい。以下『教会統治論』の分析に入る前に、パーカーとはいかなる人物であったのか簡単に紹介しよう[3]。

パーカーは、1640年にイングランドのノーサンプトンで生まれ、ピューリタンとしての教育を受けて育った。オックスフォード大学のウォダム・カレッジに入ってからも、長老派の個別指導教員の下で厳格な宗教的生活を送っていた。しかし、王政復古後、トリニティ・カレッジに移ってから、神学者かつ自然哲学者のラルフ・バサースト（Ralph Bathurst, 1620-1704）の影響により、熱心なアングリカンとなった。パーカーは、当初から自然哲学に関心をもっており、1665年に最初の著作『神に関する自然神学試論』（Tentamina Physico-Theologica de Deo）を出版した。翌年には、ジョン・ウィルキンス（John Wilkins, 1614-1672）の推薦により王立協会の会員になっている。パーカーは、『試論』の議論を発展させ、ケンブリッジ・プラトニストのヘンリー・モア（Henry More, 1614-1687）を主な批判対象として、1666年に『プラトン主義哲学の自由で公平な批評』（A Free and Impartial Censure of the Platonick Philosophie）、1667年に『神の支配領域と善性に関する考察』（An Account of the Nature and Extent of the Divine Dominion and Goodness）を出版した[4]。前者はプラトン主義を、後者は新プラトン主義の影響を受けたオリゲネス（Oregenes Adamantius, 185-254）の「魂の先在説」を攻撃し[5]、ベーコン哲学（経験論）や王立協会の立場を支

3）以下のパーカーの略歴については、Parkin（2004）を参考にした。
4）その後もパーカーは自然哲学に興味をもち続け、『神及び神の摂理に関する議論』（Disputationes de Deo et providential divina）（1678年）や『自然法及びキリスト教に関する神の権威の証明』（A Demonstration of the Divine Authority of the Law of Nature and of the Christian Religion）（1681年）を執筆した。
5）Parkin（2004）, p. 737. オリゲネスはアレクサンドリアの神学者・聖書研究者であり、魂に関する彼の教説は大きな論争を引き起こした。オリゲネスの「魂の先在説」とは、「全ての魂は平等に創られているが、自由意志の働きにより、階層秩序を形成し、罪を犯したものが悪霊になるか肉体に閉じ込められることになる」というものであった（Livingstone（ed.）（1997）, pp. 1193-1194）。

持した[6]。

　こうしたパーカーの論争能力がカンタベリー大主教ギルバート・シェルドンの目にとまり、パーカーは1667年11月にシェルドン家のお抱え牧師となった。そして、シェルドンの後ろ盾により、国教会聖職者としては異例の早さで昇進する[7]。本章で取り上げるパーカーの『教会統治論』も、シェルドンの下で1669年に執筆されたものである。この著作は、その辛辣な文体と宗教的寛容に対する激しい攻撃により、良心の自由と宗教的寛容を主張する非国教徒の側から即座に反論を受けた（大澤はこの論争を「パーカー論争」と呼ぶ）[8]。非国教徒側からの反論に対して、パーカーは、『教会統治論続編』（*A Defence and Continuation of Ecclesiastical Polity*）（1671年）と『ジョン・ブラムホール「自己と主教制の弁護」への序文』（*A Preface to John Bramhall's Vindication of himself and the Episcopal Clergy from the Presbyterian Charge of Popery*）（1672年）で応戦するも、風刺詩人としても有名なアンドルー・マーヴェル（Andrew Marvell, 1621-1678）の二度にわたる痛烈な批判によって[9]、パーカーの信用は失墜し、宗教的寛容をめぐる論争に事実上の終止符が打たれた。

　1677年11月のシェルドンの死により後ろ盾を失ったパーカーは、しばらくの間、沈黙を保っていたが、1680年代初頭に政治的・宗教的争いが激化していく中で、『イングランド国教会の主張』（*The Case of the Church England Briefly and Truly Stated*）（1681年）、『キリスト教教会の統治に関する

---

6) Pocock and Schochet (1993), pp. 177-178.
7) 1667年にケント州チャタムの教区牧師、70年にカンタベリー大執事、71年にケント州ウィッカムの教区牧師、同年にカンタベリー主教座聖堂名誉参事会員となる (Parkin (2004), p. 737)。
8) ウィリアム・ペン（William Penn, 1644-1718）、チャールズ・ウルズレー（Charles Wolseley, 1630-1714）、ジョン・オーウェン（John Owen, 1616-1683）、ジョン・ハンフリー（John Humfrey, 1621-1719）といった非国教徒が、パーカーに対して、良心の自由を主張するパンフレットを執筆した（大澤 (1995)、202-238ページ、De Krey (1995), pp. 58-60）。
9) Andrew Marvell, *The rehearsal transpros'd* (London, 1672), *The rehearsal transpros'd: The Second Part* (London, 1673). 吉村 (1997)、26-30ページ。

考察』(*An Account of the Government of the Christian Church*)(1683年)、そして、『信仰と忠誠』(*Religion and Loyalty*)(1684年)を相次いで出版し、再び政治的論争に加わっていった。パーカーは、これらの著作の中で、神授権主教説（主教職を神権的なものとし、使徒教会と国教会の歴史的な連続性から、国教会聖職者の宗教的権威を主張する考え）を表明するとともに、世俗為政者に対する絶対的な服従を説いた[10]。このような主張によって、パーカーは、国王ジェイムズ2世に重用され、1686年にオックスフォード主教に任命された。パーカーは、一貫して国王ジェイムズ2世を支持する立場をとっていたため、カトリック教徒の疑いもかけられたが、国教会信奉を言明し、1688年にその生涯を終える。

　こうしてみると、パーカーもまた、自然哲学への関心をもちながら、シェルドンとの出会いをきっかけに、政治的論争に巻き込まれていったことがわかる。また、神授権主教説や国王への絶対的な服従を説くパーカーの主張は、本書の第一章で示した主教制をめぐる国教会内部の三つの立場のうち、一つ目に該当する。まさにパーカーは、厳格なアングリカンの典型的な人物といってよいだろう。したがって、パーカーの『教会統治論』の分析から、ロックが批判する厳格なアングリカンの議論の図式を把握することが、本章のねらいである。

　以下、本章では、『教会統治論』を分析する準備として、その歴史的背景と王政復古以降の政治的課題について確認する（Ⅱ）。次に、パーカーに関するこれまでの研究を整理し、その問題点を指摘する（Ⅲ）。Ⅱ節、Ⅲ節を踏まえて、国家と教会の関係性を軸に『教会統治論』を分析し（Ⅳ）、最後に本章のまとめを行う（Ⅴ）。

---

10) 八代（1979）、272ページ。

Ⅱ. 歴史的背景と政治的課題

　本節では、王政復古に際し、国教会が再建・確立される過程で生じた問題について、歴史的な経過を辿りながら確認する。

　第二次英蘭戦争終結後、クラレンドン伯の失脚（1667年）を契機に、非国教徒弾圧政策の見直しを求めて、「包容」あるいは「寛容」を主張する議論が活発に行われるようになった[11]。これに対して、既存の国教会体制支持者は、シェルドン主導の下、非国教徒が主張する良心の自由と宗教的寛容に反対するパンフレット・キャンペーンを開始した[12]。パーカーの『教会統治論』もこの時に書かれたものである。そして、このような歴史的過程において、二つの重要な問題が生じた。

　一つ目は、国王と議会の関係についてである。特に鍵となるのが、1662年に制定された「礼拝統一法」である。スパーは、この法による国教会体制をめぐる問題の決着を、「神学的な自己規定というよりもむしろ、議会の巧みな駆け引きの産物」であり、「イングランドの宗教的な分裂に対する政治的な、実際、エラストス主義的な解決であった」という[13]。「エラストス主義」とは、一般に、「聖職者の権力［教会統治］を国家に従属させる考え」のことである[14]。このような議会の決定に対する国王チャールズ２世及びジェイムズ２世の国王大権による寛容政策の主張は、政治的領域における至上性 supremacy をめぐる議会（議会主権）と国王（国王大権）の対立として、名誉革命期にまで至る最大の政治的問題になっていく[15]。

---

11) 王政復古後の非国教徒弾圧政策については、本書の第二章Ⅱ節を参照。
12) Spurr (1991), p. 58.
13) *Ibid.*, p. 42.
14) Rose (2011), p. 203. ただし、この言葉をめぐっては、エラストス自身の考えとの相違が指摘されている（Figgis (1914), pp. 293-342）。また、その語の多義的な側面については、C. W. A. プライアやローズらによって問題にされている（Prior (2012), p. 3, Rose (2011), pp. 203-228）。
15) 今井（1990）、241ページ。

別の言い方をすれば、これはイングランドにおける主権の位置づけ（議会と国王のどちらが主権者なのか）の問題ともいえる。

　二つ目は、国王と国教会の関係についてである。1534年の国王至上法により、イングランドの国王は国教会の最高権威者となったが、厳格な国教会体制を望むアングリカン強硬派と寛容を推し進めようとする国王との間で衝突が生じた時、国教会側につきつけられた課題は、国王の権威を尊重しつつ、国王大権による寛容政策を拒否することであった[16]。これは、国教会内部における国王とその他の聖職者との間の至上性をめぐる問題と言えよう。

　Ⅲ節でみるように、パーカーの『教会統治論』に関するこれまでの研究では、一つ目の問題を中心に議論されることが多く、二つ目の問題を念頭に置いた分析はあまり行われてこなかった。そこで、本章では、後者の問題に対するパーカーの解決策を明らかにし、その中で、パーカーの議論の図式を把握していく。

Ⅲ．国家と教会の関係性

　前節の二つの問題（国王と議会及び国王と国教会の問題）を念頭に、これまでの研究を整理すると、大きく二つに分けることができる[17]。

　第一の解釈は、パーカーが、聖・俗両領域において、為政者の絶対的権力を擁護しているとみなす点に特徴がある。この場合、国家の権威と教会の権威が区別されず、国家と教会が同一視されることによって、両方に対する為政者の最高権力が主張されていると解釈される[18]。例えば、大澤

---

16) Rose (2011), pp. 89-128.
17) この二つの解釈の他に、例外的な研究として、Cable (2002), Hirst (1999) がある。これらの研究は、宗教的な教義や真理、良心の問題ではなく、それを表現するメタファーをめぐって、その当時、論争が繰り広げられていた点に着目する。
18) Ashcraft (1986), p. 23.

は、パーカーの国家観を「国家と教会の統合体」として捉え、道徳と宗教の一致に関するパーカーの議論から、「国家と教会とは理性（道徳）という宗教によって統合されることで、一元的世界観はその貫徹を見、しかも、その理性（道徳）は『国家理性』として臣民の服従を要求することになる」と結論づける[19]。このように、パーカーの『教会統治論』は、教会統治に対する国家の優位性を論じたものと解釈され、しばしば、「エラストス主義的」であると形容される[20]。

　第一の解釈とは対照的に、前節で挙げた二つ目の問題を的確に扱っているのが第二の解釈である。そして、パーカーが、国家と教会の権威を明確に区別しているとみなす点にその特徴がある。例えば、ローズは、『教会統治論』以外の著作にも考察対象を広げ、「パーカーは、教会に対する何らかのいわゆる『エラストス主義的な』世俗の権利の主張を、頑なに拒んでいた」として、第一の解釈を批判する[21]。また、J. ジュウェルも、第一の解釈を完全には否定しないが、この時期のパーカーを、教会に対する国家の優位性を主張した「エラストス主義者」とみなすことには消極的であり、1680年代以降は明らかに国家と教会の権威を明確に区別していたと主張する[22]。

　以下では、第二の解釈を踏まえて、国家（あるいは国王）の権威と教会の権威が対立した際、パーカーがその問題をどのように解決したのかを中心に、『教会統治論』を分析する。そして、ローズやジュウェルが主張するように、それ以降の著作ほどには明白ではないが、『教会統治論』において既に、パーカーが国家と教会の権威を区別していること、つまり、パーカーの見解が「エラストス主義」ではないことを確認する。

---

19) 大澤（1995）、198ページ。J. パーキンも同様の解釈をする（Parkin (1999), p. 98）。ただし、パーキンは、1680年代初頭における宗教的立場の変化を指摘し、パーカーは、明らかにエラストス主義者ではなく、神授権主教説を支持していたという（Parkin (2004), p. 737）。
20) Pocock (1990), p. 737, Schochet (1993), p. 203.
21) Rose (2010), pp. 350, 352, 358-364.
22) Jewell (2004), p. 78.

Ⅳ. サミュエル・パーカーの『教会統治論』

1 『教会統治論』の狙い

　パーカーは、寛容（あるいは良心の自由）を主張する非国教徒を第一の批判対象とし、特に彼らの「宗教的な傲慢さや横柄さ」を批判する[23]。パーカーによれば、そのような非国教徒は、国教会から離れてセクトや党派を形成し、自分たちへの寛容は認めるが、他の人々には寛容を認めず、彼らを敵視することによって、「人間社会にとっての敵、無法者となり、人間性の幸福・平静を守る本来あるべき平和と共通の愛を粉々にする」[24]。非国教徒よって、現在、教会と国家はひどく混乱させられており、もし「何らかの即効性のある治療によって彼らを抑制しなければ」、「教会と国家の最高権力」の行使を妨げるほどに自信と実力を強めるであろうと懸念を表明する[25]。

　パーカーはまた、このような狂信的な非国教徒によって容易に扇動される一般民衆に対しても次のような批判を行う。「民衆の良心はその見識や分別と同じであり」、「道徳的な行為の判断に関して、人間社会の他の事柄に関して同様、無知で誤りやすい」ので、非国教徒の側が、「誤った［民衆の］良心に訴えかけたとしても無理はない」と[26]。

　パーカーは、このような「狂信者をやりこめること」が、この著作の目的であるという。というのも、「最も鋭い理性であっても、彼らの偏見に突き刺さることは、ほとんどない」ため、彼らを説得することは非常に困難だからである。その代わりに、「［非国教徒の］狂信的な気質や諸原理と国家の幸福・安全との明らかな矛盾を示すことによって、支配者の目を覚まし、その最も危険な最悪の敵に気づかせ、法の厳しさによって……謙虚

---

23) Parker (1670), p. vi.
24) *Ibid.*, p. viii.
25) *Ibid.*, pp. iv-v.
26) *Ibid.*, p. lii.

さと服従へ、彼らを強いる」ことが必要であると主張する[27]。

　為政者の法による宗教的事柄の強制を主張するパーカーの議論は、為政者が聖・俗両権力を絶対的に有しているかのようにも解釈できるが、各権力の関係性については、注意深くパーカーの議論を追っていく必要がある。より詳細な分析に入る前に、そのことを示唆している箇所を引用したい。それは、パーカーが説得対象として挙げている人物についての記述である。

　パーカーは、自身を投影しながら、以下のような人物、すなわち、「イングランド国教会の改革が、どのような厳格な根拠や原理に基づいているのか」、「どのようにして、その形態や制度が、キリスト教の最も優れた純粋な時代に認可されたのか」、そして「どのようにして国の基本法によってそれが確立されたのか」を知っている人物の心に次のように訴えかける。もし、そのような教会が、「野蛮で狂信的な大衆によってひどく悩まされ」、そして、「いまだ略奪される危険から完全に脱しているわけではないこと」を真剣に考えた時、きっと冷静ではいられないだろうと[28]。

　ここで注目すべきは、教会が〈実体として存在していること〉と〈国家の法によって追認されること〉を、パーカーが分けて考えていることである。この区別が、国家と教会の関係を、前者による後者の包摂ではなく、互いの独立性を担保しつつそれらが相互補完的な関係にあるとパーカーがみなしていたことを示唆するものである。したがって、以下では、この点に留意しつつ、パーカーの『教会統治論』の分析を行いたい。

2　『教会統治論』の分析
2-1　課題とその克服

　パーカーは、非国教徒が主張する良心の自由に対して、「良心ほど統治を左右し、混乱させてきたものはない」という[29]。パーカーによれば、非

---

27) *Ibid.*, pp. xi-xii.
28) *Ibid.*, p. iv.
29) *Ibid.*, p. 4.

国教徒は、君主の権力が影響力を及ぼすことのできる範囲が、「人間の外面的な行為に限定される一方で、良心が人々の内面的な意見を支配する」ことから、良心の優位性を主張する。これに対してパーカーは、「神の代理人」である為政者は、「すべての論争を解決する権力」をもち、「徳や善に関する規則を臣民に命じることができる」と主張する[30]。このように、宗教的領域における〈良心の自由〉と政治的領域における〈為政者の権力〉が、その至上性をめぐって互いに対立した場合に、どのようにして、その争いに決着がつけられるのかが、この著作の最大の課題である。これについて、パーカーは次のように述べている。

> これら二つの最高権力の争いから当然生じるあらゆる害悪や災難を避けることは、困難であると同時に重要な問題でもある。そのどちらも、こうした論争を裁定する何らかの優越性を有しているわけではないので、それらを調停することは困難である。しかし、この争いを調停することが、あらゆるコモンウェルスの平和、安定、平静にとって絶対的に必要である[31]。

パーカーは、この対象が異なる二つの最高決定権について、以下の二つの証明から、為政者権力の絶対的な必要性を主張する。

　それは、第一に、「あらゆるコモンウェルスの最高の為政者に、宗教的事柄に関して臣民の良心を管理し導く権力を授けることが、世界の平和と統治にとって絶対的に必要であるということ」の証明であり、第二に、「その最も激しい敵対者によっても認めざるをえないほど、この権力を授けるということが、非常に確かで疑問の余地のない真実であること、そして、世俗の最高権力者から、神の崇拝の教導的役割 the Conduct of the worship of God に関して、その権威を奪おうとする人々」は、「宗教のより本質的な他の部分」も侵害することになるということの証明である[32]。

---

30) *Ibid.*, pp. 4-5.
31) *Ibid.*, p. 9.
32) *Ibid.*, p. 10.

以下では、パーカーによるこの二つの証明を検討することにより、世俗的権力と霊的権威、あるいは、国家と教会の関係に関するパーカーの認識を明らかにする。

2-1-1　宗教的事柄に関する為政者権力の絶対的な必要性

　パーカーは、狂信者及び民衆の気質（扇動のされやすさや無知で無分別な気質、「獰猛で激しい気質」等）に言及しながら[33]、宗教的信念に基づく行為が野放しにされることによって生じる害悪を繰り返し指摘する[34]。そして、「宗教は人間に関する事柄に対して、最も強い影響力をもっている」ため、統治の第一の最も重要な目的である「コモンウェルスの平和と安寧」を守るためには、為政者は、厳格な法の執行により、それに資する「宗教を臣民に強制し、その破壊に向かう宗教的過誤を抑制する」ことが必要であると主張する[35]。

　パーカーは、このように為政者の厳格な法による宗教的行為の管理の必要性を強調する一方、教会法が、「一般的に、実効性のない統一Uniformityの手段となった主な理由」として、「[教会法を]執行する権力の欠如による弱体化」、あるいは、「国家の法が[教会法に]対立することによる無効化」を指摘し、以下のように述べる[36]。

> 実際、大多数の王国では、（君主は、宗教に関して、自分自身の利害をほとんど理解してこなかったため）、教会法は、ただ案山子として打ち立てられていたにすぎず、それら[教会法]を執行することによって命を与えるという何らかの企図があったというよりもむしろ、見せかけ、形式的なものとして制定された。もし、誰であれ、それらの威嚇的な厳しさに怯えて服従へと至らないほど大胆であるなら、彼らは、それら[教会法]のいいかげんな執行により、不服従へと促され、ついには、法そのもの

---

33) *Ibid.*, pp. 13, 15. *Ibid.*, pp. 58, 161, 165, 258, 263-264, 289, 311も参照。
34) *Ibid.*, pp. 18, 21-22, 57, 78, 139, 146, 152, 155.
35) *Ibid.*, p. 12.
36) *Ibid.*, p. 20.

を意味のないつまらないものとして軽視するだけでなく、それを定めた権力の弱さをも嘲笑するようになった。なぜなら、刑罰を受けないことが、不服従に正当な理由を与えるのみならず、それ［不服従］を奨励するということ以上に、経験上、確かなことはないからだ[37]。

そのため、パーカーは、教会法を厳格に執行することによって、それに強制力をもたせなければならないと主張する[38]。それでは、なぜ、世俗為政者は、宗教的事柄に対して絶対的な権力を有するのであろうか。この点について、パーカーによる論証を詳しくみていくことにする。

2-1-2 世俗的権力と霊的権威の関係性

パーカーは、国家と教会あるいは世俗為政者と聖職者の関係について、聖書史・キリスト教会史に言及しながら、両者の相互補完的な関係性を論証する。パーカーは、①キリスト教の設立以前、②キリスト教の成立、③ローマ帝国（コンスタンティヌス帝）によるキリスト教の公認、④教皇による権力簒奪と宗教改革の四つの時期に分けて議論を行っている[39]。以下、このそれぞれについて、パーカーの議論を確認する。

① キリスト教の成立以前

パーカーは、世俗統治の起源を家父長的権威に求め、教会権力の根拠も同様に、家父長的権威にあると主張する[40]。パーカーはその理由として、「世界の最初の時代においては、子孫に対する王的権力 Kingly Power が家父長たちに与えられていたように、彼らはまた、聖職者の職務 Priestly Office を任され、みずから祭司の神聖な役割 the Holy Functions of

---

37) *Ibid.*, pp. 19-20.
38) *Ibid.*, p. 21.
39) 国家権力と教会権力をめぐる議論において、こうした時代区分は一つの議論の型をなしており、例えばホッブズも、『リヴァイアサン』第三部で同様の議論を行っている（Hobbes (1996), pp. 338-402）。
40) *Ibid.*, p. 31. この時期における家父長主義的議論については、パーカーには言及していないものの、Schochet (1975), pp. 179-191が参考になる。

Priesthood を遂行していた」からであると説明する[41]。

　しかし、パーカーによれば、ユダヤ人の国 the Jewish Commonwealth において、「神の明示的な命令によって、王的権力 Kingly Power から聖職者の職務 Priestly Office が分離」されたという[42]。ただし、聖職者の権力・管轄権 Power and Jurisdiction of the Priest は、主権者たる君主 Sovereign Prince に従属したままであり、君主に至上権 Supremacy が置かれている[43]。パーカーは、ここで「至上権 Supremacy」について、「国家に関する事柄と同じくらい十分な、宗教的事柄における立法権力 Legislative Power」であるという[44]。すなわち、ユダヤ人の国（古代イスラエル）では、聖職者の職務は君主から分離（独立）しているものの、より上位の支配権（至上権 Supremacy）が君主に置かれるというかたちをとっている。

② キリスト教の成立

　次に、イエスが生まれ、キリスト教が公認されるまでをみていく。パーカーによれば、イエスの出現により、「宗教に関する新たな法 new Laws of Religion が確立」され、「新たな原理に基づく人間の行動指針が決定」されたという[45]。ただし、キリストは、「世俗的権力 Civil Power のいかなる部分も決して有しておらず」、「彼が使徒の時代に自らの教会の統治者に委ねた権力も純粋に霊的なものであった」[46]。したがって、キリストが自ら教えを広める方法は説得による他なく、神自身が、「直接的な神の摂理によって、世俗的な支配権の欠如を補い、奇蹟的な仕方で彼らが告げた天罰を課した」とパーカーは説明する[47]。

　ここにおいても、パーカーは、キリストや使徒の霊的権威の独立性を認めつつ、「世俗的な支配の欠如」を「神の摂理」が補うという相互補完的

---

41) Parker (1670), p. 31.
42) *Ibid.*, p. 32.
43) *Ibid.*, p. 32.
44) *Ibid.*, p. 33.
45) *Ibid.*, p. 33.
46) *Ibid.*, pp. 42-43.

な図式をとっている。

③　ローマ帝国（コンスタンティヌス帝）によるキリスト教の公認

　では、キリスト教が世俗為政者によって公認されると、聖職者と為政者の関係はどう変化するのであろうか。パーカーは、キリスト教が公認されると、「自然がそれを置いたところ［世俗為政者］によって、再び管理され始め、教会管轄権 Ecclesiastical Jurisdiction が世俗的権力 Civil Power に付け加えられた」という[48]。つまり、世俗為政者がキリスト教を管理し始めたということである。ただし、（キリストが出現してからも）この世の統治は同じ状態のままであり、「宗教の管理・規制 Government は、先祖に由来する自然的権利 an antecedent and natural Right ［家父長的権威］によって、彼ら［君主］に委ねられている」として、「君主の教会管轄権 the Ecclesiastical Jurisdiction of Princes」を主張する[49]。

　ここでパーカーのいう「教会管轄権 Ecclesiastical Jurisdiction」について、確認しておきたい。パーカーによれば、「あらゆる統治の目的は、社会の平和と安寧を守ることであり、それゆえ、世俗為政者は、その目的に役立つあらゆることを管理し命令する権力 power to manage and order をもたなければならない」。そして、「宗教的実践の管理 management of Religion の良し悪し以上に、国民の公共の利益に強い影響を与えるものはない」という[50]。つまり、教会管轄権とは、公益に資するように、無規定中立事項を判断する権力のことであり、宗教の内容（教義）自体を決定する権力ではない。

　キリスト教が公認される以前は、世俗的支配権（立法権力）の欠如を神

---

47)　*Ibid.*, p. 44. パーカーは、破門の印としての「体の苦痛や病気」を例として挙げ、また、聖書の該当箇所として、「コリント人への第一の手紙」の第4章21節、第5章5節、及び「コリント人への第二の手紙」の第10章6節、同13章に言及する。
48)　*Ibid.*, p. 48
49)　*Ibid.*, pp. 34–35.
50)　*Ibid.*, p. 35.

の摂理が補っていたが、「支配者が、自分の関心事と考えて、キリスト教の管理、および、その保護に目を向け、世俗の権威によって、聖職者の霊的な力を進んで助けようとするやいなや、神の摂理は、教会の奇蹟的な力を取り消し始める」[51]。そして、

> 聖職者の役割 Ministerial Function の行使は、最初に我々の救世主によって任命された人々にいまだ継続されているが、その権威及び管轄権 Authority and Jurisdiction の行使は、絶対的な王権に戻された。……君主は、彼ら［聖職者］が最もよく宗教に関する事柄を理解し管理することができると考えたので、彼の下で、教会の統治 Government of the Church を彼らに委ね、彼らの職務や支配権 Office and Jurisdiction の行使に必要な分だけ、強制的な権力を彼らに授けた[52]。

つまり、上記の引用箇所でパーカーは、〈聖職者＝宗教に関する事柄の判断者〉と〈君主＝宗教的事柄の執行権者〉という図式を示していることがわかる。

④ 教皇による権力の簒奪と宗教改革

パーカーによれば、ローマの司教は、皇帝権力たる「教会管轄権 Ecclesiastical Jurisdiction と至上権 Supremacy」を簒奪し、彼ら自身の教皇庁に加えることによって、「宗教に関する全管轄権 the whole Dominion of Religion を獲得」したという[53]。上の図式を援用すれば、彼らは、もともと〈聖職者＝宗教に関する事柄の判断者〉であったが、さらに、それを法によって命令・強制する権力を獲得したということになる。パーカーは、これに対して、「不合理な強制によって、人類にとって最も重要な自由［良心の自由］を侵害しており、教皇主義という忌み嫌われた名のもとに、宗教に関する放縦な実践と信念をあらゆる制限で拘束している」と批

---

51) *Ibid.*, p. 49.
52) *Ibid.*, p. 49. パーカーのここでの議論は、神授権主教制 *jure divino* episcopacy を支持する立場に立ったものである。
53) *Ibid.*, pp. 54–55.

判する[54]。

　そして、このような状態から、「国教会は［国王ヘンリ8世による］最初の改革で、教会の権威 Ecclesiastical Authority をすべて廃止するほど野蛮ではなく、ただそれを不正に簒奪した人びとからふさわしいところへ移し、それを十分な制限、範囲の中へ抑制した」という[55]。「十分な制限、範囲」によって、パーカーは、教会の管轄権は君主が有していることを意味していると考えられる。さらに、パーカーはこのような状態にあることを、「宗教的専制 spiritual Tyranny と宗教的無秩序 spiritual Anarchy」の間で、「私たちを節度ある状態に保つための、教会の知恵であり穏健さである」という[56]。

　しかし、パーカーによれば、宗教改革は、君主を十分な自然的権利のうちに再び置くことはできなかった。なぜなら、改革派教会が、「宗教的事柄における世俗的権力の至上性 the Supremacy of the Civil Power in Religious matters」を主張したからである[57]。そして、この主張によって内乱が引き起こされたとパーカーは考え、『教会統治論』以下の部分で、ピューリタン批判を展開していくことになる。

　以上、①から④の大きな時代区分のもとで、世俗的権力と霊的権威の関係性について、パーカーの議論を概観してきた。パーカーは、「宗教的事柄における立法権力」の根拠を家父長的権威に置き、自然的権利による継承によって、現在の君主による同権力の保持を正当化していた。そして、キリストの出現によって、教会と国家の関係は一時的に断絶したが、ローマ帝国によるキリスト教の公認によって、教会が霊的権威（「聖職者の役割」）を保持しつつ、その法による執行を世俗為政者が担うという相互補完的な関係が築かれることとなった。このようなパーカーの議論は、教会の権威を主張しつつも、世俗為政者の至上権を認める立場といえよう[58]。

---

54) *Ibid.*, pp. 24-25.
55) *Ibid.*, pp. 24-25.
56) *Ibid.*, pp. 24-25.
57) *Ibid.*, p. 56.

最終的に、世俗為政者（イングランド国王）が有していた権力は、宗教の内実に関わるものではなく、人々を外部から正しい信仰へと導くものであった。ローズは、教会の権威と世俗の権威の統合に際し、宗教上の無規定中立事項について、為政者が決定するのか、それとも、教会が決定し、為政者がその決定を強制するのかが重要な問題であったと指摘する。そして、この問題についてパーカーは、1671年の『教会統治論続編』の中で、より深く考察しなければならなかったという[59]。ローズによれば、パーカーは、1673年のマーヴェルへの反論『「リハーサル（散文版）」批判』（*A Reproof to the Rehearsal transprosed*）において、宗教の地上の生活への影響力及びキリストの使徒への授与に基づく霊的な側面から、聖職者に固有の力を認めており、聖職者の助言と君主によるその執行が、聖職者の霊的な力と王の教会に対する優位性とを調和させているという[60]。しかしながら、本節2-1でみてきたように、こうしたパーカーの議論は、既に『教会統治論』の中で行われていた。

　パーカーは、道徳に関しても、社会的徳（道徳の内実）とそれに関わる外的な事柄を区別するが、後者に対する為政者の権力行使が人々を徳の実践に向かわせることから、為政者の絶対的な支配権を主張する。そして、同様の議論を宗教的事柄に対しても行っていく。以下では、この道徳と宗教の関係性に関するパーカーの議論を分析する。

---

58) パーカーのこうした立場は、国王ヘンリ8世による宗教改革以来続いていた国教会の主流の立場ともいえる。国王至上法（1534年）により、国王が教会の管轄権を有するようになったが、一方で、聖別権には介入しなかった（八代（1979）、88ページ）。また、同様に、女王エリザベスも、マシュー・パーカーに対する主教による聖別にこだわり、「歴史的主教制」の伝統を守った（同上書、88ページ）。サマヴィルもまた、通常のアングリカンの立場として、彼らは「直接神に由来する何らかの純粋に霊的な力をもつが、その力は主権者の法がなければ行使することができないため、君主の世俗的な主権や教会に対する至上性と対立することは決してない」と考えていたと説明する（Sommerville (1992), p. 120）。

59) Rose (2010), p. 360.
60) *Ibid.*, p. 362.

2-2　神の崇拝における世俗為政者の指導的役割について

　パーカーは、宗教的事柄に対する世俗為政者の絶対的権力の必要性を主張する自説を補強するために、「宗教的崇拝に関する事柄と道徳に関する義務との類似性」を示すことによって、「社会的徳が、宗教の最も本質的な部分と等しいこと」を明らかにし、世俗為政者が道徳に関する事柄（世俗的事柄）に対して絶対的権力を有するなら、宗教的事柄についても同様であるという主張を行う[61]。そのために、パーカーは二つの議論を行っている。それは、①道徳の本質と宗教の本質が同じであることを示すこと、②人間の義務を検証し、道徳的義務と宗教的義務が同じであることを示すことによってである。以下、このそれぞれについて、パーカーの議論をみていきたい。

　① 道徳の本質と宗教の本質の一致

　パーカーはまず、道徳の本質的な義務について以下のように述べる。それは、「世界中のいかなる礼拝様式とも同じように、少なくとも、神を喜ばせるような、そして、救済にとって絶対不可欠であるような、宗教の偉大で本質的な部分である」[62]。パーカーによれば、「道徳の教え」とは、「我々自身の本性を完全にするのに役立ち、他人の幸福を導く」ものであり、「徳の実践」とは、「理性と自然の命令に従って生きること」である。

　一方で、「宗教に関する法の本質及び第一の目的」とは、「理性的存在に適った仕方で、栄光と不滅の国のために自分自身を準備しその資格を身につけ」、「理性と知性を授けられた被造物として行動すべてを行う」ことである[63]。このようにしてパーカーは、救済を最終的な目的とする点で道徳の本質と宗教の本質は一致するとみなし、以下のように結論づける。

　　道徳的な徳は、宗教すべての目的、つまり人類の幸福に対して最も強力

---

61) Parker (1670), p. 65.
62) *Ibid.*, p. 68.
63) *Ibid.*, p. 68.

な、そして、最も強制的な影響力をもつので、それは、その［宗教の］最も本質的で有用な部分であるだけでなく、その他の義務すべての最終的な目的でもある。そして、完全に真なる宗教は、徳それ自体の実践か、それに資する手段、道具の使用のどちらか以外にはありえない[64]。

パーカーがここで、宗教を、「徳それ自体の実践」と「それに資する手段、道具の使用」の二つに分けている点が重要である。なぜなら、このような区別は、先の議論で確認した、「聖職者の役割を保持する教会」と「それを執行する手段を有する世俗為政者」の関係と重なるからである。このような区別は、次の人間の義務に関するパーカーの議論からも確認することができる。

② 道徳的義務と宗教的義務の一致
　パーカーは、人間のすべての義務を以下の三つ、すなわち、「創造主に対する義務」、「隣人に対する義務」、そして「自分自身に対する義務」に分類する[65]。そして、その一つひとつを検証することで、道徳的義務と宗教的義務の一致を主張する。パーカーによれば、「創造主に対する義務」は「神を崇拝し、また、神に祈りを捧げること」にあるという。これは、「感謝の徳のひとつであり、感謝の気持ち、謙遜した気持ちに他ならず」、「対象を神に限定した行為だけが、宗教的なかたちをとり」、実のところ、「感謝も祈りも、別種のものではなく、ただ同じことの名称の違いにすぎない」とパーカーは主張する[66]。また、「隣人に対する義務」と「自分自身に対する義務」についても、前者の場合、その有徳な行為は、「親切、あるいは思いやり」と呼ぶものであり、後者の場合、「祈りの対象としているものは、（もしそれらがこの世の満足や喜びでないならば）、他の何らかの有徳な性質のもの」であるという[67]。

---

64) *Ibid.*, p. 69.
65) *Ibid.*, p. 69.
66) *Ibid.*, pp. 69–70.
67) *Ibid.*, p. 70.

そして、パーカーはここでも、宗教の本質的な部分とそれ以外の部分を区別する。パーカーは、「創造主に対する義務」を除く、すべての祈りの義務（つまり、「隣人に対する義務」と「自分自身に対する義務」）は、「宗教の本質的部分ではなく、徳や道徳的善へ導くためのものにすぎず」、これらの義務は、徳の目的（つまり、宗教の目的・本質）へと人々を導く限りにおいて、聖職者によって、宗教的であると評価されるという[68]。そして、宗教のすべては、「徳それ自体か、その手段のいくつかであり、人間のすべての義務は、つまるところ、有徳であることに存する。そして、命じられることはみな、そのためのものである」とパーカーは議論をまとめる[69]。したがって、〈道徳の本質＝宗教の本質〉へと導くために、またその限りにおいて、儀式や祈りの仕方といった無規定中立事項を命じる世俗為政者の権威を否定することは、宗教の本質をも否定することになる。

　パーカーはまた、道徳の本質と宗教の本質を結びつけるために、恩寵の議論を展開する。パーカーは、徳と恩寵を区別する非国教徒に対して以下のように述べる。

　　もし我々が［徳に加えて］恩寵も有していなければ、完全に有徳であるには十分ではない（と彼らは言う）。しかし、徳のあらゆる在り方を拒絶するなら、いったい何が恩寵と呼ばれるものとして残るのか私に教えてほしい。そして、我々の諸関係すべて［神との関係、自分自身との関係、隣人との関係］における我々の行動の正しい秩序や支配に存する、したがって、我々の義務すべてを包含する道徳すべてとは異なるそれ［恩寵］に関する概念を何であれ与えてほしい。それゆえ、もし恩寵がそれに含まれないならば、それは、幻想、つまり、想像上のものに他ならない[70]。

そして、恩寵について、以下のように述べる。

　　もし我々が、最近、何人かの人々がそれ［恩寵］に与えている定義から

---

68) *Ibid.*, p. 70.
69) *Ibid.*, p. 71. *Ibid.*, pp. 81-82.
70) *Ibid.*, p. 71.

メタファーやアレゴリーを取り除けば、それ［恩寵］は、魂の有徳な性質以外には何も示していないことは明白であろう。聖霊の恩寵によって『聖書』が意図しているものはみな、ただ魂の有徳な性質だけである。それゆえ、それは恩寵と称される。なぜなら、それらは純粋に神の自由な恩寵と寛大さに由来するからである[71]。

　パーカーは、恩寵と魂の有徳な性質の一致を主張し、その具体的な内容を示している『聖書』の箇所として、「テトスへの手紙」第2章11節を引用する。「救いをもたらす神の恩寵は、すべての人々に現れ、我々に、不信心と世俗的な欲望を捨て、この現世において、思慮深く、正しく、信心深く生活すべきであると教えた」[72]。ここから、パウロが、「神の恩寵は、神への感謝、我々自身の節制、そして、隣人への正義にあるとしている」とパーカーは主張する[73]。

　パーカーの恩寵に関する以上の議論をまとめると次のようになる。人々は、日々の生活の中で、（神の恩寵がもたらした）魂の有徳な性質、すなわち、神への感謝（信仰）、我々自身の節制（忍耐）、そして隣人への正義（愛）を実践すること（それはまた人間の義務を果たすことでもある）によって、救いへと導かれる。ここで注意すべきは、パーカーがパウロの言を引いて、神の恩寵を「神への感謝」、「我々自身の節制」、そして、「隣人への正義」の三つに分けている点である。なぜなら、この三つは、先に議論した「創造主に対する義務」、「自分自身に対する義務」、そして、「隣人に対する義務」と一致しているからである。このことから、パーカーが、神の恩寵を介して道徳の本質と宗教の本質を結びつけつつ、直接、宗教の本質を志向するもの（「神への感謝」）と、その行為を通じて宗教の本質へと至らしめるもの（「我々自身の節制」、「隣人への正義」）とを区別していることがわかる[74]。

　これまでのところで、非国教徒の主張する良心の自由に対して、宗教的

---

71) *Ibid.*, p. 72.
72) *Ibid.*, p. 72.
73) *Ibid.*, p. 72.

事柄に対する世俗為政者の絶対的な権力の必要性に関するパーカーの議論を概観してきた。そして、世俗的権力と霊的権威あるいは国家と教会の関係性に注目し、パーカーが、宗教（あるいは道徳）に関して、本質的部分とそれ以外の部分の区別を行っていることを確認した。その結果、「世俗的権力」を欠く「聖職者の霊的権威」を、世俗為政者が自身の権力によって補うようになると、神の「奇蹟的な力」は姿を消し[75]、教会がその霊的な役割を保持しつつ、国家がその執行手段を有するという相互補完的な関係を築いていたのである。

以下では、これまでの研究について、Ⅲ節で整理した第一の解釈、すなわち、国家と教会を同一視し、それらに対する為政者の絶対的権力を主張する解釈を批判的に検討するために、パーカーのホッブズ批判をみていきたい。

2-3　パーカーのホッブズ批判

パーカーは、「宗教はみな無規定中立的なものであるという信念」、あるいは、根拠がないのにあるかのように装っている「詐欺行為 Imposture であるという信念」が、「寛容のための最も強力な流行りの議論である」として、ホッブズを批判する[76]。パーカーは、「人類は、コモンウェルスの法に先立ついっさいの義務から自由であるということ」、そして、「主権的権力の意志だけが、善悪の唯一の尺度であるということ」をホッブズの理論として挙げ、人々がそれをいったん受け入れてしまうと、当然以下のことを信じるようになるという。すなわち、「いかなる宗教も、最高の権威によって確立されるまでは、法の効力を得ることができないというこ

---

74) 大澤は、パーカーによるこの区別に言及せず、道徳と宗教の一致を説くパーカーの議論を、宗教の世俗化（霊的なものを排除した世俗一元論）として解釈する（大澤（1995）、198-199ページ）。しかし、これまで議論してきたように、パーカーは必ずしも宗教の完全な世俗化を主張しているわけではない。このことは、以下のパーカーのホッブズ批判からも確認することができる。

75) Parker (1670), p. 49.

76) *Ibid.*, p. 135.

と」、「『聖書』は、キリスト教徒の為政者によって命じられるまでは、いかなる人にとっても法ではないということ」、「コモンウェルスの統治者が要求しなければ、誰も、『聖書』の真理に同意するいかなる義務をも負っていないこと」、「救世主をひどい詐欺師と信じても罪にはならないということ」、そして「もし主権的権力が、コーランを正典であると宣言したら、それは、福音と同じように神の言葉になるということ」である[77]。

そして、その根拠として、『リヴァイアサン』第1部第12章及び第3部第33章に言及する。まず、前者の箇所について、ホッブズは、「宗教の自然の種子である四つのものごと」について、「幽霊についての意見 Opinion of Ghosts」、「二次原因についての無知 Ignorance of second causes」、「人びとが恐怖するものへの帰依 Devotion towards what men fear」、そして「偶然のものごとを前兆とおもうこと Taking of things Casuall for Prognostiques」の四つを挙げている[78]。これに対して、パーカーは、「幽霊についての・・・誤った意見 A false Opinion of Ghosts」、「二次原因についての無知 Ignorance of second causes」、「人びとが・・・根拠なく恐怖するものへの帰依 Devotion towards what men groundles [s] ly fear」、そして「偶然のものごとを・・・間違って前兆とおもうこと Mistaking of things Casuall for Prognostiques」と引用する[79]。パーカーの引用箇所をホッブズの原文と比べると、ホッブズが宗教の発生の仕方について、一般論を展開している箇所を、パーカーがより否定的なニュアンスをつけて原文操作を行っていることがわかる。そしてパーカーは、第1部第12章を、「宗教はみな、政策上の詐欺行為にすぎず、コモンウェルスの設立者や立法者によって先ずでっち上げられ、彼らによって、統治の諸目的のために、騙されやすい大衆に押しつけられた」と解釈する[80]。

次に、後者の箇所について、ホッブズは、「証明済みのものとして See-

---

77) *Ibid.*, p. 137.
78) Hobbes (1996), p. 79（水田訳（Ⅰ）186-187ページ）.
79) Parker (1670), p. 138.
80) *Ibid.*, p. 139.

ing therefore I have already proved」、「主権者が彼ら自身の領土における唯一の立法者である Soveraigns in their own Dominions are the sole Legislators」と述べているが[81]、パーカーは、同箇所を「も̇し̇、主権者が彼ら自身の領土における唯一の立法者であ̇る̇な̇ら̇ば̇ if Sovereigns in their own Dominions are the sole Legislators」と仮定のかたちで引用している[82]。そして、第3部第33章を、「宗教はみな、実際には、ごまかしや詐欺にすぎず、せいぜいのところ、民衆を服従させるために公的に認められ促進される、想像上の目に見えない力の話でしかない」と解釈した。そして、（パーカーの理解するところの）ホッブズの宗教観に対して、パーカーは、「宗教の真理や神の権威」を主張する[83]。

　上述のパーカーによるホッブズ批判からも、宗教の世俗化によって為政者が教会を国家に包摂するかたちで支配することに対して、パーカーが否定的な考えをもっていたことが推測される。また、この点については、ホッブズの至上権概念に関するローズの指摘が参考になる。ローズは、「パーカーが真にホッブズ的な教会論を支持するためには、単に法的な支配権だけでなく、君主の宗教上の至上権に完全に従属する、［神授権ではなく］人間の権利に基づく主教制を擁護しなければならなかった」が、パーカーは「そうしなかった」と指摘し、一方で、パーカーは神授権主教説を支持していたと主張する[84]。ローズのこの主張は、本章で明らかにした、〈祭司としての役割〉（霊的権威）と〈王としての役割〉（世俗的権力）を区別し、前者を教会が保持しつつ、その実際的な権力行使を後者が担うというパーカーの議論からも、妥当と考える。

---

81) Hobbes (1991), p. 260（水田訳（Ⅲ）35ページ）.
82) Parker (1670), p. 138.
83) *Ibid.*, p. 139.
84) Rose (2010), pp. 352, 355.

V．おわりに

　本章では、パーカーの『教会統治論』の分析から、国家と教会の関係性に関するパーカーの認識を明らかにした。パーカーは、世俗為政者の宗教的事柄に対する絶対的な権力の必要性を主張していたが、それは、これまでの研究で強調されることの多かった、〈教会＝国家〉の図式を前提とした、聖・俗両領域における世俗為政者の絶対的権力の擁護ではなかった。パーカーの考える国家と教会の関係は、世俗為政者が、教会あるいは聖職者の代わりに、その霊的な職務まで担うのではなく、教会が霊的な権威を保持しつつ、その法による執行を世俗為政者が担うという相互補完的なものであった。このように国家と教会の関係を捉えることにより、国王の世俗的な権威を認めつつも、教会の権威を主張することができたのである。そして、このような立場に基づいて、王政復古以降、国教会聖職者（特に厳格なアングリカン）は、積極的に政治に関与するようになっていった。

　本章の議論を通じて、パーカーを事例に、ロックが批判の対象としている聖職者主義の内容や議論の図式を具体的に把握することができた。これにより、ロックのパーカー批判を検討するための準備が整ったので、実際に『覚書』の分析を行うことが次章の課題となる。その際、本章で議論したパーカーの国家と教会に関する図式をロックが理解した上で、パーカー批判を展開しているのか否かが一つの焦点となるだろう。

第四章

サミュエル・パーカー批判──『覚書』

I. はじめに

　本章の目的は、前章の議論を踏まえて、ロックによる『サミュエル・パーカーの「教会統治論」に関する覚書』('Note on Samuel Parker's *Discourse of Ecclesiastical Politie*') を分析することにある。この『覚書』は、クランストンによって部分的に紹介され、ゴルディ編の *Locke: Political Essays*（以下、ゴルディ版）にも所収されているが、2006年のJ. R. ミルトンとP. ミルトン編の *John Locke: An Essay Concerning Toleration and Other Writings on Law and Politics, 1667-1683*（以下、ミルトン版）で初めて完全なかたちで公刊された[1]。

　しかし、ロック研究において、この『覚書』の詳細な分析は、これまでほとんど行われてこなかった。その理由として、以下の二点を指摘することができる。第一に、ロックの批判対象である『教会統治論』そのものが、これまで十分に分析されてこなかった点である[2]。近年、パーカーを

---

1) Cranston (1957), pp. 131-133, Goldie (ed.) (1997), pp. 211-215, Milton and Milton (eds.) (2006), pp. 322-326. MS Locke c. 39, fols. 5-10のうち、クランストンの抜粋やゴルディ版では、fol. 7から10までになっており（ただし、fol. 6、8、10は空白のページ）、ミルトン版で初めてロックによる『教会統治論』の要約が書かれたfol. 5からが公刊された。

対象にした研究が行われるようになってきたが[3]、その成果が完全に消化されておらず、その結果、ロックのパーカー批判の含意や重要性が、必ずしも十分に把握されてこなかったと考えられる。

第二に、ロックのパーカー批判に言及した研究においても、(本章Ⅱ節で詳しくみていくが)同時期に執筆が開始されたロックの『人間知性論』と関連づけて、認識論的な側面から分析されることが多く、歴史的文脈やロックの政治・宗教思想に即して分析されることがほとんどなかった点である。特に、『世俗権力二論』(1660-62年)や『寛容論』(1667年)におけるロックの反聖職者主義的態度は、この時期のフランスにおける聖職者主義の台頭と相まって、一層の高まりをみせていくことになるが、この態度に着目した『覚書』の詳細な分析は、これまで行われてこなかった[4]。

そこで、本章では、ミルトン版で初めて公刊された部分(ロックによる『教会統治論』の要約部分、MS Locke c. 39, fol. 5)に注目し、ロックがパーカーをどのように読んだのかを確認した上で、この『覚書』を分析する。そして、この分析から、ロックのパーカー批判の含意をより明確に把握していく。既に前章で、パーカーの『教会統治論』について詳細な分析を行っているため、本章では、その議論を踏まえてロックのパーカー批判を検討する。

両ミルトンによれば、現存する草稿以外にもパーカーへの批判を書き留めたものが存在していた可能性もあり、ロックによるパーカー批判が、この『覚書』の中にすべて記されているわけではないのかもしれない[5]。しかし、本章以下で確認するように、ロックが要約した部分は、『教会統治

---

2) パーカーに限らず、同時期のアングリカンの側の思想に注目した研究は相対的に少ない。この研究史上の間隙を埋めようとする一連の研究が山田によって行われている(山田(2008a)、(2008b)、(2009a)、(2009b)、(2010))。

3) Schochet (1993), (1995), Parkin (1999), Jewell (2004), Rose (2010), Hirst (1999), Cable (2002).

4) ロックのフランス旅行(1675-79年)の意義を考察したものとして、山田(2012)、173-204ページ。

5) Milton and Milton (2006), p. 70.

論』におけるパーカーの主要な議論と重なっていること、また、『覚書』におけるロックの批判が、パーカーの議論の図式そのものを批判対象としていることから、この『覚書』の詳細な分析を行うことにより、同時期におけるロックの政治・宗教思想の一端を明らかにすることができるのではないかと考える。

また、直接的な連続性を示すことは難しいが、『統治二論』（特に「第一論文」におけるフィルマー批判）で展開される議論とパーカー批判との類似性も指摘することができる。その意味でも、ロックの初期の著作（『世俗権力二論』『寛容論』）から後期の著作（『統治二論』）にかけての問題関心の連続性を示す上で、本章の分析が果たす意義は少なくないように思われる。したがって、本章のねらいは、『覚書』の分析から、ロックがパーカーのどの議論に注目し、どのような批判を加えているのか、そして、そのような批判の仕方が、『世俗権力二論』や『寛容論』の議論をどの程度引き継いでいるのかを明らかにすることにある。

本章では、以下の順で議論を行っていく。まず、これまでの研究を三つに分類・整理し、その特徴と問題点を指摘する（Ⅱ）。次に、ミルトン版に初めて収められた部分を紹介し、パーカーの議論と対照させながら、ロックの着眼点を明らかにする。それを踏まえて、ロックのパーカー批判を具体的に分析し、ロックの批判が反聖職者主義的態度と結びついていることを示す（Ⅲ）。そして、ロックとパーカーを比較する際に、しばしば論点となる家父長権論について、ロックの批判の含意を明らかにし、ロックによる家父長権論批判と『統治二論』のフィルマー批判との関係性について考察する（Ⅳ）。最後に、本章のまとめを行い、次章に向けた展望を示す（Ⅴ）。

Ⅱ 『覚書』の位置づけ

本節では、ロックのパーカー批判に言及しているこれまでの研究を整理

し、その特徴と問題点を指摘し、既存のロック研究の中に本章を位置づけたい。ロックのパーカー批判を扱った研究は必ずしも多くはないが、それらは、大別すると以下の三つに分けることができる。

　第一の解釈は、ロックの知的発展プロセスの中で、『覚書』の意義を考察するものであり、『世俗権力二論』や『寛容論』といった初期の著作と関連づけて、ロックのパーカー批判を検討し、そのようなロックの批判と後期の著作（『統治二論』や『人間知性論』など）の結びつきに焦点を当てる。特に、「パーカー論争」に参加した非国教徒からの影響を指摘し[6]、ロックによる認識論的な批判が、ロックを『人間知性論』の執筆に向かわせることになったと解釈する点に共通の特徴がある。代表的なものとして、アッシュクラフトの解釈を挙げることができる。アッシュクラフトは、「個人の宗教的義務の達成に必要不可欠なものを為政者は臣民の誰よりもよく知る特別な地位にある、というパーカーの想定に対する認識論的な攻撃」を「ロックの最も効果的な批判」とみなす[7]。そして、パーカーの『教会統治論』が、ロックの思索に刺激を与えたと指摘し、この「認識論的な攻撃」とパーカーの主張（「宗教的事柄における政治的権威の主張」）そのものに対する「二面攻撃」が、「最終的に、『人間知性論』と『キリスト教の合理性』で花開くことになる」と主張する[8]。

　第二の解釈も、『世俗権力二論』や『寛容論』といった初期の著作と比較しながら、ロックのパーカー批判を検討する点においては、第一の解釈と同様の立場をとる。そして、『覚書』における、為政者の絶対的な権力

---

6) 本書の第三章Ⅰ節を参照。
7) Ashcraft (1986), p. 106.
8) Ibid., p. 106. パーキンは、ロックとパーカーの共通性を指摘する点でアッシュクラフトとは異なるものの、社会秩序と個人の自由に関する問題を扱う中で、パーカー批判を契機として、ロック自身が、パーカーと共通した自らの議論の前提を問い直し、道徳的な諸概念に関するまったく新しい根拠を提供しようと試みたのではないかと推察する（Parkin (1999), p. 104）。この点は、D. J. カッソンも同様である（Casson (2011), pp. 124-125）。また大澤も、非国教徒たちの議論が「ロックの哲学的思索」の発端となり、『人間知性論』草稿の執筆につながったと指摘する（大澤 (1995)、238-246ページ）。

の必要性を容認するロックの姿勢と『世俗権力二論』との連続性や、無規定中立事項にまで為政者の権力が拡大されるべきではないとするロックの主張と『寛容論』との結びつきに関しても、研究者の間で概ね共通了解となっている。また、後期の著作との関係についても、パーカーの家父長権論に対するロックの批判と『統治二論』におけるロックのフィルマー批判との類似性が広く指摘されている。

　第二の解釈が、第一の解釈と大きく異なるのは、ロックのパーカー批判を、ロックの哲学的著作である『人間知性論』と結びつけることを批判する点である。代表的なものとして、マーシャルの解釈を挙げることができる。マーシャルは、『人間知性論』草稿における、〈実践＝外面の自由〉ではなく、〈探究＝内面の自由〉の主張が、『世俗権力二論』におけるロックの立場と矛盾しないことを指摘するとともに、『人間知性論』草稿が、「寛容を正当化するための認識論的な基礎を明らかにしようとするロックの試みであったという指摘」や「その内容は、パーカーの『教会統治論』及びアングリカニズムに対する応答として読まれるべきであるという指摘」は、「ロックや彼の親友ティレルから得られる『人間知性論』の執筆理由に関する記述に合致しない」と主張する[9]。そして、「パーカーに対する応答や、寛容主義、非国教徒イデオロギーへの傾倒」の延長線上に『人間知性論』を位置づけるアッシュクラフトの解釈を批判し、パーカー批判の含意として、寛容主義よりも反聖職者主義の重要性を強調する[10]。

　『覚書』の意義を、ロックのこうした初期から後期にかけての思想的な発展過程の中で考察する第一、第二の解釈に対して、第三の解釈は、パー

---

9) Marshall (1994), pp. 77-78, fn. 6.
10) *Ibid.*, p. 76. ハリスも寛容の基礎づけとして認識論を展開したというアッシュクラフトの議論に反論する（Harris (1998), pp. 112, 353, fn. 13）。ウットンは、「寛容論争が認識に関わる根本的な問題を提起した」ことを明らかにした点でアッシュクラフトの研究に理解を示しつつも、ハリス同様、ロックの認識論への関心をパーカー批判に結びつけることには批判的である。むしろ、その出発点として「トムへの手紙」におけるロックの理性に対する懐疑的な態度を指摘する（Wootton (2003), pp. 26, 30）。この手紙に注目したものとして、中神 (2003)、25ページ、山田 (2006)、62-63ページ。

カーの議論との比較から、『覚書』それ自体をより具体的に分析している点に特徴がある。代表的なものとして、両ミルトンの研究が挙げられる。両ミルトンは、同時代の人々が、パーカーの議論を真剣に取り上げる理由を指摘した上で、ロックとの比較を行う[11]。彼らの研究が他の研究と異なるのは、ミルトン版で初めて公刊された部分（ロックによる『教会統治論』の要約）を踏まえた分析を行っている点である[12]。両ミルトンは、同箇所の分析から、ロックとパーカーの共通点と相違点を明らかにしている[13]。

彼らの研究には首肯できる点が多くあるが、その結論については筆者と異なる。両ミルトンは、「世俗為政者は最高の存在であり、いかなる聖職者の（おそらく、主教の）権力をも自分で行使することができる」とパーカーは考えていたと結論づけるが、第三章で概観したように、世俗的権力と霊的権威に関するパーカーの相互補完的な図式を見落としているために、ロックのパーカー批判も、一面的な理解に基づいたものとなっている。

本章以下では、両ミルトンの研究を基本的には受け入れつつ、マーシャルが指摘し、本書でも注目してきたロックの反聖職者主義的な視点から、ロックのパーカー批判を検討する。その過程で、『世俗権力二論』や『寛容論』の議論との比較も同時に行う。ただし、後期の著作との関係性について、『人間知性論』との認識論的な結びつきを再検討することは、本章の主眼ではないため行わないが、『統治二論』（特に、「第一論文」のフィルマー批判）との関係性については、ロックのパーカー批判（特に、その家父長権論に対する批判）を中心に再検討する。

---

11) Milton and Milton（2006）, pp. 61-62.
12) ロックによる『教会統治論』の要約については、本章のⅢ節2項で議論する。
13) 両ミルトンは、共通点として、両者の新しい哲学への関心や（特に恩寵に関する）宗教観を挙げ、相違点として、両者の政治的権威の起源に関する考え方や非国教徒観を挙げる（Milton and Milton（2006）, pp. 62-65）。

III. パーカー批判と反聖職者主義

　本節では、最初に、本書の第三章で議論したパーカーの『教会統治論』の要点を挙げ、ロックによる『教会統治論』の要約部分との比較から、どの程度、ロックがパーカーの議論を把握していたのかを明らかにする。それを踏まえて、ロックによるパーカー批判の詳細な分析に入っていきたい。

1　パーカーの議論の要点

　パーカーの『教会統治論』における主要な議論は、以下の四点にまとめることができる。

　第一に、パーカーは、世俗的統治（〈王としての役割〉）と宗教的統治（〈祭司としての役割〉）の起源を、ともに家父長的権威に見出し、社会の平和・安寧を維持するために、両統治の絶対的な必要性を主張する。

　第二に、パーカーは、教会の管轄権を、イエスが生まれる以前の先有権（家父長的権威）に求め、イエスが教会統治者に託した権力は、「純粋に霊的なもの」であり、教会が世俗為政者の助けを欠いている間は、神の摂理によって、神自身がその欠如を補っていたと説明する。

　第三に、パーカーは、世俗為政者が、聖職者の霊的権威を、その世俗的な権力によって補うことで、神の奇蹟的な力は姿を消すと説明する。

　第四に、パーカーは、宗教改革によって、ローマ教会によって簒奪された教会の管轄権が、イングランド国王のもとに取り戻されたと説明する。

　上の四つの議論で重要なのは、社会の平和の維持のために、為政者の絶対的な権力の必要性を主張していたこと、家父長的権威を世俗的・宗教的統治の起源としていること、そして、イエスに由来する権力を霊的なものとし、他方で、教会の管轄権を世俗権力に結びつけていることである。特に後者は、パーカーの議論における国家と教会の相互補完的な関係性を理解する上でも重要である。パーカーは、為政者が、〈王としての役割〉と〈祭司としての役割〉の両方を兼ねているのではなく、後者の役割は教

会が担い、その教えに強制力をもたせるための手段を為政者が有すると考えていた。

以上のパーカー理解を前提とした上で、次に、ロックによる『教会統治論』の要約部分を紹介し、本章の主たる目的であるロックのパーカー批判の分析に入りたい。

2 ロックによる『教会統治論』の要約

ここでは、ロックによる『教会統治論』の要約部分を確認していく。ロックによるパーカー批判の草稿は、『ロック政治論集』（山田・吉村訳）にも所収されているが、ゴルディ版を定本としているため、この部分が訳出されていない。そこで、ミルトン版で初めて公刊されたこの部分を邦訳のかたちで紹介しつつ、ロックが『教会統治論』のどの議論に興味・関心を抱いていたのかを明らかにしたい。内容上、前半と後半の二つに分けることができるので、それぞれ訳出し、内容を確認する。

まず、前半部分について、ロックは、宗教的事柄において、為政者の絶対的権力の必要性を主張するパーカーの議論を以下のようにまとめている。

　　社会は、人間本性 humane nature の保存にとって必要である［。］統治 Government は、社会の保存にとって必要［である］。その目的は、平和である［。］

　　統治の保存のために、各国家 City には、ひとつの最高権力 One Supremacy が必要［である］。1．なぜなら、最高権力が二つ存在することはありえないから、2．同等の異なる権力が、その義務を負うことのできないような矛盾した服従を、同じ人物に命じることができてしまうから［。］この最高権力とは、世俗為政者 the Civil magistrate のことである［。］世俗為政者は、統治の目的、つまり、平和［の実現］にとって必要なものすべてを、その権力下にもたなければならない。

　　宗教と良心は、悪徳それ自体と比べても、より平和を掻き乱す傾向がある。1．なぜなら、悪徳があわてて見つけ出される一方で、神の栄光と人々の魂の利益［すなわち、救済］が激情に裏打ちされると、人々は

殉教をもっとも誤解しやすくなり、より意志の固い自信に満ちた暴徒となるから［。］それゆえ、為政者は、宗教的事柄に関して、人々の良心に対する権力をもつ必要がある。この権力は、通常の厳しさでは十分ではないので、最大の苛酷さ・厳格さをもって行使されなければならない[14]。

次に、為政者の宗教的統治の起源について、ロックは、パーカーの家父長権論に言及し、世俗的統治との補完的な関係性について、以下のようにまとめる。

> 父は自分の子供に対して絶対的権力をもつ［。］この家父長権力 paternall power が［集まって］いくつかの君主国 monarchys へと成長した［。］この家父長権 paternal right によって、これらの君主はまた宗教的指導者 priests でもあった。君主の地位 Soveraignty と祭司の職 priesthood はともに、最初の2500年の間、一人の人物に委ねられていた。
> 教会の至上権 supremacy は、ユダヤの王によって行使されていたが、祭司の職は別の人々に委ねられていた。キリストは、世俗的な権力を決して行使しなかったし、忍耐と服従によって広められるべきその宗教について、為政者に何も与えることはできなかった［。］しかし、教会の規律を保つため、世俗的な強制力 civil coercive power の代わりに、教会には、破門によって［教会規律の］違反者を追い出すだけでなく、［彼らを］処罰する奇蹟的な力が与えられていた。この力は、為政者がキリスト教徒となり、［それを］もはや必要としなくなるまで教会に在り続けた。なぜなら、そのとき［為政者がキリスト教徒となったとき］、救世主によって任命された祭司は、聖職者の役割 ministerial function を保持し続けたが、宗教に関する統治は、為政者に委ねられ、回復されたから。したがって、キリスト教徒の為政者は、再び、宗教に対する権力をもつのである[15]。

このロックによるパーカーの要約には、本章Ⅲ節1項で確認した『教会統治論』の四つの要点のうち三つが現れている。第一に、社会の維持・安

---

14) NSP, p. 322.
15) NSP, pp. 322–323.

定のために、最高権力による統治の必要性が強調され、宗教的事柄についても、世俗為政者による強制力をともなった支配が主張されていること。第二に、権力の起源として、家父長権が挙げられており、キリスト教が成立する以前は、「君主の地位」と「祭司の職」の両方を家父長が兼ねていたということ。第三に、祭司は聖職者の役割を保持しているが、世俗的権力を欠いていることから、為政者がその執行権力を代わりに有するということ。

したがって、この要約部分をパーカーの議論に即して考えると、少なくともロックは事実認識として、パーカーの主要な議論を把握していたことがわかる。以下では、パーカーの議論及びロックのパーカー理解をもとに、パーカー批判の具体的な検討を行う。

3　パーカー批判の検討

ロックは、為政者の外的な（世俗的な）強制力自体は認めるものの、それが、人々の内面にまで影響を及ぼすことについては否定する[16]。ロックは、パーカーの議論をそのような主張を行っているものとみなし、以下の二つの側面から批判を行う。第一に、世俗的権力によって、人々の信条を変えようとする行為それ自体を批判する。第二に、そのような行為を正当化している（とロックがみなす）パーカーの議論を、認識論的・反聖職者主義的な観点から批判する。以下、このそれぞれについて、ロックが言及しているパーカーの議論の箇所を挙げながら、ロックのパーカー批判を検討する。

---

[16] 両ミルトンは、この点をロックとパーカーの違いとして挙げている（Milton and Milton (2006), p. 69)。山田は、この点について、ロックのフランス旅行の文脈を念頭に、「聖職者支配の下での王権と教会との合体」に対する恐怖から、ロックは、「王の権限を『世俗の行為』つまり世俗の平和と統治の保全に限定」することによって、王権を制限しつつ、聖職者支配を阻止しようと考えたと指摘する（山田 (2012)、198ページ）。

3−1　世俗為政者の宗教的統治

ロックはまず、『教会統治論』第1章4節を取り上げる。パーカーは、この箇所で、「あらゆるコモンウェルスの最高為政者 the supreme magistrate に、宗教的事柄に関して、臣民の良心を支配し管理する権力を授ける」ことが、「コモンウェルスの平和と安寧にとって絶対に必要である」と主張する[17]。そして、その理由を、「それ［コモンウェルスの平和と安寧］は、統治の第一にして最も重要な目的であるが、宗教は人間の諸事に最も強い影響力をもつため、それが最高権力者 the supreme power の権威に従属しない限り、決して十分に確保することはできないからである」と説明する[18]。ここでパーカーは、社会の秩序・平和の維持を理由に、世俗為政者の宗教的統治を正当化しようとする。

これに対して、ロックは、以下のように疑問を投げかける。

> これは、為政者の務めが平和を維持することだけであるということ、したがって、それ［平和］をかき乱す直接的な性向をもつ誤った意見は抑制されるべきであるということ、そして、このことは、すべての分別ある人によって認められるべきであるということ、以外の何かを証明しているのだろうか[19]。

ロックがここで問題としているのは、宗教的事柄に関する為政者の支配が、社会秩序の維持に関わる場合に限定されるのか、それとも、為政者と異なる考えや信仰を臣民が持った場合に、それを外的な強制によって変えさせる力をもっているのかである。

ロックはこの問題について、さらに以下のようにパーカーに問いかける。

> 「神とその礼拝についての誤った考え方」にこういう良からぬ影響をみていながら、彼は、為政者の権力が、その正しさから生じると思わないのだろうか。「彼の宗教へ臣民を義務づける」ということによって、彼

---

17) Parker (1670), pp. 10–11.
18) *Ibid.*, pp. 11–12.
19) NSP, p. 323 (山田・吉村訳83ページ).

［パーカー］は、為政者の意見が正しかろうが間違っていようが、臣民
　　に、どんなにそれが平静で平和なものであっても、彼ら自身の意見を無
　　理やり放棄させ、為政者の意見への合意・同意を宣言させる力を為政者
　　はもつということを意味しているのか[20]。

ロックは、ここで、為政者の判断が誤る可能性を指摘し、そのような為政者が意見の一致を強制することに対して、批判の目を向ける[21]。ロックは、「統治の目的は、社会の安定であるから、最高権力者 the supreme power が、それに資するあらゆる物事を判断して命じる絶対的な権利をもたなければならない」ということを認めるが、外的な強制力による内面の統一が、社会の平和を実現するための有効な手段であるのかどうかを問題にする[22]。

　　問題は、法律で［信仰の］統一性を確保することが（ここで示唆されて
　　いるように）そのために必要な手段であるのかどうか、である。つまり、彼
　　が自由意志を信じている一方で、臣民の一部が予定説を信じることが、
　　為政者によって本当に危険なものであるのか、また、統治にとって、ベ
　　ストを着るための法律を作ることよりも、サープリス着用の法律を作る
　　ことの方が、より必要なことであるのか、ということである[23]。

ロックは、『教会統治論』第5章3節の以下の箇所にも言及しながら、同様の批判を行う。同箇所で、パーカーは、「統治の諸目的に特に適うものもあれば、当然のように混乱に導くものもあるため」、「領域内で特にどのような宗教の教義が教えられているのかに注意を払うことほど、世俗為政者の利益に関係するものはない」と述べる[24]。これに対してロックは、

---

20) NSP, p. 324（山田・吉村訳84ページ）.
21) アッシュクラフトは、このような認識論的な攻撃を、ロックの最も効果的な批判であったと主張する（Ashcraft (1986), p.106）。マーシャルも、「為政者の正しさに関する暗黙の確信」をロックは疑問視していると指摘する（Marshall (1994), p. 75）。
22) NSP, p. 325（山田・吉村訳85ページ）.
23) NSP, p. 325（山田・吉村訳85ページ）.
24) Parker (1670), p. 144.

以下のように批判する。

> したがって、当然、為政者は、法と刑罰の厳しさによって、宗教における憶測的な意見に関して彼と同じ考えをもつように、また、同じ礼拝式で神を崇拝するように人々を強いる、ということになるのだろうか。為政者が扇動的な教義を抑制すべきであるということは誰も否定しないが、可能であるからといって、他のすべての教義を禁じたり命じたりする権力を為政者はもつのだろうか。もし、もたないのであれば、あなた［パーカー］の議論は不十分であるし、もし、もつならば、どれくらいホッブズ氏の教義から離れているのか[25]。

このようにしてロックは、常に、為政者の外的な強制力が人々の内面に影響を及ぼすことに対して批判的な立場をとる。このようなロックの姿勢は、初期の『世俗権力二論』から一貫している。ロックは、『世俗権力二論』「第一論文」において、確かに、宗教上の無規定中立事項に対する世俗為政者の絶対的な支配権を擁護しているが、「第二論文」において、「判断の自由」と「意志［行為］の自由」とを区別し、世俗為政者が強制することができるのは、後者であると主張している[26]。ロックは、為政者の支配領域を外面的（世俗的）世界に限定することによって、前者、すなわち、内面の自由の確保を主張する。ロックは、外的な強制が統治の平和に結びつくような場合に限り、それを容認するが、それによって、人々の内面（意見や考え、信仰）に影響を及ぼそうとすることに対しては、終始、批判する。このような姿勢は、厳格なアングリカンに対するロックの批判的な態度、すなわち、反聖職者主義的態度と深く関係している。次に、この観点から、ロックのパーカー批判を検討する。

---

[25] NSP, p. 326（山田・吉村訳86ページ）.
[26] ST, pp. 76-77（友岡訳166-167ページ）. この点については、本書の第一章Ⅲ節を参照。

3-2　世俗的権力と宗教的権力の結びつき

ロックは、先ほどみたように「為政者の宗教へ臣民を義務づける」ことの意味を確認した後、以下のようにパーカーを批判する。

> もしそうならば、キリストと使徒たちは、世俗の王や為政者に自分たちの言葉や奇蹟を示して、なぜ彼らを説得しなかったのだろうか。実際、彼らは、人々に教えを説いて改宗させたのに、こうした［パーカーの主張するような］教義のおかげで、必然的に、扇動者か殉教者であるしかなくなったのである[27]。

世俗的統治と宗教的統治に関するパーカーの議論の図式によれば、キリストや使徒の教えは、為政者の強制的な力を介在して、人々に伝えられ、それを遵守させるという構造をとる[28]。ロックはここで、この図式を逆手にとり、実際には、そのような図式は成り立っていないと反論する。ロックは、この図式について、ローマ教会による基本的な自由の侵害に対するパーカーの批判を取り上げ、以下のような批判を加える。

> 人類のいかなる基本的な自由が、パーカーの教説によれば、世俗為政者の下で、［世俗為政者と］同じ地位にはないローマ教会によって、侵害されたのか。ローマ教会の権力は、世俗為政者によって認められ、彼らの教えは世俗為政者によって強制されるというのに[29]。

ここで用いられている論理、すなわち、世俗為政者が教会の霊的権威を認め、その教えを強制するという論理は、パーカーが示した図式と同じである。ロックは、ここで、パーカー自身の図式を用いて、パーカーの議論の矛盾を指摘する[30]。

---

[27] NSP, p. 324（山田・吉村訳84ページ）.
[28] ここでのパーカーの議論の構造とは、教会統治者の権力は霊的なものにすぎないため、宗教的な権威は保持しつつも、その教えに強制力をもたせるためには、世俗為政者の力が必要である、という本章Ⅲ節1項で確認したパーカーの議論を指す。
[29] NSP, p. 324（山田・吉村訳84-85ページ）.

ロックはさらに、この構造の弊害、すなわち、聖職者の私的利害に基づいて、礼拝様式や宗教的な教えが、為政者によって強制されることを批判する。

　　この狂信的精神とは、彼が同じ段落の中で、かくも恐ろしい非道な行為をはたらき、大量殺戮、虐殺を行い、人々の間にかくも悲惨な損害をもたらしたと非難している狂信的激情と同じ、宗教的熱情に駆られた感情ではないのだろうか。そうであれば、それ［狂信的精神］は、すべての宗教に混在しているということなのだろうか。［そうだとすると］私は彼にイングランド国教会のどの精神がそれに当たるのかを調べて欲しい。つまり、その公然とした支持が彼に昇進をもたらすことになる礼拝についての見解や方式において、彼［為政者］と意見を異にするすべての人々を迫害するように、彼［パーカー］をして熱心に為政者を奮起させるのは、いかなる精神なのだろうか[31]。

　また、同様の批判は、『寛容論』に追加された二つの文章の中にも見出すことができる。一つは、『覚書』とほぼ同時期の1671-72年頃に書き写されたものであり、もう一つは、1675年頃にロック自身の手によって書かれたものである。
　まず、前者の文章の中で、ロックは、「聖職者は、自分達の囲い〔教会〕へと人々を強制するよう為政者にせがむよりも、むしろ人々に懇願し、彼らを信服させ、納得させて真理に向かわせるという努力を、外交官のように行うべきだ」と述べる[32]。この記述にも、先ほど見たように、聖職者が、為政者の強制的な力を利用しようとしていることに対するロックの批判が現れている。

---

30) パーカー自身は、実際には、ローマ教会が皇帝権力を簒奪し、聖・俗両権力を掌握したことにより、基本的な自由（良心の自由）の侵害が生じたと考えている。ただし、ロックのこのような批判が、単なる誤読によるものなのか、それとも意図的な言説の操作なのかは、ここだけでは判断することは難しい。
31) NSP, p. 326（山田・吉村訳86ページ）.
32) Adv., p. 310（山田訳228-229ページ）.

そして、このようなロックの反聖職者主義的批判は、1675年の段階で、より明確に述べられることになる[33]。ロックによれば、「聖職者は……世俗統治とは別個のこの力［司祭権 priesthood］を、教会初期時代以降ほとんどたえず、神自身から授かったと主張」し、世俗統治者と張り合えないときは、「この力は霊的なものにすぎず、それ以上には及ばないと空とぼけたが、彼らが嫌悪し非難を表明する人々を、統治者の義務として罰しかつ迫害するよう、圧力をかけた」という[34]。そして、このことが、キリスト教世界に災いの大半をもたらしたと批判する[35]。

Ⅳ. 家父長権論批判と『統治二論』

　以上、ロックのパーカー批判の具体的な検討を行ってきたが、両者の見解における最大の相違点は、宗教的事柄に関する為政者の絶対的な権力が、個人の内面にまで影響を及ぼすことができるのかどうかにあった。また、ロックはパーカーの議論の帰結だけでなく、議論の図式・構造そのものに対しても批判を行っており、それは、ロックの反聖職者主義的態度と

---

[33] 井上は、「国家や為政者は個人の信仰や教会の儀式に干渉できないという世俗権＝国家と聖権＝教会との完全分離の原則、教会は自由意志の社会であるという見解、及び迫害などの強制力を行使して、人びとを納得させて、ある特定の宗派に心から帰依させることはできないという信念は『試論』『寛容論』においてほぼ形成されていた」といい、『寛容書簡』への原理的な一貫性を重視するべきであると主張する（井上（1978）、195-196ページ）。

[34] Adv., pp. 313-314（山田訳232-233ページ）．

[35] Adv., p. 314（山田訳233ページ）．山田は、このようなロックの聖職者批判が、1675年から79年のフランス旅行によって、より実感をともなったものとなり、「復古体制危機時の危機認識にもつながった」と指摘する（山田（2012）、196ページ）。また、マーシャルは、重要な点として、「『世俗権力二論』におけるピューリタン説教師の私心のある教えや『無謬性に関するエッセイ』におけるローマ・カトリックの目ざとい聖職者に対する敵意が、迫害を擁護する国教会聖職者に対して向けられていること」を指摘する（Marshall（1994）, p. 76）。ハリスもまた、政府当局を利用して非国教徒に刑罰を課そうとする国教会の姿勢に対するロックの批判的立場に言及している（Harris（1998）, p. 160）。

深く結びついていた。このような議論に加えて、しばしば言及されるのが、パーカーの家父長権論に対するロックの批判である。これまでの研究では、ロックの批判の仕方が、後のフィルマー批判と類似していることが強調されてきた。もちろん、この点は、1670年代のロックの思想と1680年代初めに執筆された『統治二論』との関係性を考える上でも重要であるが、ロックの批判には、これまで見過ごされてきたもう一つの側面がある。本節では、まず、ロックによるパーカー批判とフィルマー批判の類似性を確認し、その後、ロックの家父長権論批判のもう一つの含意について考察する。

1　フィルマー批判との類似性

　ロックは、『教会統治論』第1章11節を取り上げて、パーカーの家父長権論に対して批判を行う。同箇所でパーカーは、「激情に駆られて不正行為に陥りやすい人間の性質から、神は統治の制約なしに人々が生きることを決して許さなかった」と述べ、自然状態の想定（生まれながらの自由）を批判し、最高権力の起源を家父長的権威に求める[36]。これに対して、ロックは、次のように批判する。

> 家父長的統治権 the paternall right of government（それは主張されるが証明されていない）を認めるならば、その家父長的君主権 paternall monarchy が父の死に際して相続される場合、それは完全に最年長の息子に相続されるのか、それとも、兄弟はみな、それぞれの事柄に対して等しい権力をもつのか。もし、前者なら、君主権 Monarchy は確かに自然の権利によるが、全世界に正当な君主、つまり、アダムの正統な後継者はひとりしか存在し得ないことになる。もし後者なら、君主的であろうと他のものであろうと、すべての統治は、民衆の同意にのみ由来する[37]。

　従来の研究では、ロックのこの批判は、以下の二つの点で注目を集めて

---

36) Parker (1670), p. 29.
37) NSP, p. 325（山田・吉村訳85-86ページ）.

きた。第一に、統治の起源について、ロックが明確に「民衆の同意」に由来すると述べている点である[38]。ロックは、『統治二論』において、フィルマーの家父長権論を批判し、統治の起源を「民衆の同意」に求めるが、このような議論の構図が、ロックのパーカー批判の中に既に現れていることは、確かに注目に値する[39]。第二に、ロックのパーカー批判の仕方が、フィルマー批判と類似している点である[40]。ロックは先に引用した箇所で、パーカーの家父長権論について、相続の論理の妥当性について疑問を投げかけている。ロックは、『統治二論』「第一論文」でフィルマーの家父長権論を論駁する際、第8章から11章にかけて、フィルマーの主張する相続の論理にしたがって、アダムに由来する家父長権が現在の君主にまで継承されているのか否かを検証し、その矛盾を指摘することで、フィルマーの説を論駁する。特にロックは、「およそ人間の集団をそれ自体として取り上げてみると、その中には、アダムの直接の継承者として生来的に他のすべての者に対して王たるべき権利をもち、他の者は彼の臣民である一人の人間が必ずいること、すべての人間が生まれつき王であるか臣民であるかであることは疑うことのできない真実である」というフィルマーの主張を取り上げ、複数の君主が存在する現状との不一致を指摘する[41]。

したがって、ロックによるパーカーの家父長権論に対する批判は、統治

---

38) この点について、アッシュクラフトは、『世俗権力二論』との違いを以下のように指摘する。『世俗権力二論』では、「無規定中立的な行為のすべてが、為政者の権威のもとにおかれていたので、権威の起源は、重要な問題にならなかった」が、「為政者の権威に正当な制限を課す必要」がある場合、「統治の起源に関する論争」が意味をもつようになった（Ashcraft (1986), p. 107）。マーシャルも、「民衆の同意」の重要性を指摘するが、他方で、抵抗権論が展開される『統治二論』「第二論文」への直接的な結びつきについては否定的である（Marshall (1994), p. 75）。

39) 大澤は、パーカーの家父長権論に対して、ロックが、「統治の起源が『人民の同意』である可能性を示唆している」と指摘し、この問題に対する解答が、『統治二論』で与えられているという（大澤 (1995)、239ページ）。

40) Marshall (1994), pp. 74-75, Milton and Milton (2006), p. 66, Parker (2004), pp. 18-19.

41) 武井 (2010)、83-85ページ。TTG. I, 104-105（加藤訳190-194ページ）。

の起源について、家父長権を否定し、民衆の同意を主張していること、そして、相続の論理の矛盾を指摘することで、家父長権に基づく君主権の正当性を批判していること、この二点から注目されてきた。しかし、ロックによるパーカーの家父長権論批判には、ここで指摘した二点の他に、もう一つ重要な含意が込められている。次に、この点について議論する。

2　家父長権論批判のもう一つの含意

本章Ⅲ節1項で確認したように、パーカーは、世俗的事柄及び宗教的事柄に対する支配の起源を、家父長的統治権の中に見出すことで、聖・俗両領域における為政者の絶対的な権力を正当化していた。したがって、アダムに由来する家父長権の相続によって現在の君主が自身の権力を正当化する場合、それは、必然的に、政治的権力だけでなく宗教的権威の相続をも意味することになる。

そして、この後者の含意が、より重要な意味をもつようになったのが、『統治二論』が執筆された1680年代初めの「王位継承排除法危機」の文脈においてであった。1679年から81年にかけて、カトリック教徒のヨーク公（後の国王ジェイムズ2世）の王位継承をめぐり、議会派と国王派の間で激しい対立が生じていた。この争いの中で、国王派のイデオロギー的支柱となっていたのが、フィルマーの一連の著作であった。フィルマーは、アダムに由来する家父長的権力を根拠に、国王の絶対的な権力を正当化しようとしたが、周知のように、ロックは『統治二論』で、このようなフィルマーの主張を論駁した。そして、一般的に、ロックのフィルマー論駁は、国王の絶対的な政治的権力に対する批判として解釈されてきた。しかし、先ほどみたように、家父長的統治権には、政治的権力（〈王としての役割〉）だけでなく、霊的権威（〈祭司としての役割〉）もまた含まれていた。ロック自身も、この点について、以下のようにフィルマーを批判している。

> もし、君主がその権原を父親の権利のうちにもっており、また、父親は、一般に、事実上、その手で統治権を行使しているのが見出される存在な

のだから、それによって、政治的権威に対する父親の自然の権利が十分に証明されるというのであれば、それに対して、私は次のように言いたい。すなわち、もし、こうした議論が正しいとすれば、それは、全君主が、否、君主だけが祭司でなければならないということを同じように力強く証明することになるということに他ならない。なぜならば、初期の頃には、家族の父親が祭司であったことは、彼がその家族の支配者であったことと同じように確かなことであるからである[42]。

ここで、ゴルディの研究に依拠しながら、ロックのこのような批判の含意を明確にしたい。ゴルディは、王政復古後の国王支持者の著作を精査するとともに、寛容政策をめぐる当時の論争に注目することによって、ロックの『統治二論』が、国王の絶対主義を理論的に支えたフィルマーの学説だけでなく、復古期のアングリカン主流派をも批判対象としていたことを明らかにした[43]。ゴルディによれば、王政復古以降の議会による非国教徒弾圧政策と国王大権による寛容政策の試みが、国王と国教会の対立をもたらした[44]。国教会側は、国王の大権に対して、神授権主教説に依拠して、自らの教会運営・宗教政策を正当化しようとした。このような国王と国教会の対立は、根本的には、教会に対する国王の支配権の範囲、すなわち、国王が、世俗と宗教の両領域において、絶対的な支配権を有するのか否かにあった[45]。そして、ゴルディは「アングリカン・ロイヤリスト」として、ギルバート・シェルドンとウィリアム・サンクロフト（William Sancroft, 1617-1693, カンタベリー大主教）を中心人物として挙げ、彼らは「世俗的な事柄においては、君主政を支持する絶対主義者であったが、『真の宗教』の擁護という点では、国王と対立する可能性を秘めていた」という[46]。

---

42) TTG, II, 76（加藤訳381ページ）.
43) Goldie (1983), pp. 61-85.
44) *Ibid.*, pp. 76-78.
45) Rose (2007), (2011).
46) Goldie (1983), p. 77-78. また、本章で取り上げたパーカーも「アングリカン・ロイヤリスト」の一人であり、同様に、相矛盾する二つの課題に直面していた（本書の第三章Ⅳ節2-1を参照）。

このような彼らの両義的な立場を踏まえると、上で引用したロックの批判も、彼らに対して向けられたものと考えることができる。彼らは、家父長的権威に基づいて君主の絶対的権力を擁護したが、ロックによれば、それは同時に宗教についても君主に絶対的な支配権を認めることになり、結果的に、彼らの依拠する神授権主教説を否定することになる。ロックは、別の箇所でも、「神は、イスラエルにおいて、アロンを祭司に、モーセを支配者に選んだが、これらの職位は、いずれも、アダムの継承者、あるいは父たる地位のうちに置かれたものではない」と述べ、家父長権に基づく君主の絶対的な政治的・宗教的権力を否定する[47]。

以上、本章Ⅳ節では、パーカーの家父長権論に対するロックの批判を、『統治二論』におけるフィルマー批判と関連づけて考察してきた。ロックは、パーカーの家父長権論を批判する中で、明確に「民衆の同意」に言及しており、その批判の仕方も、後のフィルマー批判に通ずるものがあった。また、それだけでなく、家父長権に依拠した議論は、為政者の政治的支配権だけでなく宗教的支配権を正当化する議論にもなりえた[48]。そして、その点をロックが『統治二論』で批判していることを部分的に明らかにした。最後に、本章のまとめを行い、次章との関係について述べたい。

Ⅴ．おわりに

本章では、パーカーの『教会統治論』の分析をもとに、これまでのロッ

---

[47] TTG. I, 157（加藤訳269ページ）．
[48] ロックの直接の批判対象ではないが、例えば、国王権力を擁護するために家父長権論を用いた人物として、神学者リチャード・フィールド（Richard Field, 1561-1616）を挙げることができる。フィールドは『教会について』（*Of the Church*）（1660年）の中で、「初期の父たる身分 fatherhood」の下で「政治的・宗教的支配」がともに行われているのをみて、アダムを「国王 king」兼「宗教的指導者 priest」とみなし、国王の政治的・宗教的支配権を擁護した（Schochet (1975), p. 95）．

ク研究では必ずしも十分に扱われてこなかったロックのパーカー批判を、より具体的に検討した。まず、前章で分析した『教会統治論』の要点とロックによる要約部分とを比較し、ロックが、パーカーの主要な議論を把握していることを明らかにした。次に、ロックのパーカー批判の分析から、ロックが、パーカーの議論の帰結、すなわち、世俗為政者による宗教的権力の行使だけでなく、それを支える国家と教会に関するパーカーの議論の図式そのものを批判していることを明らかにした。また、このような批判が、ロックの反聖職主義的批判と結びついていることを、『寛容論』に追加された部分の記述に依拠しながら、具体的に示した。そして、ロックの家父長権論批判を再検討することにより、家父長的権威に基づく議論のもう一つの含意、すなわち、君主による宗教的権力の継承の側面を明らかにし、この議論に対する批判が、「アングリカン・ロイヤリスト」に向けられている可能性を示した。

　本章では、初期のロックの議論との関係について、部分的に言及しながら、1670年代のロックの政治・宗教思想の一端を明らかにした。また、家父長権論批判を通じて、既に『統治二論』との部分的な比較・検討を行ったが、こうした1670年代のロックの思想的展開の延長線上で、1680年代以降のロックの思想を検討することが次の課題となる。

　次章に入る前に、これまでの議論（特にロックの反聖職者主義）について、序章の図2を用いてあらためて整理したい。パーカーは、国王の至上権を認めつつも、国教会と世俗為政者との相互補完的な関係から、国教会の独自の権威を主張した。これに対してロックは、国家（世俗為政者）と教会の管轄領域の違いを主張し、間接的にであれ、聖職者が世俗の権力を行使することを批判した。このような国家と教会の管轄領域の区分を前提にした国教会（特に厳格なアングリカン）に対する批判は、次章で検討するロックの『スティリングフリート批判に関する論稿』において、より顕著に現れている。スタントンが指摘し、またロックの世俗社会認識に関する本書のこれまでの議論からも明らかなように、ロックは国家と教会を緊張関係の中で把握しており、『統治二論』が、この緊張関係を念頭に置きつ

つも、国家を中心に議論しているのに対して、この『論稿』は、教会を中心に議論を展開している[49]。そこで、本書の第六章以下で『統治二論』の分析を行うのに先立ち、次章では、ほぼ同時期に執筆された『論稿』の議論を確認する。

---

[49] スタントンは、『論稿』における教会観が、ロックが「『統治二論』で世俗社会としての国家」を説明する際の前提になっているという（Stanton（2003）, p. 230）。

第五章

エドワード・スティリングフリート批判
——『論稿』

Ｉ．はじめに

　本章では、「寛容」政策をめぐって本書の第二章で部分的に議論した、ロックの『スティリングフリート批判に関する論稿』をあらためて取り上げ、この『論稿』の分析を通じて、1680年代初頭におけるロックの世俗社会認識を把握するための一助としたい。

　この『論稿』は、手稿（MS Locke c.34）のかたちでオックスフォード大学のボドリアン図書館に所蔵されており、これまで伝記的な著作などで部分的に公刊されてきたが[1]、近年、手稿全体の活字化が試みられている[2]。『論稿』全体を分析対象とした研究は依然として少ないものの、ゴルディが「出版されていないロックの著作の中で最も重要なものである」というように[3]、その重要性はロック研究者によってたびたび指摘され、これまでさまざまな観点から議論されてきた。その特徴として、大きく以下の二点を指摘することができる。

　第一の特徴として、この『論稿』を、初期から後期にかけてのロックの自由主義思想の展開プロセスの中に位置づけ、『寛容論』や『統治二論』、

---

1) King (1830b), pp. 195-218, Bourne (1876), pp. 457-461, Goldie (ed.) (1997), pp. 372-375, Nuovo (ed.) (2002), pp. 73-79.

『寛容書簡』といった著作との関係性に注目する研究があげられる[4]。例えば、マーシャルは、『論稿』と『統治二論』に関して、前者のスティリングフリート批判（「神授権主教説 jure divino episcopacy」批判）と後者のフィルマー批判（「王権神授説 jure divino monarchy」批判）との間の類似性を指摘する[5]。また、アッシュクラフトは、両著作において、武力による抵抗の根拠がともに示されているという（ただし、アッシュクラフトの解釈には反論がなされている）[6]。さらに、スタントンは、両著作の類似性・共通性だけでなく、『論稿』において、ロックが「教会を人間の意志と同意によって形成された理性的な構築物」とみなしている点に注目し、『論稿』は『統治二論』の「概念的な先駆者」であると主張する[7]。本章では、こう

---

2) この『論稿』の活字化を試みているのが、スタントンと山田の二人である。スタントンが活字化したものは、彼の博士論文（Stanton（2003））の Appendix に 'A Defence of Nonconformity' として所収されている（ただし、筆者自身による現物の確認はできていない）。山田は、活字化したものを *A transcription of MS Locke c.34* として日本語版とともにウェブ上に公開している（http://www.hiroshima-u.ac.jp/law/kyouin/seiji/yamada/p_324d58.html, Date accessed: 24 July 2014)。筆者もボドリアン図書館で実際に手稿を確認し、その写しを入手しているが、読解・分析にあたり、山田が活字化したものを参考にした。

3) Goldie (ed.) (1997), p. 372.

4) ただし、ロックの思想の展開プロセスに注目したからといって、そうした研究が、第二の特徴である、歴史的な文脈における『論稿』の分析を行っていないわけではない。

5) Marshall (1994), p. 108. 山田も神授権説の否定という点で『論稿』と『統治二論』（「第一論文」）を関連づけて議論する（山田（2013）、117-119ページ）。

6) Ashcraft (1986), p. 496. アッシュクラフトは、暴力による民衆の教会改革に関する『論稿』の記述を根拠にしているが、ロックは、「教会の教えや規律を変更させようと、民衆は為政者に対して暴力を用いてもよいのか」と疑問を投げかけているだけであり、それに対して、「暴力の必要はない」と答えている（MS Locke c.34, fols. 102-103）。したがって、この箇所を『統治二論』の抵抗権論と結びつけることには無理があると考える。マーシャルも、宗教を理由にした抵抗をロックは認めていないとして、アッシュクラフトの解釈を否定する（Marshall (1994), p. 291）。山田も、『論稿』が「為政者に対する個人の抵抗権論の一環として寛容を議論した、とは言いがたい」という（山田（2013）、106ページ）。

した研究を踏まえながら、『論稿』と『統治二論』の関係について、本書でも注目し続けてきたロックの反聖職者主義的態度に焦点を当てて、両著作の議論の連続性を確認していくことになる[8]。

他方、『寛容論』からの連続性や寛容思想の展開に関して、例えば、井上は、1668年から85年の時期を、「後の諸著作を完成するための準備期間」と位置づけ、『論稿』における「世俗権力と教会権力との完全分離の原則」や、教会を「自由意志の社会」とみなす見解、「宗教的寛容」の主張などを、この時期のロックの寛容思想の特徴として挙げる[9]。また大澤は、『論稿』において、ロックが国教会からの分離を「人間としての自由の一部」としている点に注目し、信仰の自由を（他のプロパティと同じように）国家が保証するのか否かという問題が『寛容書簡』に引き継がれていくという[10]。

このようなロックの思想の展開プロセスに注目した研究に加えて、第二の特徴として、この『論稿』を当時の歴史的な文脈の中で解釈する研究があげられる[11]。この場合、『論稿』が、スティリングフリートの二つの著作（『分離の災い』と『分離の不当性』）に対する批判として書かれた点を重視し、当時の対外的なカトリックの脅威を念頭に置きつつも、教皇主義自体の批判というよりは、ロックのアングリカン批判に注意を向ける[12]。

---

[7] Stanton (2006), p. 168.
[8] ゴルディもまた、『論稿』と『統治二論』におけるロックの反聖職者主義に注目する（Goldie (1983), pp. 80-81）。
[9] 井上 (1980)、143-144ページ。妹尾も『論稿』における同様の特徴に注目する（妹尾 (2005)、197-198ページ）。山田は、この時期のロックの寛容思想を、『寛容論』の課題（「包容・寛容策の実効性」や「宗教の強制の有効性」など）に対する一定の解答として把握する（山田 (2013)、115ページ）。他に『寛容論』との連続性を指摘するものとして、Marshall (1994), p. 103, Stanton (2006), p. 150.
[10] 大澤 (1995)、316-317ページ。
[11] 代表的なものに、Marshall (1994), pp. 96-112, Stanton (2003), pp. 229-297, Stanton (2006), 山田 (2013)。
[12] ロックがこの『論稿』の中で、国内の教皇主義者に対して限定的に寛容を認めていることは、本書の第二章IV節で既に議論した。

ただし、ロックのアングリカンに対する批判が即、非国教徒の擁護を意味するわけではない。大澤は、ロックによる国家と教会の分離の主張を、「アングリカニズムの否定を意味するもの」と解釈し、この『論稿』を「ディセンター［非国教徒］擁護論を展開」したものと位置づける[13]。しかし、マーシャルやスタントンが指摘するように、ロックは、反聖職者主義の立場から、アングリカンだけでなく非国教徒（長老派や独立派）に対しても、彼らが世俗為政者の権力を利用することを批判する[14]。ロックがアングリカンを批判する場合、前章のパーカー批判でも確認したように、自分たちの教会の神的権威を根拠に、世俗為政者の権力を利用しながら、外的な統一を強制する厳格なアングリカンを批判対象としている。本章以下でも確認するように、ロックはこうした点からスティリングフリートを批判する。そして、その批判の裏返しとして、ロックは寛容を主張し、また、「自発的な結社」としての教会や個人の教会選択の自由、国家と教会の明確な管轄領域の分離を主張する。

　多様な論じられ方が可能な『論稿』を、このようにアングリカン批判の文脈に位置づけた場合、中心的な論点は、ロックが神授権主教説とそれに基づく外的な統一の強制をどのように論駁しているのか、ということになる。しかし、『論稿』におけるロックのスティリングフリート批判を分析するにあたり、（山田を除き）これまでの研究では、その批判対象であるスティリングフリートの著作が十分に検討されてこなかった[15]。そこで、本章では、スティリングフリートの中心的な議論を把握した上で、ロックがそれをどのように論駁しているのか具体的に検討したい。詳細は本章Ⅲ節で議論するが、スティリングフリートは、『分離の災い』において「平和

---

13) 大澤（1995）、315-316ページ。
14) MS Locke c.34, fol. 103. Marshall（1994）, pp. 107-108, Stanton（2006）, p. 150. マーシャルはこのようなロックの立場を「教会論的折衷主義」と表現する（Marshall（1994）, p. 98）。
15) 山田は、スティリングフリートの二つの著作を分析し、その教会論を明らかにした上で、ロックのスティリングフリート批判を検討している（山田（2013）、59-114ページ）。

と統一の重要性」を説く際に、「フィリピ人への手紙」第3章16節を根拠に議論を展開する[16]。この議論は『分離の不当性』の中でも再度行われ、ロックも同じ箇所を取り上げて反論するが、これまでの研究では、スティリングフリートによる「フィリピ人への手紙」の解釈を、ロックがどのように論駁しているのかは、十分に分析されてこなかった[17]。

しかし、『聖書』に依拠した議論は、本書の第一章で分析したバグショー批判の中で既に行われており、また、『統治二論』「第一論文」のフィルマー批判においても、同じように『聖書』に依拠した議論が展開されている。こうした議論の特徴として、ロックが、論駁相手と同じ箇所を使って異なる結論を引き出したり、相手の解釈の矛盾を指摘したりする点が挙げられる。『論稿』と『統治二論』の内容上の類似性や共通性あるいは理論的な関係性については、これまでの研究でも指摘されているが、こうした点に加えて、本章以下で議論するように、批判様式自体についても、共通の特徴を指摘することができる。もちろん、本章の目的は、この時期のロックの国家と教会に関する認識を明らかにすることにあるが、ロックの批判様式を具体的に分析することにより、これまでとは別のかたちで『論稿』と『統治二論』の関係性を示すことになるだろう。

最後に、本章の議論の構成について整理しておこう。まず、『論稿』の執筆背景について確認し、「包容」と「寛容」をめぐる論争の中に、ロックとスティリングフリートの議論を位置づけたい（Ⅱ）。次に、ロックの批判様式を明らかにするために、スティリングフリートの著作を分析する。スティリングフリートは、『分離の災い』と『分離の不当性』で自身の議論を展開するが、前者の中心的な議論は、後者にも拡充されながら引き継がれている。そこで、この点を中心にスティリングフリートの議論を把握する（Ⅲ）。そして、Ⅲ節の議論を踏まえて、ロックがスティリング

---

[16] Stillingfleet (1680), p. 4.
[17] 山田も『分離の災い』の議論として「フィリピ人への手紙」に言及するが、スティリングフリートの解釈に対するロックの反論については検討していない（山田（2013）、69ページ）。

フリートの議論をどのように批判しているのか具体的に分析する。ただし、『分離の不当性』は、『分離の災い』に対する批判に応えるために執筆されたため、Ⅲ節で取り上げた以外にも、重要な議論が多く含まれている。本章では、そのすべてを扱うことはできないため、『論稿』の全体像を把握するためにも、これまでの研究でしばしば言及されている箇所を紹介しつつ、スティリングフリートの議論を示しながら、ロックの批判や主張を確認する（Ⅳ）。最後に、本章のまとめを行い、次章の議論との繋がりを示す（Ⅴ）。

Ⅱ. 『論稿』の位置づけ

1　執筆背景

　既に説明したように、『論稿』は、国教会聖職者エドワード・スティリングフリートの二つの著作、『分離の災い』（1680年）と『分離の不当性』（1681年）を批判したものである。また、この二つの著作と『論稿』が執筆された1680年代初頭の時代背景についても、カトリック脅威論の高まりを中心に、本書の第二章Ⅳ節で説明した。本節以下では、『論稿』が執筆されるに至ったより具体的な文脈について確認していくが、その前に、ロックが批判しているスティリングフリートとはいかなる人物であったのか、簡単に紹介したい。

　スティリングフリートは、イングランド国教会の中心的人物の一人であり、1635年にイングランド南西部ドーセット州クランボーンに生まれた。地元のグラマー・スクールで教育を受け、1649年にケンブリッジ大学セント・ジョンズ・カレッジに進学した。1656年に修士号を取得後、1657年にサットンの教区司祭となり、1665年にホルボーンのセント・アンドリュー教会の主任司祭となる。その後、1678年から89年にかけて、ロンドンのセント・ポール大聖堂の主席司祭を、89年から99年にかけて、ウスター主教を務めた[18]。

このように国教会の聖職者として順調に昇進を続けていく中、スティリングフリートは、ロックと二つの論争を行っている。一つは、1697年から99年にかけての三位一体論をめぐる論争であり、もう一つが、本章で取り上げる1680年から81年の非国教徒の分離や彼らの寛容をめぐる論争である[19]。N. フェアラムによれば、スティリングフリートは、1674年にリンカンシャーで生計を立てる際、シャフツベリ伯の好意を受けており、当時シャフツベリ伯の秘書を務めていたロックとロンドンで直接会った可能性も考えられるが、証拠は残っていないという。ただし、ボイルやニュートン、シデナムといった共通の知人がいたことから、間接的にではあれ、面識があったものと推察される[20]。哲学的にはスコラ哲学の影響を受けるなど保守的な側面もあったが、他方で、自由主義的な側面もあり、広教主義者に対する共感を示していた。この点は、次にみる「包容」と「寛容」をめぐる論争におけるスティリングフリートの立ち位置とも関わってくる[21]。

スティリングフリートは、1680年にロンドン市長の前で行った説教を『分離の災い』として出版した[22]。しかし、この著作は、非国教徒に対して辛辣な攻撃を行っていたため、長老派のリチャード・バクスターや独立派のジョン・オーウェン[23]、長老派のヴィンセント・オルソップ（Vincent Alsop, ?-1703）らの反論を受けた[24]。こうした反論に対して、スティリン

---

18) Till (2004), pp. 789–798.
19) Fairlamb (2014), p. 113. 1697年から99年にかけての論争は、ロックの『人間知性論』に対するスティリングフリートの批判をきっかけに引き起こされたものである。ロックの反論、スティリングフリートの再反論、さらに、ロックの再々反論…というかたちで論争が繰り広げられた。この論争の詳細については、妹尾（2005）、325-491ページを参照。これに対して、1680年から81年にかけての論争は、『分離の災い』に対する非国教徒の批判に、スティリングフリートが『分離の不当性』で応答するというかたちをとる。また、ロックの『論稿』は、スティリングフリートの二つの著作に対する批判を記したものであり、未公刊であったため、実際にロックとスティリングフリートの間で論争が繰り広げられたわけではない。
20) Fairlamb (2014), p. 113.
21) *Ibid.*, p. 113.
22) King (1830b), p. 195.

グフリートは、1681年に『分離の不当性』を出版し、彼らに応答した。フォックス・ボーンによれば、この著作は一冊目よりもさらに攻撃的であり、多数の論文が出版されたという[25]。ロックの『論稿』もこのときに執筆されたものである。

2 「包容」と「寛容」

スティリングフリートは、本章で検討する「フィリピ人への手紙」第3章16節に言及し、「包容」の立場から国教会の統一を主張する。他方、ロックは、同様の箇所に言及するも、「寛容」の立場から信仰の自由を主張する。この「包容」と「寛容」のどちらの立場に立つのかは、国教会内におけるアングリカンの立ち位置とも密接に関わっている。そもそも、当時の「包容」とは、教会の教義や儀式の規定を緩和することによって、非国教徒を国教会内に留める、あるいは彼らを再び取り込むことを意味し、広教会派や穏健な長老派が支持した立場であった。これに対して「寛容」とは、国教会外部における礼拝の自由を認めることを意味し、会衆派や独立派が支持した立場である。他方で、「包容」も「寛容」も認めない厳格なアングリカンもいた。

この「包容」と「寛容」をめぐる三つの立場は、本書の第一章で整理した主教制に関する三つの立場と重なる部分が大きい。その三つとは、

（1）主教制の正統性を神的起源に求め、他の教会体制を認めない立場
（2）主教制の神的起源を主張するものの、他の教会体制を容認する立場
（3）主教制の起源を使徒以来の歴史性（人為性）に求め、教会体制の変更可能性を認める立場

---

23) オーウェンは、神学者であり独立派の牧師でもあった。1651年にオックスフォード大学クライスト・チャーチの学生監となり、1652年に副学長に任命された（Greaves (2004), p. 223）。
24) King (1830b), p. 195.
25) Bourne (1876), p. 456.

であった。この三つの立場と上で説明した「包容」や「寛容」の支持の有無を再度整理すると、（１）は、「包容」も「寛容」も認めない立場をとり、本書の第三章で取り上げたパーカーがこれにあたる。（２）は、限定的な「寛容」を認めつつも、国教会への「包容」の立場をとり、スティリングフリートがこれにあたる[26]。（３）は、神授権主教説を否定し、主教制（イングランドの国教会体制）以外の教会制度を認める点で、「寛容」の立場をとり、ロックをこれにあてはめることができる[27]。

ただし、ロックは「包容」自体を否定したわけではない。本書の二章Ⅳ節でも説明したように、国教会の長である国王がカトリック教徒の場合、カトリック化した国教会に「包容」される（つまり、カトリック信仰を強制される）危険性があったこと、また「包容」では、「便宜的国教徒」の問題を解決できないことから、ロックは「寛容」を主張したと考えられる[28]。ウールハウスも、ロックとスティリングフリートが「包容」を支持するという点では、「両者の間に、ほとんど違いがなかった」と指摘し[29]、ロック自身、スティリングフリートについて、「権力の座にある者の内、彼らがいったん打ち立てた事項に対するほんのわずかな反対にさえも耳を傾けようとし、形式に対する几帳面な厳格さを棄てて調停に向かおう

---

26) スティリングフリートの議論を説明すると、国教会の霊的交わり（コミュニオン）に恒常的に参加するのであれば、国教会外における霊的交わり（コミュニオン）への一時的な参加は容認するというものである。この点については、本書の第二章Ⅳ節で部分的に説明した。
27) Stanton (2006), p. 149. ハリスも同様の指摘をする（Harris (1998), p. 184)。
28) Stanton (2006), p. 149. 妹尾は、「ローマ教会と共通する伝統的儀式を必要ではないとしてできるだけ取り除くことが……プロテスタントの国教反対者の多くをイングランド教会に入れるのに役に立つ」というロックの「包容」の立場に言及しつつも、中心的な議論は、救いに至るにふさわしい教会を判断・選択する個人の自由及びそれに基づく分離の正当化（「寛容」の立場）にあると主張する（妹尾 (2005)、198ページ）。マーシャルは、ロックが「包容の問題を寛容のもとに包摂」したと考えるが（Marshall (1994), p. 102)、山田は、『論稿』において、「寛容」は「世俗為政者の行為」であり、「包容」は「国教会の行為」であるとして、「寛容と包容は、どちらかが前提・上位に立つという概念ではない」と指摘する（山田 (2013)、107ページ）。
29) Woolhouse (2007), p. 168.

とする、彼は私が出会った最初の人物」である、と好意的に評している[30]。

　以上、本節では、ロックが『論稿』の執筆に至った具体的な背景について確認し、「包容」と「寛容」をめぐるアングリカン内部の各論者の議論について、本書のこれまでの議論を参照しつつ、基本的な整理を行った。次節では、こうした議論の配置関係を念頭に置きながら、スティリングフリートの中心的な議論を把握する。

Ⅲ．スティリングフリートの『聖書』解釈

1　『分離の災い』

　スティリングフリートは、『分離の災い』の冒頭で、「もし人々が、ひとたび、我々の教会との霊的交わり(コミュニオン)の義務を理解し実践するようになれば、我々の統一を邪魔する他の困難はより容易に取り除かれるだろう」と述べ、この著作の意図が「我々自身の間の永続的な統一の確かな基礎を築くこと」にあるという[31]。そして、説教の主題が「平和と統一の重要性」についてであり、そのために「これらの使徒の言葉を選択してきた」といって、「フィリピ人への手紙」第3章16節を取り上げる。原文は Nevertheless, whereto we have already attained, let us walk by the same rule, let us mind the same thing（「ただ私たちは、自分たちが到達したところ、それを堅持すべきである。」）である[32]。ここで問題となったのは、'whereto we have already attained' と 'by the same rule' 及び 'mind the same thing' をどう解釈するのかであった。最後の文言が統一の必要性を主張していると解釈することは容易であるかもしれないが、最初の二つは、これだけでは意味を確定することは難しい。なぜなら、「自分たちが到達したところ」とは何を意味するのか、また「同一の規則」とは誰が定めた規則なの

---

30) MS Locke c.34, fol. 31.
31) Stillingfleet (1680), 'The Epistle Dedicatory'.
32) Stillingfleet (1680), p. 4. 新約聖書翻訳委員会訳（2004）、615ページ（以下、翻訳は、新約聖書翻訳委員会訳（2004）を使用する）。

か、多様な解釈の余地があるからである[33]。

　そこで、スティリングフリートは、「使徒の言葉［「フィリピ人への手紙」第3章16節］を十分に理解するためには、使徒の時代に、モーセの法［律法］を守ることの必要性をめぐり、教派分立 Schism が始まっていたことについて考えなければならない」という[34]。そして、「使徒行伝」第15章の「エルサレム使徒会議」と「ガラテヤ人への手紙」第2章の「アンティオキア事件」を取り上げる。「エルサレム使徒会議」とは、パウロとバルナバ（アンティオキア教会代表）が、「異邦人を、割礼を経ないで教会に受け入れたこと」に対して、エルサレム教会の「偽兄弟たち」が行った異議申し立てを議論するために開かれた会議のことである[35]。また、「アンティオキア事件」とは、ヤコブのもとから遣わされた「ある者たち」（「割礼の者たち」［＝ユダヤ人］）を恐れて、異邦人との食事から離れたペテロとそれに従ったバルナバに対して、パウロがその偽善的行為を叱責した出来事のことである[36]。

　スティリングフリートは、「エルサレム使徒会議」に言及することによって、教会統治者の権力を主張する。また、分離の不当性を明らかにするために「アンティオキア事件」を取り上げ、ペテロに対するパウロの叱責に対して、「もし、パウロの勇気と決断がなかったら、異邦人のキリスト教徒は、ユダヤ人の律法を強制的に遵守するか、それとも、永遠に分離（［その場合］おそらくペテロは、教会統一ではなく、その［分離の］長になっていただろう）するかのどちらかであろう」と述べ、アンティオキアにおけるパウロの試みが成功したことによって、分離を防ぐことができたと結論づ

---

33) 現代の注釈者も、この箇所の解釈は困難であると指摘する（Fee (1995), p. 360）。G. フィーは、「自分たちが到達したところ」とは、「彼らがすでに行っているキリストに倣った生き方」を意味し、パウロはそのような生き方を続けるように命じていると解釈する。したがって、「同一の規則」とは、全員が共通に従うべき「何らかの外的な『規則』」を意味するのではなく、「福音の遵守」を意味していると解釈する（*ibid.*, pp. 360-361）。
34) Stillingfleet (1680), p. 5.
35) 荒井他（2007）、46ページ。
36) 同上書（2007）、47ページ。

ける[37]。

　スティリングフリートは、このエピソードを足掛かりにして、「フィリピ人への手紙」の該当箇所の解釈に向かう。まず、「彼〔パウロ〕は、彼ら〔不和や躓きをもたらす人々〕が、フィリピでも党派を作ろうと忙しくしていたのを知っていたので、彼は……彼らの企てを防ごうとした」と述べ、先のエピソードとの連続性を示す[38]。そして、「フィリピ人への手紙」第1章27-28節を引用して、パウロは、「あなたがたが一つの霊において堅く立っているということ、〔その際〕一つ心において福音の信仰のためにともに闘いながら、なにごとにおいても反対者たちによって脅かされないでいる」ように説いたと主張する[39]。さらに、「フィリピ人への手紙」第3章2節の「あなたがたはあの犬たちに注意しなさい。あの悪しき働き人たちに注意しなさい。あの切断〔の者たち〕に注意しなさい」を引用し、これは「分離及び分裂」に関することであると説明する[40]。ここから、「フィリピ人への手紙」第3章16節の解釈に向かう。スティリングフリートは、この箇所で使徒パウロは以下の二つのことを示しているという。それは、

① 一つの確固たる規則 one fixed and certain Rule の必要性[41]
② 最良のキリスト教徒〔同胞に対して平和と統一の模範となる人々〕が遵守すべき義務[42]

の二つである。そして、「使徒〔パウロ〕が、この規則によって何を意味しているのか」が問題であるといい、スティリングフリートは、「異なる実践の自由をもった慈愛と相互の寛容の規則 Rule of Charity and mutual forbearance」と「実践方法を制限・決定する規則 Rule which limits and

---

37) Stillingfleet (1680), pp. 5-6.
38) *Ibid.*, p. 6.
39) *Ibid.*, p. 6.
40) *Ibid.*, p. 7.
41) *Ibid.*, p. 9.
42) *Ibid.*, p. 10.

determines the manner of practice」の二つの解釈の可能性を提示する[43]。

　スティリングフリートはここで、パウロの意図を理解するために、「コリント人への第一の手紙」第11章34節（「他のことがらは、私が〔そちらに〕行った際に、命ずることにしよう。」）を取り上げる[44]。そして、この「私が」「命ずる」の箇所から、使徒が「すべての人々に、彼らが適当と判断するように行動することを許しておらず、彼らの実践を決定し、統一へと彼らを義務づける規則を作った」と解釈する[45]。そして、この決定及び規則に関して、「［パウロは］単に使徒の権威においてではなく、人々の幸福と保護をその仕事とする教会の統治者」として、「規則を与え、キリスト教徒にそれを守るように義務づけた」と主張する[46]。

　スティリングフリートの「フィリピ人の手紙」第3章16節（Nevertheless, whereto we have already attained, let us walk by the same rule, let us mind the same thing）の解釈をめぐる議論を整理すると次のようになる。まず、'whereto we have already attained'（「自分たちが到達したところ」）とは、「アンティオキア事件」の帰結を指す。つまり、使徒パウロが、ペテロの叱責を通じて分離を防ぎ、さらに、フィリピにおける党派形成も同じように防いだということである。ここから、スティリングフリートは分離の不当性と統一の重要性を主張する。次に、'by the same rule'（「同じ規則によって」）の箇所であるが、スティリングフリートは、「コリント人への第一の手紙」第11章34節を援用して、この「規則」とは、パウロが教会統治者として命じたものであり、キリスト教徒はこれに従う義務があると主張した。ここでのスティリングフリートの含意は、現在の国教会においても、国教会徒は教会の統一のために、教会統治者の命令に服従しなければならない、ということである[47]。

　このようなスティリングフリートの解釈に対して、非国教徒の側から反

---

43) *Ibid.*, p. 10.
44) *Ibid.*, p. 11.
45) *Ibid.*, p. 11.
46) *Ibid.*, p. 11-12.

論がなされた。例えば、オーウェンは、「到達したところ」というのは、「彼らが一致したもの」を意味し、それは、救済に必要な「信仰と従順の規則すべて」であり、したがって、「異なることに関しては、相互に自制すること」を命じていると解釈する[48]。こうした反論に対して、スティリングフリートは『分離の不当性』で再反論を行う。

2　『分離の不当性』

　『分離の災い』への批判に反論するために、1681年に出版された『分離の不当性』は、3部構成になっており、第1部は「分離の発生と経過に関する歴史的な考察」、第2部は「現在の分離の性質について」、第3部は「現在の分離の弁解について」となっている。前項で確認した『分離の災い』の議論は、第2部17、18、19節で内容を拡充しながら再度行われる。スティリングフリートは第2部16節の冒頭で「同じ議論に関して、この論争を整理するために……分離について、次の二点を批判することに決めた」という[49]。まずは、「礼拝のいくつかにおいて、我々の教会との一時的な霊的交わり(コミュニオン)を正当であると主張していながら、恒常的な霊的交わり(コミュニオン)が義務であることを否定する人々に対する反論」である。そして、次に、「宗教の本質においては我々と一致しているが、我々の教会とのいかなる霊的交わり(コミュニオン)も、正当であることを否定する人々に対する反論」である[50]。そして、一つ目の反論に際して、「さらに二つのことを証明しよう」という[51]。一つは、「単なる一時的な霊的交わり(コミュニオン)が分離の罪を免れる口実にはならないということ」であり、もう一つは、「我々の教会と一時的な霊的交わり(コミュニオン)をもつことが正当であると認められるかぎり、恒常的な霊的交わり(コミュニオン)は義務

---

47) ただし、『分離の災い』においては、山田も指摘するように、具体的な国教会体制についての説明はない（山田 (2013)、69ページ）。スティリングフリートは、『分離の不当性』第3部18節以降で国教会体制について詳しく議論する。
48) Owen (1680), p. 30.
49) Stillingfleet (1681), p. 149.
50) *Ibid.*, pp. 149–150.
51) *Ibid.*, p. 150.

であるということ」である[52]。スティリングフリートは、後者の証明を行うために、次の二つの議論を行うという。それは、

① あらゆる合法的な手段を使って、教会の平和と統一を守らなければならないというキリスト教徒の一般的な義務[53]
②「フィリピ人への手紙」第3章16節の「ただ私たちは、自分たちが到達したところ、それを堅持すべきである As far as you have already attained walk by the same Rule & c.」という特定の『聖書』の一節の影響力[54]

に関する議論である。スティリングフリートは、「恒常的な霊的交わり(コミュニオン)」の義務、つまり、国教会の統一を主張するために、『分離の災い』の議論(「フィリピ人への手紙」第3章16節の解釈をめぐる議論)を再度行うが、『分離の不当性』では、上記①の議論が付け加えられている。そこでまず、この追加された議論について検討する。

2-1 キリスト教徒の「統一」の義務

スティリングフリートは、「一時的な霊的交わり(コミュニオン)」を口実に国教会との「恒常的な霊的交わり(コミュニオン)」を拒む非国教徒に対して、彼らは、「我々の救世主が、ユダヤ人のシナゴーグや寺院で、そのやり方に倣って、宗教礼拝に参加したこと」を唯一の例として挙げるが、それは「決して真実ではない」という[55]。そして、『聖書』の記述を根拠に、キリストもユダヤ人の教会と「恒常的な霊的交わり(コミュニオン)」をもっていたと主張する。スティリングフリートが根拠とするのは、「ヨハネによる福音書」第2章13-22節(「神殿の粛清」)と「ルカによる福音書」第24章53節(「昇天」)である。

まず、「ヨハネによる福音書」についてみていく。スティリングフリー

---

52) *Ibid.*, p. 150.
53) *Ibid.*, p. 157.
54) *Ibid.*, p. 157.
55) *Ibid.*, p. 161.

トが言及するのは「神殿の粛清」に関する以下の記述である。

> さて、ユダヤ人たちの過越祭が近かった。そこで、イエスはエルサレムにのぼった。そして、神殿〔境内〕に、牛や羊や鳩を売っている人々、また両替商が座っているのを見つけた。すると、彼は縄で鞭を作り、〔彼らを〕皆、そして羊も牛も神殿〔境内〕から追い出した。……そして鳩を売っていた人々に言った、「これらのものをここから取りされ。私の父の家を商売にするのはやめろ」。

スティリングフリートは、「イエスが、ユダヤ教会のメンバーとして、エルサレムの祝祭[過越祭]に出かけたこと」、「頻繁にシナゴーグに通っていたこと」、そして、「すべての国民の祈りの家であるために、寺院の外的な部分を純化することに対して、並々ならぬ熱意を示したこと」から、キリストも「ユダヤ教会と恒常的な霊的交わり(コミュニオン)」をもっていたと主張する[56]。

さらに、スティリングフリートは、キリストの「昇天」に関する「ルカによる福音書」の以下の記述に言及する。

> そこで彼ら[キリストの弟子]は、彼[キリスト]を伏し拝み、大いなる喜びをもってエルサレムに戻った。そして絶えず神殿〔境内〕にあって、神を祝していた。

ここから、キリストの弟子たちが、ユダヤ教会の中で恒常的な霊的交わり(コミュニオン)をもっていたと主張する[57]。そして、「我々の救世主[とその弟子]の例以上に、現在の根拠[一時的な霊的交わり(コミュニオン)]に基づく分離の実践に直接反対するものはない」と結論する[58]。

2-2 「フィリピ人への手紙」第3章16節の解釈

スティリングフリートは、『分離の不当性』第2部19節で『分離の災

---

56) *Ibid.*, p. 162.
57) *Ibid.*, p. 163.
58) *Ibid.*, p. 163.

い』の議論をより明確に、反論に応えるかたちで繰り返す。まず、「フィリピ人への手紙」第3章16節の解釈について、「ここから、人々は、可能な限り、統一 Uniformity に向かって進んでいくべきであり、平和と統一のために正当に行うことができるものは自制するべきではない、ということが明らかである」という[59]。そして、スティリングフリートを批判した人物の一人であるオーウェンの解釈を取り上げ、それに反論を加えていく。

スティリングフリートによれば、オーウェンは、「自分たちが到達したところ As far as you have already attained」を、「福音の真理」の理解が各人によって異なることを意味し、「いくつかの事柄に関して見解が異なっていても、福音の教義の本質において一致していれば」、「そうした人々の分離を非難する根拠には決してならず、それは、異なる人々に対して、相互の自制 forbearance を命じている」と解釈しているという[60]。オーウェンは、その根拠として、「フィリピ人への手紙」第2章4節や「ローマ人への手紙」第14章1節を挙げる[61]。

これに対して、スティリングフリートは、「使徒行伝」第15章1節や「フィリピ人への手紙」第3章2節から、「人々の間の相違に関して、相互の自制を命令しているようには見えない」と反論する[62]。また、オーウェンが根拠の一つとしている「ローマ人への手紙」第14章1節（「信仰において弱くなっている者を、あなたがたは受け入れなさい。〔彼らの〕考え方を非難することのないようにしなさい」）について、スティリングフリートは、ここで述べられている「互いの受容」は、教会の外での「寛容」を認めるものではなく、むしろ、教会への「包容」を意味し、「あらゆることに関して十分に満足することができない人々は、キリスト教徒の間の平和と霊的交わり(コミュニオン)を守るように、可能な限りそれに向かっていきなさい」という

---

59) *Ibid.,* p. 163.
60) *Ibid.,* pp. 164-165, Owen (1680), p. 26.
61) *Ibid.,* pp. 30-31.
62) Stillingfleet (1681), p. 169.

ことであると解釈する。そして、「平和の絆と教会の統一を守るために、彼らが果たすことのできる、あらゆることをすべきである」と結論づける[63]。

この結論自体は、『分離の災い』から導き出されたものと一致している。ただし、論証の過程で、非国教徒の議論を批判し、複数の『聖書』の箇所に言及することによって、自説を補強していた。それでは、次に、こうしたスティリングフリートの主張に対するロックの批判を分析する。

IV. スティリングフリート批判と反聖職者主義

1　分離の正当化論

それでは、本章III節で確認したスティリングフリートの議論に、ロックがどのような批判を加えているのかを具体的にみていきたい。まず、スティリングフリートが『分離の不当性』において、追加した部分（III節2-1キリスト教徒の「統一」の義務）に対するロックの批判についてである。ロックは、一度、スティリングフリートの議論を認めてから、その議論の帰結が論理的に矛盾することを示すことによって論駁する。ロックは具体的に次のように述べる。

> 明白なことは、教会が存在して以降（博士自身の主張によれば）、彼らはユダヤ人集会と恒常的な霊的交わり（コミュニオン）をもったことである。このことは、聖ルカの明白な文章［「ルカによる福音書」第24章53節］によって明らかであり、これによって彼〔博士〕は聖霊降臨以前に彼らが恒常的な霊的交わり（コミュニオン）をもっていたと証明する[64]。

しかし、「スティリングフリートの論法」によれば、「人々はキリスト教とユダヤ教のような二つの異なった教会と同時に恒常的な霊的交わり（コミュニオン）をも

---

63) *Ibid.*, p. 170.
64) MS Locke c.34, fol. 58.

つ」ことになってしまう。ここでロックがいう「論法」とは、「一時的な霊的交わり(コミュニオン)」ではなく「恒常的な霊的交わり(コミュニオン)」をもつことが、その教会の会員資格になるという、スティリングフリートの議論を指す。したがって、この「論法」によれば、キリスト教徒は、ユダヤ人集会と「恒常的な霊的交わり(コミュニオン)」をもつことによって、同時にユダヤ教会の会員になってしまう。しかし、これはスティリングフリートも認めないので、ロックは「スティリングフリートの論法」に即して、別の解釈の可能性を提示する。つまり、「キリスト教会の真の教会員はユダヤ人集会と恒常的な霊的交わり(コミュニオン)をもち、キリスト教会とは一時的な霊的交わり(コミュニオン)をもつだけでよい、と証明することになる」と。このようにして、ロックは、スティリングフリートの議論の論理的な矛盾を暴露する[65]。

次に、スティリングフリートのもう一つの議論、つまり、「フィリピ人への手紙」第3章16節の解釈をめぐるロックの議論を確認する。この箇所を解釈するにあたり、ロックもまた、「使徒行伝」と「ガラテヤ人への手紙」に言及する。ロックはまず、「使徒行伝」第15章1－5節から、「モーセの律法の遵守をキリスト教徒に対して強制する［救済の条件とする］ユダヤ人キリスト者が多くいた」ことは明らかであり、「彼らは、異邦人にも割礼を受けさせ、モーセの律法を守るように命じることが必要であると言う」[66]。スティリングフリートは、「使徒行伝」第15章の「エルサレム使徒会議」から教会統治者の権力を主張したが、ロックは、「ガラテヤ人への手紙」で、律法を遵守するユダヤ人を恐れて彼らにしたがったペテロとバルナバをパウロが叱責したことを重視し、ここから、キリスト教徒の律法からの自由を看取する。そして、「フィリピ人への手紙」第3章16節は、「キリストが彼らを自由にしておいたその特権にしっかりと立ち、儀式律法の強制には服従しないこと」を命じたものであると解釈し、反対に、これらの強制者こそ、分裂と教派分立を作ったという[67]。つまり、

---

[65] *Ibid.*, fol. 58.
[66] *Ibid.*, fol. 60.
[67] *Ibid.*, fol. 61.

ロックは、'whereto we have already attained'（「自分たちが到達したところ」）を、律法からの自由の獲得であると解釈した。ロックは自身の解釈の根拠として、さらに「ガラテヤ人への手紙」第5章1節（「キリストはこの自由へと私たちを解き放って下さったのだ。それゆえに、あなたがたは堅く立った、再び奴隷状態の軛にはまってはならない」）を挙げる[68]。

　さらに、スティリングフリートが「フィリピ人への手紙」第3章16節から導き出した結論、「統一への義務」について、スティリングフリートは、「コリント人への第一の手紙」第11章34節を解釈の補助線として用いたが、ロックは同じ「コリント人への第一の手紙」の別の箇所（第12章12-14節）に言及しながら、「統一」の意味を、「儀式の統一にも、宗教の外的儀礼における霊的交わり（コミュニオン）にもなく、キリストを頭とする一つの団体の構成員として互いを受けとめること」と解釈する[69]。そして、「ある特定の教会の霊的交わり（コミュニオン）からの単なる分離や、部分的なまたは完全な分離、さらには別の霊的交わり（コミュニオン）を設立しても、この統一［キリストを頭とする一つの団体の構成員であること］を破ることにはならない」とし、分離の正当性を主張する[70]。

　これまでの議論で、ロックが『聖書』に依拠したスティリングフリートの議論を、どのように論駁しているのかを確認した。その結果、次の二つの特徴を指摘することができる。一つ目は、相手と同じ箇所から別の（あるいは反対の）解釈を導くことである。ロックは、「フィリピ人への手紙」第3章16節を解釈するにあたり、スティリングフリートとは異なる補助線

---

68) *Ibid.*, fol. 61.
69) *Ibid.*, fol. 67. ロックが根拠とする「コリント人への第一の手紙」第12章の箇所は、「なぜならば、からだが一つでありつつも多くの肢体をもつように、また〔逆に〕からだに多くの肢体がありつつも一つのからだであるように、キリスト〔自身〕もまたそうだからである。」（12節）、「というのも、私たちすべては、一つの霊において一つのからだ〔になるように〕と洗礼を受けたのだからであり……私たちすべては、一つの霊を飲みものとして与えられたのだからである。」（13節）、そして「また実際、からだは一個の肢体ではなく、むしろ多く〔の肢体〕だからである。」（14節）である。
70) *Ibid.*, fol. 67.

を使いながらも、「統一の強制」を主張するスティリングフリートに対して、「キリスト教徒の自由」を主張した。二つ目は、相手の論理に即して該当箇所を再解釈し、その中で相手の議論の矛盾を指摘することである。ロックは、「スティリングフリートの論法」に依拠しながら、「恒常的な霊的交わり〔コミュニオン〕」をめぐるスティリングフリートの解釈の矛盾を明らかにした。このような論駁の仕方は、『統治二論』「第一論文」におけるロックのフィルマー批判にも通じるところがある。例えば、ロックは、「創世記」に依拠してフィルマーが主張するアダムの絶対的な支配権について、同じ箇所をより厳密に再解釈することによって、フィルマーの議論を論駁する。また、アダムの絶対的な支配権の継承についても、フィルマーの「相続の論理」に依拠しながら、その支配権が現在の国王にまで受け継がれているというフィルマーの解釈の矛盾を明らかにする[71]。

本項では、『分離の災い』から『分離の不当性』に引き継がれるスティリングフリートの中心的な議論に対するロックの批判を確認してきた。ただし、スティリングフリートは、『分離の不当性』において、それ以外にも重要な議論を行っており、ロックもそれに対して批判を加えている。以下2、3項では、本書全体で注目してきた神授権主教説や聖職者主義に対するロックの批判を中心に、『論稿』におけるロックの教会・国家観を確認する。

2　ロックの教会観

スティリングフリートは、これまでの議論でも確認したように、非国教徒の分離を批判し、平和と統一を守るために、国教会への（世俗為政者の権力行使を伴う）「包容」を主張した。しかし、ロックは、こうした統一の強制よりも分離の方が平和に貢献すると考え、「寛容」を主張する[72]。ロックがこのように考える理由は、その教会観によるところが大きい。そして、

---

[71] このようなロックのフィルマー批判については、本書の第六章Ⅲ節1、2項を参照。

[72] *Ibid.*, fol. 3.

それは、スティリングフリートの教会観を批判するかたちで示される。

スティリングフリートは、イングランド国教会を「この国 Nation において、同一の信仰告白及び同一の統治の法 Laws of Government ならびに礼拝の規則のもとに団結するキリスト教徒の団体 Society of Christian People」と定義する[73]。そして、国教会の成り立ちについて、次のように説明する。まず、教会とは、「キリスト教の規則にしたがって、自分たちの秩序と統治のために一緒に集まった人々からなる社会」である[74]。そして、「複数の家族から一つの王国がつくられるように、複数のより小さな教会から一つの国教会 one National [Church] がつくられる」[75]。さらに、スティリングフリートは、「キリスト教会の最初の時代において、教会という名は、教会統治者 Ecclesiastical Governours とすべての都市の人々を含んでいた」という。そして、おそらく、それが、「同一の世俗的統治 one civil Government と信仰規則のもとに統合された多くの都市に拡大された」と考える[76]。

これに対して、ロックは、スティリングフリートのこの説明によれば、「同一の世俗的統治」のもとに置かれる「すべての人々」は、「同じ教会」に属することになるが、それによって、「国教会が個々の会衆に対して権限をもつ、つまり、個々の会衆の権力を制限し決定する権限をもつ」と考えることは「誤りである」と批判する[77]。そして、「各会衆に対する国教会の権限を支持するために、王国と教会の類比から引き出す彼の議論」は、「教義や規律、礼拝において我々と見解を異にする人々も同じ教会に属している」という「誤った想定」に依拠していると批判する[78]。

73) Stillingfleet (1681), p. 287. スティリングフリートは、『分離の災い』(16-19ページ、特に19ページ)の国教会の定義を『分離の不当性』で再度引用する。スティリングフリートの教会観(特に「全教会 a whole church」の意味)については、山田 (2013)、67-70、74-80ページを参照。
74) Stillingfleet (1681), p. 287.
75) *Ibid.*, p. 288.
76) *Ibid.*, p. 288.
77) MS Locke c.34, fol. 104.
78) *Ibid.*, fol. 104.

なぜなら、ロックにとって教会とは、「魂の救済」のために「同一信仰箇条及び同一の統治ならびに礼拝秩序において自発的に団結した人々の団体」を意味し[79]、そもそも、同じ教会内に信仰の異なる人々が存在するとは考えられないからである。また、ロックは、教会の目的についても、次のように述べる。

> 人々が宗教に加わり、かつ何らかのキリスト教会に団結する唯一の目的は、魂の救済であり、それは真の教義を信じかつ告白すること、及び人が自身の良心において神に受容されると判断する、それゆえに最も本質的かつ主要だと判断する方法と儀式において神を礼拝することによる[80]。

ロックは、別の箇所でも、人々を「保護するための力 strength や団結 union」を「世俗社会 civill Society の大きな目的」であると述べる一方で、「教会 Church Society の目的は、宗教を告白し、神に受容されるやり方で神を礼拝することだけである」という。そして、「そこ［教会］に集まる人々は、そのような［世俗社会の］目的には、何も寄与しない」と主張し、世俗的統治と国教会の支配を結びつけるスティリングフリートの議論を批判する[81]。

さらに、ロックは、国教会の統一を主張するスティリングフリートに対して、教会への結合が「自発的な同意 voluntary consent」によるならば、「自発的に結合する自由をもつと想定される人々はまたそうしない自由をもつ」と主張する。そして、もしこの自由が否定され、「個々の会衆が、国教会との結合を強制される」ならば、同じ理由で、「国教会も普遍教会 The Universal［ローマ・カトリック教会］との結合を強制されるだろう」と、統一の強制を問題視する[82]。この懸念は、王位継承排除法案が否決され、カトリック教徒のヨーク公が次期国王になることが決定した同時

---

79) *Ibid.*, fol. 2.
80) *Ibid.*, fol. 3. 他に fol. 74.
81) *Ibid.*, fol. 105.
82) *Ibid.*, fol. 109.

期の現実を反映したものと考えられる。

　ロックは、続く箇所で、「国教会が普遍教会との結合を免れるのであれば、その同じ理由で、個々の会衆も同じ特権を国教会に対してもつ」と主張し、「自発的に結合する［あるいはしない］自由」を擁護する[83]。さらに、「その［教会の］統治と団結は、臣民がどの世俗的管轄権 civill jurisdiction の下にいようとまったく関係がなく、為政者がその成員であるか否かは、教会の本質や存在にとって完全に付随的なことである」として、国家と教会を切り離す[84]。

　このようにして、ロックは、世俗的統治と国教会の支配を結びつけて考えるスティリングフリートの教会観を批判するかたちで、自らの教会観（自発的な結社としての教会、信仰の自由、国家と教会の分離など）を示した。

3　神授権主教説批判

　次に、前項のロックの教会観を踏まえながら、『論稿』におけるロックの神授権主教説に対する批判を確認する。

　ロックは、主教制の神的権威を根拠に教会権力を行使しようとする国教会聖職者（スティリングフリートを含む）に対して、まず、「統治形態とは、あらゆる政体に不可欠な秩序維持のために、（神自身がそれを規定しない限り）、さまざまな名称と権限を伴う職務を指定したものに他ならず」、それは「裁量事項 prudentiall」であるとして、主教制の神的権威を否定する[85]。また、別の箇所でも、ロックは、「イングランド国教会が、［神的権

---

[83] *Ibid.*, fol. 109. ロックは別の箇所でも、「私が私自身の魂の救済のために、どの宗教団体 Religious Societyes に最初に入会するのかが自由であったのなら」、「同じ理由でそこを去る・離れる自由が、私には常にある」と述べ、分離を正当化する（*ibid.*, fol. 78）。

[84] *Ibid.*, fols. 109–110.

[85] *Ibid.*, fol. 3. マーシャルは、教会統治（統治形態）を裁量事項と主張するロックの議論から、ロックが「イングランド国教会の広教主義者のもっとも協調的な人々から離れた」と指摘する（Marshall (1994), p. 98）。ロックの神授権主教説に対する批判については、Stanton (2006), pp. 150-151, 山田 (2013)、99-100ページを参照。

威によって］自分たちこそ真の教会であり、かつ信じられるべきであり、あるいは為政者が彼らの味方であって、服従されるべきだと言っても、何の役にも立たない」という[86]。なぜなら、教会は人為的な団体であるため、各人が「最良かつ最も安全と考える教会は何かを、自分で判断する」からである[87]。したがって、ロックは、国教会が神的権威によって人々を服従させることはできないと考える。

　ここで、ロックがより具体的に神授権主教説を批判している箇所をみていく。スティリングフリートは、「現在の主教区主教制［一都市に一主教のみ］が原始教会に存在したものと実質的に同じであること」を根拠に、主教制の優位を主張する。しかし、ロックは「使徒行伝」第20章28節から、「エピスコポスは監督者 overseers」のことであり、当初の「主教」は名称にすぎず、現在の主教のようなものは『聖書』に見出すことができないため、神が定めた制度とはいえない、と批判する[88]。

　また、「キリストと使徒は、彼らに授けられたあの神的権威と無謬の霊によって……この団体［教会］の政策を設定し、かつこの団体［教会］のための統治形態を作ったのか」という問題に対して、ロックは二通りの答えを用意し[89]。一つ目は、「もしそうであれば……キリスト教徒になる者はすべて、そうした教会統治に服従し、神的権威がその権限を制定した人物の下にあるべきだ」と答える[90]。ただし、これは現実的に不可能であり、また現在、誰がその権限を有しているのかもわからない。したがって、二つ目が実際の答えとなる。つまり、「もし我々の救世主や使徒が、教会統治をあのまま変わらぬ形態に放置しておいたならば、各教会のそれぞれの統治形態は、すべて人間の制度ということになる」[91]。

　このように、統治形態が人為のものであれば、主教制が絶対というわけ

---

86) MS Locke c.34, fol. 87.
87) *Ibid.*, fol. 87.
88) *Ibid.*, fol. 88-90.
89) *Ibid.*, fol. 127.
90) *Ibid.*, fol. 127.
91) *Ibid.*, fol. 128.

ではなくなり、他の統治形態をとる教会を認めざるをえなくなる。そして、ロックは、神授権主教説を批判することによって、主教制以外の教会制度を採用する国教会外部の非国教徒に対する「寛容」を主張する。

4　ロックの反聖職者主義

　最後に、本書の全体を通じて注目してきたロックの反聖職主義的態度について確認したい。ロックは「教会の統治者 The Church Governments が、常に世俗的な権力 secular power の援助を求めている」ことを批判する[92]。その背景として、排除法案が否決されたイングランドにおいて、将来的に教皇主義者の君主が王位に就くというロックの想定があった。ロックは、国教会への統一の強制に対して、以下の懸念を表明する。

> 今イングランドで教皇主義者の君主を想定するならば、教皇主義に対するあの大きな砦となっている彼らのイングランド国教会はどうなのか、私は尋ねたい。このやり方では、自分がどの教会員になるかの選択の自由を各人がもたない限りは、あらゆる宗教は最後には、それが良かろうと悪かろうと君主の宗教に行き着かざるをえない[93]。

この懸念はたびたび表明されるが、「世俗為政者による援助」は、結局のところ「世俗為政者にキリスト教を委ね、彼の手に信仰と礼拝の規則を置くこと」になるとロックは考えていた[94]。

　ロックのこの批判はまた、スティリングフリートの教会観に対しても向けられている。本節2項でも確認したように、スティリングフリートは、「教会の区域や境界は世俗的統治〔国家〕の領域や範囲に依拠」し、「教会は国家的になりうる」、つまり、「同一の世俗的統治に属する人々はすべて」、「同一の教会」の成員になると考える[95]。これがスティリングフリートの考える国教会であった。これに対して、ロックは、スティリングフ

---

92) *Ibid.*, fol. 14.
93) *Ibid.*, fol. 14.
94) *Ibid.*, fol. 15.
95) *Ibid.*, fols. 19, 104, Stillingfleet (1681), pp. 288–289.

リートが考える「国教会の基盤」は、「主教や長老という教会代表が同意した信仰箇条と教義、そして礼拝準則と規律が、世俗権力 civill power によって是認かつ制定されること」にあると指摘し、その教会観を批判する[96]。

この図式は、本書の第三章で議論したパーカーの相互補完的な図式（〈聖職者＝宗教に関する事柄の判断者〉と〈君主＝宗教的事柄の執行権者〉の図式）と共通するものである。ロックは、この図式に則って聖職者が政治に関わることを一貫して批判していた。ロックは、『論稿』においても、「救世主の神的権威によって設立された教会において、世俗権力によって是認かつ制定されるべき……教義や規律、礼拝に関する言及をいっさい見出さない」として、この図式を批判する[97]。そして、「教会統治の権限は、異なった目的に付与された独自の権力であり、その権限行使は、世俗為政者の権限に関わるものではまったくない」と述べ、両者の管轄権の違いを強調する[98]。ロックは、別の箇所でも、世俗為政者の管轄権について、次のように述べている。

> 為政者は何事かの信仰を命じまたは禁じることを自己の権限内にもたない。いかに真か偽、または無規定中立的であろうと、信仰するかしないかは、その人自身の心の制御しがたい行動であり、他人はもとより自分自身でさえそれを命じることはできない。それゆえに、為政者が命令権限をもたないことを行っても、為政者はそれに罰を科する権利をもてない[99]。

このように、ロックは、教会と国家を目的に応じて区別すると同時に、

---

96) MS Locke c.34, fol. 116.
97) *Ibid.*, fol. 117.
98) *Ibid.*, fol. 101.
99) *Ibid.*, fol. 119. ロックは例として、ユダヤ教徒やイスラム教徒を取り上げ、彼らにとっては、「キリスト教の最も平明な基本箇条」でさえも「真実ではない」という（*ibid.*, fol. 119）。ただし、無規定中立事項について、それが世俗的な目的のためであれば、為政者は、命令または禁止する権限をもつという（*ibid.*, fol. 119）。

その統治者の管轄領域についても、それを明確に区分することによって、「教会と国家の権力と権利は、同延的かつ国家的である」というスティリングフリートの「国教会」概念を一貫して批判した[100]。

V. おわりに

　本章では、1680年代初めにおけるロックの政治・宗教思想の一端を明らかにするため、ロックのスティリングフリート批判の検討を行った。スティリングフリートは『聖書』に依拠しながら、国教会への統一を主張し、非国教徒の分離を批判したが、ロックは、同じ『聖書』の箇所から、スティリングフリートの議論の矛盾を明らかにするとともに、キリスト教徒の信仰の自由という、正反対の結論を導き出し、分離の正当性を主張した。このような『聖書』に依拠した議論（特にその批判様式）は、次章で検討する『統治二論』「第一論文」におけるフィルマー批判においても看取できる。

　また『論稿』において、ロックは、『寛容書簡』につながるような教会観を既に示していたことを確認した。ロックにとって教会は、救済のために各人が自身の良心の判断に従って自発的に集まった結社であった。ロックは、その目的から、教会と国家の管轄領域を明確に区分する一方で、パーカーの相互補完的な図式と共通するスティリングフリートの「国教会」概念を一貫して批判していた。この批判的態度は、本書でもその初期の著作から着目してきた、ロックの反聖職者主義の現れと考えることができる。次章以下では、こうした『論稿』の議論を踏まえて、『論稿』と同時期に執筆された『統治二論』の分析を行う。

---

100) *Ibid.*, fol. 124. 管轄領域の混同がもたらす問題及び領域区分の必要性については、山田（2013）、110–112ページを参照。

第六章

ロバート・フィルマー批判
―― 『統治二論』「第一論文」

I. はじめに

　前章では、『論稿』の分析から、『聖書』に依拠したロックの議論や批判様式を明らかにするとともに、スティリングフリートの「国教会」概念に対する批判というかたちで現れた、国家と教会の管轄領域の問題を中心に、ロックの考える教会統治の在り方について確認した。本章では、同時期に執筆された『統治二論』の分析から、世俗的な統治の在り方について、ロックの認識を明らかにする。特に、前篇の「第一論文」におけるロックのフィルマー批判の分析を通じて、その原理論的性格を明らかにしたい[1]。

　フィルマーを批判する理由について、『統治二論』の序文で、ロックは、「もし、最近、説教師たちが、公然と彼の教説を認め、それを広く知れ渡った時代の神学[2]にしなかったなら、ひとりの紳士［フィルマー］について語る必要はまったくなかったであろう」が、「教師を気取り、危

---

1) ここでいう「原理論的性格」とは、「第一論文」におけるロックの統治理論の原型を意味する。
2) ロックは、同様に、「第二論文」第8章の中で、「君主政が神授権によるということ」は、「最近の神学によって我々に示された」ものであると述べている（TTG. II, 112）。

険なほど他の人々を誤った方向へ導く人々に、彼らが無分別に従っているこの家父長［フィルマー］の権威がいかなるものであるのか、はっきりと示す必要がある」という。そうすることによって、ロックは、彼らが「誤った根拠に基づいて公言してきたもはや擁護することのできない事柄を撤回するか」、あるいは「イングランドの一介の廷臣がその創始者にすぎない……原理を弁明するか」のどちらかとなり、「聖職者のドラムの音 the Drum Ecclesiastick［説教］に不満を述べる理由がまったくなくなる」ことを期待したいと述べる[3]。

　ロックのフィルマー批判の背後に、聖職者に対する批判があることは、この序文からもみてとることができる。また、ロックの反聖職者主義的態度については、本書の議論を通じて示してきたが、『統治二論』においても、この傾向をみてとることができる[4]。本書の第四章で、部分的にではあるが、既にパーカーの家父長権論に対する批判の文脈で、『統治二論』におけるロックのこのような姿勢を確認した。また、「第一論文」第一章において、ロックは、「最近、我々の中に、君主は絶対的権力への神授権をもっており、彼ら［君主］が任命されまた統治するところの法や権威を獲得する条件を、彼ら［君主］の思い通りにすることができ、それら［法や条件］を遵守するという契約も、厳粛な宣誓や約束によって十分に承認させることはできない、という意見で君主を褒めそやす人々が現れてき

---

[3] TTG, p. 138（加藤訳19-20ページ）. また、ロックは、フィルマーの教説について、「統治に関する誤った観念」であり、その「普及ほど君主と民衆に害を与えるものはない」という（TTG, p. 138（加藤訳20ページ））。ラスレットによれば、この序文は、1689年の8月頃に書かれたものであるという（Locke (1988), p. 137）。したがって、この「君主」も具体的には国王ウィリアム3世を指す。

[4] マーシャルによれば、「ロックは、国教会聖職者の間で支持されている絶対主義に関する議論の典型として、フィルマーの『家父長権論』を攻撃する十分な理由をもっていた」。そして、オックスフォード議会解散後に、絶対的な統治や非国教徒の迫害に関する高教会派の主張が支配的になっていく中で、ロックは「第一論文」を書く必要を感じ始めたという（Marshall (1994), pp. 114-117）。

た」といい、その主張が、「人類の生まれながらの自由」を否定し、「君主の権原」をも不安定にすることから、「まるで、彼らの喫緊の必要を満たすために、あらゆる統治を攻撃して、人間社会の根幹を破壊するように仕組んでいるかのようである」と皮肉混じりに批判する[5]。

ロックのこのような批判が聖職者に向けられていることは、上に記した『統治二論』の序文からも推考でき、また、類似した表現を1675年頃に『寛容論』に追加された部分にも見出すことができる。ロックは、「彼ら［聖職者］が破門した者を、彼らの下位の役人である為政者が刑に処す」という「骨の折れる仕事を行った君主に報いるために、彼ら［聖職者］は、（君主が彼らの目的に役立ったときはいつでも）気を遣って、君主政は神授権によると褒めあげた」という[6]。つまり、神授権説の主張の背後には、聖職者の隠れた意図（政治への影響力の行使）があり、ロックは、聖職者による統治への関わりに対して、一貫して批判的な立場をとってきた。そして、本章の結論を簡潔に述べるとするならば、ロックは、フィルマーの家父長権論を論駁することによって、神授権説の理論的根拠を掘り崩し、聖職者による統治への関与を断ち切ると同時に、あるべき〈Civil Society＝世俗社会〉の在り方を提示した、ということになる。

本章以下では、この〈Civil Society＝世俗社会〉の原理論的側面を、フィルマー批判が中心的に行われている「第一論文」の内在的な分析を通じて明らかにする。まず、「第一論文」をめぐる研究史を概観し、その問題点を指摘した上で（Ⅱ）、具体的な構造分析を行う（Ⅲ）。そして、その帰結として、「第一論文」の原理論的性格を描き出し（Ⅳ）、最後に本章のまとめを行う（Ⅴ）。

---

5) TTG. I, 3（加藤訳29ページ）. ロックは、君主の権原・地位が不安定になる理由を、彼らの主張に依拠して次のように説明している。「アダムの正統な後継者ひとりを除いて、すべての人々は生まれながらに隷属状態にあるため、アダムの正統な後継者であることを証明できなければ、君主の地位・権原は根拠のないものになる」（TTG. I, 3（加藤訳29ページ））。

6) Adv., p. 314（山田訳233ページ）.

II.「第一論文」の位置づけ

　ラスレットによる一連の研究により、ロックの『統治二論』が、名誉革命を正当化するためではなく、カトリックのヨーク公（後の国王ジェイムズ2世）の王位継承をめぐる政治的論争の中で執筆されたことは、今や通説になっている[7]。しかし、フィルマー批判が具体的に展開される「第一論文」については、H. ローウェンが比較的早い段階で、その重要性を指摘していたにもかかわらず、それ自体を独立した論文として扱った研究は、これまであまりなされてこなかった[8]。C.D. タールトンによれば、ラスレット説[9]に依拠した結果、ロックの中心的議論が展開される「第二論文」が主たる分析対象とされてきたために、これまで「第一論文」は忘却の縁に追いやられてきたという[10]。

　しかしながら、歴史的文脈に依拠したロックの思想的発展に関する最近の研究により、ラスレット説に依拠した解釈とは反対に、「第一論文」が「第二論文」よりも早い時期に執筆されたということが明らかになった。アッシュクラフトによれば、「第一論文」は、1680年から81年にかけて、王位継承排除法案[11]を通過させるための支持を獲得し、その目的を達成するために、シャフツベリ伯の選挙・議会キャンペーンの一部を担うこと

---

7) Laslett (1988), (1956).
8) ローウェンは、「第一論文」の一般的な軽視は、その中心テーマをつかみ損ねていることにあると指摘し、「第一論文」における所有権と政治権力の区別こそが「第二論文」の基盤となっていると主張する（Rowen (1956))。この所有権と政治権力の区別については、本章III節1-1で詳しく論じている。
9) ラスレットによると、1679年から80年の冬に「第二論文」が執筆され、1680年初めに「第一論文」がそれに付け加えられたという（Laslett (1988), p. 65）。ただし、こうした前提に依拠したからといって、必ずしも理論的分析がなされなかったわけではない。例えば、友岡は「第二論文」で論じられている自然状態について、その内的描写の究極的淵源を「第一論文」にまで踏み込んで分析を行っている（友岡 (1986))。
10) Tarlton (1978), pp. 43-48.

を意図して書かれたという[12]。そして、抵抗権論を含む「第二論文」は、国王チャールズ2世が議会を解散し、上記の目的が達成できなくなってから書かれたと主張する[13]。また、マーシャルも、アッシュクラフトと同様に、「第一論文」は、抵抗の擁護をまったく含んでおらず、個人の同意も相対的にほとんど含んでいない。また、いくつかの節では、相続による隷属と、人々が統治者に対する完全な服従に同意したということをともに受け入れているようにも見えると指摘し、このことは、1680年から81年のロックの同時代人の間では慣習的になっていた諸概念ではあったが、「第二論文」の中心的な議論とは決定的に矛盾するという[14]。そして、「第二論文」を書くまでの、服従、抵抗、隷属に関する彼の理論の諸要素における決定的な変化は、「第一論文」を書き始めた、あるいは完成させた後に、武力による抵抗を「第二論文」を構成する主たる目的とするようになったことによって生じたと主張する[15]。

したがって、彼らの解釈を前提とした場合、「第一論文」は、フィルマー批判を主眼としながらも、それ自体、独立したものとして書かれたことになる。つまり、かつてラスレットが主張していたように、「第一論文」におけるフィルマー批判は、「第二論文」における理論的枠組みを前提として行われたのではなく、「第一論文」を執筆した際にロックが抱いていた統治観の下に行われていたのである。そして、ここに、本章の主眼である「第一論文」における原理論的性格を描き出す素地が存在する。そこで、Ⅲ節以下では、何を根拠にしてロックがフィルマー批判を行ってい

---

11) この法案は、カトリック教徒のヨーク公を王位継承者から排除するために、79、80、81年と三回提出されたが、いずれも否決された。また、国王チャールズ2世は、81年に議会を解散して以降、85年の死まで議会を召集しなかった（今井（1990）、247-248ページ）。
12) Ashcraft (1980), p. 448.
13) *Ibid.*, p.449.
14) Marshall (1994)、pp. 117-118. 執筆時期に関するより詳細な記述については、pp. 223-224を参照。マーシャルのこの記述は、Wootton (1993), pp. 72-73によるところが大きい。
15) Marshall (1994), p. 118.

るのかを、「第一論文」の構造分析を通じて明らかにしていきたい。

III. フィルマー批判と服従の論理

　本節では、以下の二つの観点からロックのフィルマー批判を整理することで、「第一論文」執筆時にロックが前提としていた統治観の解明を試みる。その観点とは、「第二論文」の冒頭で述べられている「政治権力の起源」と「政治権力の所有者を任命し識別する方法」の二つである[16]。というのも、ロック自身が、これらと対応する形でフィルマー批判を行っているからである。ロックは、「第一論文」の冒頭で、フィルマーの学説を以下のように要約する。

> 人間は自由には生まれついておらず、従って、統治者も統治形態も選択する自由をもちえない。奴隷は契約あるいは同意への権利をもつことができないから、君主はその権力を絶対的に、かつ神授権によって所有している。アダムは絶対君主であったし、彼以降のすべての君主もそうである[17]。

　そして、「もしその基礎［人間は生まれながらに自由ではないということ］が崩れれば、それとともに、その上に建てられた建造物も倒壊し、統治は、理性を行使して社会へと結合する人間の創意と同意とによって作り出されるという旧来の方法に再び委ねられなければならない」と主張する[18]。
　したがって、フィルマーの議論を論駁するためには、アダムの絶対的な権力の起源、つまり、政治権力の起源を問題にしなければならないし、また、起源のみならず、政治権力の所有者を任命し識別する方法として、フィルマーが主張する相続の論理が、現在君主が掌握している権力の正統

---

16) TTG. II, 1（加藤訳292ページ）.
17) TTG. I, 5（加藤訳31ページ）.
18) TTG. I, 6（加藤訳34ページ）.

性を証明しうるのかどうかも問題にしなければならない。ロックは、「第一論文」の第3章から第7章にかけて、アダムの絶対的権力の権原に関するフィルマーの議論を論駁し、第8章から第11章にかけて、フィルマーの主張する相続の論理では、現在の君主が絶対的権力を合法的に所有していることを証明できない、ということを示す。以下、基本的にこの枠組みを踏襲して、ロックのフィルマー批判を概観する。

1 アダムの絶対的権力の権原について

まず、フィルマーの主張するアダムの絶対的権力の権原は政治権力の起源にはならないというロックの議論を、ロック自身による以下の二つの区分、個別の支配権と自然の支配権に応じて、それぞれみていくことにする[19]。

---

[19] 個別の支配権の原語は Private Dominion である。ここでの Private の意味は、〈公〉に対する〈私〉という意味ではなく、(アダムにだけ与えられた)〈個別の〉という意味である。本来、〈私 Private〉は〈公 Public〉と対になって存在する概念である。しかし、フィルマーの想定する世界は、後で詳しくみるように、こうした〈私〉と〈公〉の対比で描かれているのではなく、神がアダムにだけ与えた(とフィルマーが主張するところの)権力を、アダムが他の人々に対して行使する世界として描かれている。ロックはフィルマーの神授権説を論駁する中で、アダムが有する権力は、アダムにだけ与えられたのではなく、他の人々にも平等に与えられたものであることを示す(このロックの世界像は、「第二論文」で〈自然状態〉として描かれることになる)。そして〈公〉の概念が生まれるのは、人々が社会を形成した後のことであり、それ以前(つまり自然状態)には、〈公〉の概念もそれと対応する〈私〉の概念も存在しないことになる。したがって、〈公〉と対置されない限り、筆者は Private を〈個別の〉と訳すことにする。岡村も同様に、こうした〈公〉と〈私〉の対応関係に着目している(岡村(1998)、58-59ページ)。

この区分自体は、「第一論文」の第3章でロックによってなされているものである。ロックは、アダムの創造が、それ自体では絶対的権力の権原にはならないことを示した後で、さらに「神の明白な認可によるアダムに個別の支配権」と「生来的に、すなわち自然の権利によってアダムが当然に与えられた子孫への父親の権力」が、その権原になるのか調べなければならないという(TTG. I, 20(加藤訳60ページ))。

1−1　個別の支配権

　神の明白な認可によってアダムに個別に与えられた支配権（個別の支配権）の根拠としてフィルマーが挙げる『聖書』の文言は、以下の二箇所である。一つ目は、『旧約聖書』の「創世記」第1章28節の「神は彼らを祝福して、彼らに言った、『生めよ、増えよ、地に満ちて、これを従わせよ。海の魚、空の鳥、地を這うすべての生き物を支配せよ』」であり[20]、二つ目は、同じく「創世記」第3章16節の「妻に言った、『わたしはあなたの労苦と身ごもりとを増し加える。苦労の中であなたは子を生む。あなたの想いはあなたの夫に向かい、彼があなたを治めるであろう』」である[21]。ロックによれば、フィルマーは前者から、「アダムは、ここにおいてすべての被造物に対する統治権を与えられ、それによって、全世界の君主となった」と主張した[22]。また、後者を統治の原初的な認可とみなすことで、「最高権力は父たる地位のうちに据えられ、ただ一種類の統治、すなわち君主政に限定される」と主張した[23]。

　まず、前者に対するロックの反駁をみていく。ロックは先の文言における「彼らを祝福して」、「彼らに言った」といった箇所に着目して、神がアダムに授与したものは、他のすべての人間を排除して特別にアダムにだけ与えられたもの（被造物に対する個別の支配権）ではなく、他の人類と共有のもの（被造物に対する所有権）であったと主張する[24]。そして、その根拠として、「創世記」第1章26節を引いて、「彼ら」は人類を包含しているものと解さなければならないと主張する[25]。

　ここで特に注目すべきことは、ロックによる所有権と政治権力の明確な

---

[20] 旧約聖書翻訳委員会訳（2004）、4ページ。
[21] 同上書、8ページ。
[22] TTG. I, 23（加藤訳63−64ページ）. フィルマーのこの主張については、Filmer (1991), p.236を参照。
[23] TTG. I, 44（加藤訳96ページ）. Filmer (1991), p.138を参照。
[24] TTG. I, 29（加藤訳72ページ）. フィルマーは、被造物に対するアダムの排他的な所有権から個別の支配権を主張している。その意味で、Property を Private Dominion と同じ意味で用いている箇所がある（例えば、TTG. I, 32, 39（加藤訳76、87ページ））。これに対して、ロックは、所有権と支配権を明確に区別する。

区別である[26]。ロックによれば、アダムに対して仮に排他的な所有権（及びそこから生じる個別の支配権）を認めたとしても、そのことが、人間の身体に対する主権的で恣意的な権威を与えることにはならない[27]。つまり、所有権に基づく個別の支配権は、他者の生命に対して権力を行使する権原とはならないのである。なぜなら、排他的な所有権によって他者の身体に支配を及ぼそうとする場合、それは、食物を与えないことによってその目的を達成することになるが、それは人類に増殖を命じた神の意図に背く行為であり、また、人類のために神が用意してくれたものを利用する権利は、人類すべてに与えられた、と考えるほうがより合理的であるからである[28]。ここから、ロックは、所有権が政治権力の直接の権原にはならないと主張する。このことは、次の箇所でより明確に述べられている。

> いかなる人間も、土地あるいは所有物への所有権によって、他の人間の生命を支配する正当な権力をもちえない。なぜなら資産を持つ者が、そのあり余る財産の中から援助を与えることをしないで同胞を死滅させることは、いかなる場合にも罪であるからである[29]。

このように、所有権と政治権力を区別したうえで、ロックは、その所有権はアダムにのみ与えられたものではなく、人類に共通に与えられたものであると結論づける。

次に後者、すなわち「創世記」第3章16節の文言についてであるが、ロックは、その言葉が、アダムに向けて語られたものでも、また、アダム

---

25) TTG, I, 30（加藤訳73-74ページ）．ロックが引用した『旧約聖書』の一節は、「神は言った、『われらの像に、われらの姿に似せて、人を造ろう。そして彼らに海の魚、空の鳥、家畜、地のすべてのもの、地上を這うものすべてを支配させよう』」である（旧約聖書委員会訳（2004）、4ページ）。
26) この所有権と政治権力の区別の重要性に着目したものとして、Rowen（1956），pp. 130-131, Tarlton（1978），p. 58, Ashcraft（1986），p. 220, 中神（2003）、123ページ．
27) TTG, I, 41（加藤訳89ページ）．
28) TTG, I, 41（加藤訳90ページ）．
29) TTG, I, 42（加藤訳91ページ）．

に対してなされた認可を含むものでもなく、単にイヴに下された罰にすぎないと指摘する[30]。そして、女性の夫に対する服従の根拠を神の摂理や自然の中に求め、たとえ女性の代表としてイヴに向けられたものであったとしても、その言葉は、夫に対する妻の通常の服従状態を意味するだけであると主張し、もし「女性が、その境遇あるいは夫との契約といった事情によってその服従状態を免れているとすれば、女性を服従へと義務づけるいかなる律法も存在しない」という[31]。また、女王メアリ１世やエリザベスを引き合いに出し、女性の夫に対する服従は、政治的服従とは異なると主張する[32]。そして、ロックはここでも、政治権力を夫婦間の権力と区別し、以下のように述べる。

> ［アダムに与えられた権力は］政治権力ではなく、単なる夫婦間の権力、つまり、すべての夫が、財産及び土地の所有者として、家の中の私的な仕事に関わることがらに采配を振るい、彼らの共通の関心事において妻の意志よりも自分の意志を優先させるために有する権力にすぎない[33]。

ロックは別の箇所でも、「確かに先の『聖書』の文言によって、神は、罰としてイヴをアダムに服従させ、あるいは家族の共通のことがらを秩序づけるためにより弱い性の従属を予言したが、それによって、夫であるアダムに、必然的に統治者に属する生殺与奪の権力を授与」したわけではなかったと述べている[34]。

1-2　自然の支配権

次に、自然の権利によってアダムに与えられた子孫への父親の権力（自然の支配権）についてであるが、フィルマーは、グロチウスの「子供をもうけることによって親は彼らへの権利を獲得する」という文言と十戒の

---

30) TTG. I, 47（加藤訳100ページ）.
31) TTG. I, 47（加藤訳100ページ）.
32) TTG. I, 47（加藤訳101ページ）.
33) TTG. I, 48（加藤訳102ページ）.
34) TTG. I, 67（加藤訳131ページ）.

「汝の父を敬え」という言葉を根拠に[35]、アダムの絶対的権力を主張する[36]。

前者に対してロックは、グロチウスは子供に対する親の権利がどこまで及ぶかについては何も語っていないと指摘し、「子供をもうけること」が、子供に対する「そうした［絶対君主が奴隷に対してもつのと同じ生殺与奪の］絶対的権力」を父親に与える理由を、フィルマーはまったく述べていないと批判する[37]。後者に対しては、フィルマーは「及び汝の母を」の言葉を省略していると批判する[38]。そして、もしこの言葉（「汝の父と母とを敬え」）が、政治的支配権に関わるものであるならば、「各父親は必然的にそれをもち、父親の数だけ主権者が存在することになる」だけでなく、「母親もまた［政治的支配権への］権原をもつ」ため、「一人の至高の君主の主権は解体されることになる」と主張する[39]。

ここからロックは、「この尊崇を受ける権原が自然によって両親に与えられたものであり、子供たちをもうけることによって生じた権利であること」は認めるが、「それ［『汝の父と母とを敬え』］は、純粋に両親と子供たちとの関係に付属する永遠の法であって、為政者の権力は一切含まず、またそれに従属することもない」と結論づける[40]。つまり、子供たちが両親に負う義務は政治的服従とは関係なく、それはただ、通常、子供たちが両親に負っている義務に他ならない[41]。ここでも、ロックが、親・子の関係を政治権力に基づく支配・被支配の関係と区別していることがわかる。

---

35) Filmer (1991), p. 226.
36) TTG. I, 50, 60（加藤訳106、119ページ）.
37) TTG. I, 51（加藤訳107-108ページ）.
38) TTG. I, 60（加藤訳120ページ）.
39) TTG. I, 65（加藤訳128ページ）.
40) TTG. I, 63, 64（加藤訳124-127ページ）.
41) ロックは、親の子に対する支配についても、それは、種の繁殖と存続のために、神が委ねたものであると指摘し、子供の保存ということが、もっとも強い原理として各個体の本性の構造を内側から支配していると主張する（TTG. I, 56（加藤訳115ページ））。つまり、子の親に対する義務の側面だけでなく、親の子に対する支配の側面からみても、それが政治権力に基づく支配にはならないということになる。この議論は、「第二論文」第6章「家父長権力について」に引き継がれることになる。

2　アダムの絶対的権力の相続について

次に、「政治権力の所有者を任命し識別する方法」の点からロックのフィルマー批判を概観する。そして、ロックが、フィルマーの論証するアダムから現在の君主に至る相続の論理では、君主の絶対的権力を基礎づけることはできず、それは最終的に秩序の崩壊に至らざるを得ないため、そうした事態を避けるためには、政治権力の所在を明確にする必要があると考えていた、ということを示していく。

ロックは、（既に絶対的権力の権原にはならないことを示した）個別の支配権と自然の支配権を根拠に、仮にアダムが絶対的な権力をもっていたとしても、以下の二点が証明されない限り、現在この世に存在する人類の統治にとっては、何の役にも立たないという。ロックは、①アダムのその権力は、彼とともに消滅したのではなく、彼の死によって他の誰かに全面的に譲渡され、また子孫に対して同様な形で伝えられたこと、そして、②現在の地上に存在する君主及び支配者は、そのアダムの権力を、彼らにまで至る正しい譲渡の仕方によって所有していること、が証明されなければならないという[42]。したがって、以下では、これら二点について、ロックの議論をそれぞれみていく。

2-1　アダムから子孫への相続

相続の論理についてロックは、「すべての相続において、もし相続者が、その父親の権利の基礎となる根拠を受け継がない場合には、その根拠から生じる権利を受け継ぐことはできない」と考える[43]。そこで、ロックはまず、その権原が相続者に受け継がれているのか否かを検討し、それが受け継がれていないことを明らかにすることで、仮にアダムが絶対的な支配権をもっていたとしても、それが相続者に受け継がれることはないということを論証していく。

まず、アダムが有する排他的な所有権に基づく個別の支配権についてみ

---

42) TTG. I, 82（加藤訳163ページ）.
43) TTG. I, 85（加藤訳165ページ）.

ていく。ロックは、自身の相続の論理に従い、仮にアダムがそれ（個別の支配権）を神の贈与と認可とに基づいて獲得したとしても、アダムと同様の根拠（つまり、神の贈与と認可）がない限り、継承者たちがそれをアダムと同じように保持することはできないという[44]。さらに、ロックは、そもそも神がアダムに対して所有権を与えたのは、被造物を利用して自己保存をおこなうためであったと指摘する。ロックによれば、「生命と存在を保存するという強い欲求が、神自身によって、行為の原理として人間に植えつけられている」ので、自己保存のために被造物を使用することは、「創造主［神］の意志」に適った行為であり、すべての人間に許されていることである[45]。したがって、アダムの子供たちも当然、自己保存のために被造物を使用する権利（及びそれに基づく所有権）をもつということになる。この被造物を使用する権利は、相続によってアダムから子供たちへ受け継がれるものではなく、アダムと同時に子供たちが有するものである[46]。したがって、所有権が共有のものである以上、アダムの継承者が、そこから他の子供たちを排除できるような特権をもつことはないため、アダムが有した所有権を根拠とする個別の支配権も無に帰することになる[47]。

　次に、夫の妻、父の子に対する支配に基づく自然の支配権についてであるが、それらが得られるのは、夫の妻に対する支配権の場合、「婚姻契約によって」、父の子に対する支配権の場合は「子供をもうけることによって」であり、根拠が「婚姻契約をむすぶこと」、「子供をもうけること」である以上、この権利は相続することが不可能なものであるといえる[48]。し

---

44) TTG. I, 85（加藤訳165ページ）.
45) TTG. I, 86（加藤訳166-167ページ）.
46) ただし、子供が両親の財産を所有（相続）する権利をもつということについては「第一論文」の88、89、90節を参照。特にロックは、子供達が相続の権利を持つ理由について、「神は、人間のうちに、自らの種を繁殖させ、子孫において自らを存続させようとする強い欲求を植えつけたのであり、これが、子供たちに対して、両親の所有権の分配を受ける権原と、彼らの所有物を相続する権利とを与えたのである」と述べている（TTG. I, 88（加藤訳169ページ））.
47) TTG. I, 87（加藤訳167-168ページ）.
48) TTG. I, 98（加藤訳180ページ）.

たがって、相続者が、その根拠を受け継ぐことができない以上、それに立脚する自然の支配権も相続することができないということになる。権原が相続者に受け継がれていない以上、それを根拠にしているアダムの絶対的権力が、後継者に受け継がれることはなく、その権力はアダムの死とともに消滅したと考えなければならないとロックは結論づける[49]。

2-2　アダムから現在の君主への相続

ロックはまた、アダムの絶対的権力が現在の君主にどのように受け継がれているのかを問題にする。ロックはまず、フィルマーの以下の文言を取り上げる。

> およそ人間の集団をそれ自体として取り上げてみると、その中には、アダムの直接の継承者として生来的に他のすべての者に対して王たるべき権利をもち、他の者は彼の臣民である一人の人間が必ずいること、すべての人間が生まれつき王であるか臣民であるかであることは疑うことのできない真実である[50]。

そして、これを複数の君主が存在する現実の状況と照らし合わせて以下の二通りに解釈する。その解釈とは、①「アダムの後継者という自然の権利は、合法的な王を打ち立てるために必要な権利ではなく、従って、それをもたなくても合法的な王たりうるし、王の権原と権力とはその権利には依存しない」というものと、②「世界おける王は、一人を除いてすべて合法的な王ではなく、服従を要求する権利をもたない」というものである[51]。

前者に対しては、実際の統治の状況を鑑み、「われわれがそれ［アダムの継承者たる権原］なしでも服従を義務づけられているというのに、そのような権原が何の役にたつのだろうか」と批判し[52]、後者に対しては、仮に「アダムの継承者ではない王が主権への権利をもたない」とするなら

49）TTG. I, 103（加藤訳187ページ）.
50）TTG. I, 104（加藤訳190ページ）. Filmer (1991), p. 144を参照.
51）TTG. I, 105（加藤訳192ページ）.

ば、我々は、「誰かがアダムの正しい継承者を示してくれるまでまったく自由である」し、「それが誰かが決定されるまでは、いかなる人も、その良心に従って服従するという義務を負うことはない」と主張する[53]。

そこで、ロックは、フィルマーがアダムの後継者として言及している以下の四つ、最年長の親、アダムの血統と子孫、長兄、家父長を具体的に検証し、そのそれぞれについて反論を加えていく。まず、「最年長の親」についてであるが、ロックは、「最年長の親」が、必ずしも男性の後継者を意味しないことを指摘する。また、継承者が一人のみの場合、真の継承者が幼児であることもありうるのに、「最年長の親」が幼児を意味しないことは明らかであるとして、「最年長の親」が必ずしもアダムの後継者になることはないと主張する[54]。次に、「アダムの血統と子孫」については、生きている誰もがアダムの血統及び子孫たる権原をもつため、もし後継者が「アダムの血統と子孫」であるならば、いかなる人もアダムの王的権力をもつことができると主張する[55]。

フィルマーはまた、『聖書』におけるカインとヤコブの例を取り上げ、長兄が継承者たる権利をもつことを主張する。これに対してロックは、『聖書』から別の例（カインとアベルやヤコブとエサウの例など）を取り上げ、「神も自然も、第一子にそうした支配権を置いておらず、理性もまた、兄弟の間にそうした生まれながらの優位関係を見いだすことはできない」と主張する[56]。最後に、「アダムから引き継いだ権利によって家父長たちは統治権を享受していた」というフィルマーに対して、ロックは、『聖書』におけるユダやノアの例を援用して、「彼は、家父長たちが王であったこ

---

52) ロックは「第二論文」で、フィルマーの説とは別のかたちで、人々を服従に導く統治の権原について論を展開する。この点に関して、ダンも「『統治二論』は、政治的義務の可能な範囲を規定する条件を論じようと試みたものである」と指摘している（Dunn (1969), p. 143）.
53) TTG. I, 105（加藤訳193ページ）.
54) TTG. I, 109（加藤訳198ページ）.
55) TTG. I, 111（加藤訳201-202ページ）.
56) TTG. I, 111（加藤訳202ページ）.

とも、王あるいは家父長たちがアダムの継承者であったことも、否、彼らが後継者であることを主張したことさえも何一つ証明していない」と批判する[57]。

このようにしてロックは、誰がアダムの後継者なのかという問題について、フィルマーが何一つ明らかにしていないということを示し、そうすることで、現在の地上の君主及び支配者が、フィルマーの学説を用いて、自身がアダムの後継者であることを証明することは不可能であると主張したのである。

3　政治権力の所在の明示性について

これまでの議論から、仮に個別の支配権及び自然の支配権を根拠にアダムが絶対的な権力をもっていたとしても、それはアダムの死とともに消滅し、現在の君主がもっている支配権を基礎づけるものにはならないということを確認した。以下では、これまでの議論の背後にあるロックの統治に関する原理論的側面について考察し、ロックが政治権力に関して、その所在が明確に示される必要があると考えていたということを明らかにする。

3-1　政治権力の特徴

ロックは、政治権力とそれ以外を、政治権力が行使される目的やその影響の範囲に着目して次のように区別する[58]。政治権力が、「被治者の便益」、「他人の利益」のために用いられる権力であるのに対して、所有権に基づく権力の場合、それは、「生命の存続と安楽さのために人が劣位の被造物を使用する権利」を行使する力であり、「所有権者の利益と個人的な

---

[57] TTG. I, 129, 153（加藤訳229、265ページ）.
[58] ロックは「第二論文」第1章3節で政治権力を次のように定義する。政治権力とは「プロパティの調整と維持とのために、死刑、従って、当然それ以下のあらゆる刑罰を伴う法を作る権利であり、また、その法を執行し、外国の侵略から政治的共同体を防衛するために共同体の力を行使する権利であって、しかも、すべて、公共善（the Public Good）のためだけにそれを行う権利」である（TTG. II, 3（加藤訳293ページ））.

便宜」のために用いられる権力であった[59]。そして、それが夫婦間の権力の場合、夫が「家の中の・私・的・な仕事に関わることがらに采配を振るう権力」であり[60]、また父の子に対する権力の場合、「純粋に両親と子供たちとの関係に付属する永遠の法」であり「・私・人・と・し・て・の父親の人格に属する」ものであった[61]。

このように、公的な性格をもつ政治権力に比して私的な側面が強調されるのみならず、これらの権力はまた、神の意向をその根拠としている点に特徴がある。ロックは、所有権に基づく権力の根拠として、「・神・自・身・が・行・為・の・原・理・と・し・て・人・間・に・植・え・つ・け・た」「自己の存在を保存すべきとする自然の性向」を挙げ[62]、夫婦間の権力については、女性が夫に服従する根拠を、「・神・の・摂・理」あるいは「・自・然・の・中」に見出している[63]。また、父の子に対する権力については、子供から尊敬を受ける権原は「・自・然・に・よ・っ・て・両・親・に・与・え・ら・れ・た・も・の」であり、それは「純粋に両親と子供たちとの関係に付属する・永・遠・の・法」であると述べている[64]。このような特徴と政治権力との違いから[65]、以下では、これらの権力を総称して自然的権力と呼ぶことにする[66]。

ロックは、政治権力と自然的権力を以上のように明確に区別する。この区別は、本書の序章（特にⅢ節）及び第一章で議論したように、世俗的な

---

59) TTG. I, 92, 93（加藤訳174-176ページ）.
60) TTG. I, 48（加藤訳102ページ）.
61) TTG. I, 64, 66（加藤訳126-127、130ページ）.
62) TTG. I, 86（加藤訳167ページ）.
63) TTG. I, 47（加藤訳101ページ）.
64) TTG. I, 63, 64（加藤訳124、126-127ページ）.「永遠の法」の原語は eternal Law であり、この語は「第二論文」で、the Laws of God and Nature の言い換え表現として用いられている（TTG. II, 195（加藤訳528ページ））.
65) ロックは政治権力を「統治者の剣」にたとえて次のように述べている。「統治者の剣は、悪しき業をなす者にとっての恐れであり、この恐れによって、人々に、自然法に適合的に制定された社会の実定法を、共通の規則が規定する範囲内で公共善のために、すなわち、その社会のすべての個々の成員の利益のために遵守させるものである」（TTG. I, 92（加藤訳174ページ））。ここからも、自然的権力と政治権力の目的や範囲が異なることがわかる。

事柄と宗教的な事柄の区別を、後者を内面化するとともに、〈公〉と〈私〉の領域区分と結びつけて理解する〈公＝政治〉と〈私＝宗教（信仰）〉の図式とパラレルになっている[67]。また、第一章で確認したように、ロックは、このような区別が明確になされていないことが、社会的な無秩序の原因と考えていた。したがって、安定した統治を築くためには、この区別が明確に示される必要がある。そして、ロックは、「第一論文」においても、同様の議論を行っている。

3-2　権力所在の明確化

ロックは、自然的権力と政治権力とを区別した上で、後者に関して、その所在が明確に示される必要があると考える。その理由を考える際に、一つの足がかりとなるのが「第二論文」の冒頭における以下の箇所である。

> ［フィルマーの学説が論駁された今］、現在この世にいる支配者たちが、すべての権力の源泉であるとされるアダムの個別的な支配権と家父長的な支配権とから、何らかの恩恵を受けたり、極めてわずかな権威を引き出したりすることさえも不可能である。従って、世界におけるすべての統治はただ実力と暴力との所産であり、人間は最強のものが支配する獣の世界の法則に則って共同生活を営むと考え、不断の無秩序、悲惨、騒乱、反乱、叛逆、（かの仮説の信奉者たちが声を大にして反対していること）

---

66)「自然的権力 natural power」という語は、「第一論文」では、主として、父の子に対する権力を指す（TTG. I, 68, 69, 71, 149（加藤訳134、135、139、259ページ））。他方、「第二論文」では、各人が自然状態においてもっている権力（プロパティを守るだけでなく、自然法の侵害者を処罰する権力）に対して使われている（TTG. II, 87（加藤訳393ページ））。「第二論文」における自然的権力を広義に捉えれば、父の子に対する権力だけでなく、夫の妻に対する権力をもその中に含めることが可能であるし、ロック自身も「第二論文」の第6、7章で、関連する議論を行っている。したがって、これらの権力を自然的権力と総称することには、ある程度の妥当性があると考える。

67) 朝倉は、ロックの父権を「「評判という賞罰を通じて、子供たちが『社交の世界』で道徳的に正しく振る舞うことができるように育成するために用いられる権力」と解釈し、倫理学的な観点から、このような区別を、「政治の世界」と「社交の世界」の違いとして把握する（朝倉（2004）、46-49ページ）。

の基盤を築こうとする機会を与えたくないと思う人は、統治の発生、政治権力の起源、政治権力の所有者を任命し識別する方法について、サー・ロバート・フィルマーがわれわれに教えたのとは別のものをぜひとも発見しなければならないであろう[68]。

ここでロックは、フィルマーの学説を根拠に支配者が権力の正当性を主張できなくなった場合、「不断の無秩序、悲惨、騒乱、反乱、叛逆」が起こりうると考えている。もちろんこれは先の内乱を念頭に置いたものであり、別の箇所においてもロックは、「われわれの著者［フィルマー］は、いかなる君主についてもアダムの後継者としての統治への権原を立証することができず」、「やむなくすべてを現在の所有に還元せざるをえなくなり、政治的服従を、合法的王に対してと同様に、簒奪者に対しても向けられるべきものにし、それによって、簒奪者の権原も同等の効力をもつものとした」と述べている[69]。こうした状況を避けるためにも、「統治の発生、政治権力の起源、政治権力の所有者を任命し識別する方法」について、フィルマーとは別の理論を構築しなければならないとロックは考える[70]。

しかしながら、なぜ所有による支配では統治の安定が保てないのだろうか。この問題に答えるにあたり、ロックの統治に関する考え方が最も端的に現れている箇所を引用する。

> 統治への服従がすべての人間の義務であるとしても、それは、命令する権威をもっている人々の命令と法に従うこと以外のことを意味しないの

---

[68] TTG. II, 1（加藤訳292ページ）.
[69] TTG. I, 121（加藤訳217ページ）. ロックのこの箇所が先の内乱及びクロムウェルの共和国体制を念頭に書かれていることは、この後の文章で、ケイドやクロムウェルの名が挙げられていることからもわかる。また、同様の指摘は「第一論文」79節でもなされている。アッシュクラフトによれば、王位継承の問題が解決されなければ、その帰結として内乱に至るであろうという、このそれほど不明瞭でもない脅しは、1680年の議会討論やパンフレットの中でしばしばウィッグによってなされ、それは、排除法の議会通過だけが、内乱 civil war を防ぐ唯一の方法であるというウィッグの主張に説得力を持たせる効果があった（Ashcraft (1980), p. 448）。

だから、人を臣民とするためには、この世に国王権力が存在するということを彼に納得させるだけでは十分ではなく、この国王権力が正当に属する人物を任命し、識別する方法がなければならない。つまり、人は、自分に対して権力を行使する権利をもつ人物が誰であるかを得心しない限り、良心に顧みてその権力に服従する義務を負うことはできないのである[71]。

　同様の指摘は、「第一論文」の119、122節でもなされているが、本章Ⅲ節のこれまでのロックのフィルマー論駁を敷衍して考えると、現在の君主は二つの意味で、権利による王ではないということになる。つまり、統治の権原としているアダムの絶対性そのものが根拠のないものであるということ、また、仮にそれが統治の権原として確立されたものであっても、現在まで正統に継承されていないため、現在の君主は、権利による王ではないということになる。したがって、ロックの議論によれば、君主が支配者

---

[70] 訳者である加藤も、ここで示唆されているのは、「実力説の台頭を封じ込めるためにも、フィルマーの説とは異なる権力の正統性理論を発見しなければならないというロックの論法である」と指摘する。また、「それは、ロックが、王権神授説と実力説とをともに斥けながら、社会契約説へと向かう自説の方向を示唆したもの」と考えられるという（加藤（2010）、294ページ）。しかしながら、エンゲイジメント論争（1649-1652年、共和国体制の正当性を確保するために（最終的に）すべての成人男子に求められた忠誠の誓いをめぐる論争）における、それぞれの説のヴァリエーションをみてみると、必ずしもロックが、それらを完全に排しているわけではないということがわかる（エンゲイジメント論争については、例えば、Skinner（2002），pp. 287-307）。例えば、ロックは、「第二論文」第17章「簒奪について」で、「簒奪者あるいはその後継者は、人民が、彼らがすでに横取りしていた権力を容認し、彼らのうちに確認することに同意する自由をもち、また実際にそれに同意するまでは、およそ権原をもつことはできない」と述べており（TTG. II, 198（加藤訳534ページ））、簒奪者の権力を無条件に否定しているわけではない。つまり、同意する自由が確保されている状況で、人々が（強制されることなく）同意を与えて、支配者が保持している権力を認めた場合には、その権力所有者は正当性を獲得することになる。実際、この可能性は、名誉革命後のウィリアムの王位を正当化する際に、より深刻に扱われることになる。

[71] TTG. I, 81（加藤訳162ページ）.

たる権利をもたないのだから、人々が良心から君主に服従することはないし、また、フィルマーの議論を用いて君主が臣民の服従を調達しようとしても、それは不可能ということになる。

ここからわかるように、ロックは、統治の権原及び統治権力の所有者が明らかに示されていない限り、人々がそれに良心から服従し、忠誠を誓うことはないと考えている。ロックは、この問題の重要性を繰り返し指摘する（例えば「第一論文」106、122節）。そして、人々を統治に服従させる場合、統治権力の権原及びその所有者を明確に示す必要があるというロックの統治観の背後には、さらに以下のような人間像が想定されている。

ロックは、それらが明確に示されなかった場合の帰結とともに、統治者層の側と臣民の側に分けて次のように述べる[72]。まず、統治者層の側からであるが、「誰が権利によってその権力を有しているのか」が明白でない場合、絶対性を賦与された権力は、「もともときわめて強烈な人間の生まれながらの野心をより強め」、「人々をますます熱狂的に権力の争奪に駆り立て」、その結果、「際限のない抗争と無秩序に陥る」[73]。次に、臣民の側であるが、臣民は、「自分に対して権力を行使する権利をもつ人物が誰であるかを得心しない限り、良心に顧みてその権力に服する義務を負うことはできない」し、もしそのような状態になれば、人々は、統治者を、「何の痛痒をも覚えることなく変える」[74]。

したがって、政治権力をめぐる争いを回避し、「人々の良心を服従の義務の下に置く」ためには、人々が、単にこの世のどこかに権力が存在するということを知るだけではなく、権利によって人々に対する権力が誰に賦与されているかを知ること（つまり、権力所在の明確化）が不可欠というこ

---

72) このような統治者層と臣民の姿は、「第二論文」においても、「支配者の側における横暴や、恣意的な権力を獲得して人民の上に行使しようとする努力」と「人民の側における放逸と支配者の合法的な権威を振り払おうとする欲求」といったかたちで描かれている（TTG. II, 230（加藤訳571ページ））。他に TTG. II, 111（加藤訳424-425ページ）を参照。
73) TTG. I, 106（加藤訳195-196ページ）.
74) TTG. I, 81（加藤訳162ページ）.

とになる[75]。そして、ロックは、「そうした［正統な政治権力の所有者（継承者）を明らかにするという］終わりのない解決不可能な難問に対して、十分に備えることができるのは、神による任命 Divine Institution（そういうものがあると仮定してだが）が締め出してしまった実定的な法と契約によってである」と指摘する[76]。

ロックは同箇所（「第一論文」126節）で、「神による任命 Divine Institution」、「神授の自然権 Divine Natural Right」、「神授権 Divine Right」と「実定的な法と契約 positive Laws and Compact」、「人間の慎慮や同意 humane prudence, or consent」を対比させ、前者を「家父長的な国王権力 Paternal Regal Power」に、後者を「政治的＝世俗的統治 Civil Government」、「政治的＝世俗的権力 Civil Power」に結びつけて議論している。そして、現在の統治に対する前者の結びつきの有効性を否定することによって、契約と同意に基づく後者の「政治的＝世俗的統治」の必要性を主張する。

Ⅳ. 統治理論の原型

本節では、これまでの議論を踏まえて、〈自然的権力と政治権力の区別〉や〈自己保存のための所有権〉、〈統治の安定〉と〈政治権力の所在の明確化〉の関係性といった諸概念を、「第二論文」で展開されるロックの統治理論と比較することで、「第一論文」にみられる原理論的性格をより明確に示していく。

Ⅲ節3-2までの議論で、個別の支配権と自然の支配権がともにアダムの絶対的権力の権原にはならず、また、仮にアダムが絶対的権力をもっていたとしても、フィルマーの主張する相続の論理では、アダムの後継への

---

[75] TTG. I, 81（加藤訳162ページ）. 同様の指摘は、「第一論文」119、120、122節でもなされている。
[76] TTG. I, 126（加藤訳224ページ）.

移譲を説明することはできず、『旧約聖書』の記述からも、現在の君主にまでそれが継承されていることは証明できない、というロックの議論を概観した[77]。その中で、所有権に基づく権力、夫婦間の権力、父（両親）の子に対する権力が、政治権力とは異なるということ、また、いずれの権力も第三者に移譲できないということを確認した。特に所有権に関しては、「創世記」第１章28節にみられる「人類に増殖を命じた神の意図」を汲み取り、それが人類に共通に与えられたものであり、「自己保存に役立つと判断した被造物を利用する権利」であるというロックの主張の重要性を指摘した。

ロックは、自身のフィルマー論駁の帰結として、以下のように述べる。

> 人間は、生まれながらの自由をもつということになろう。なぜならば、万物の主にして永遠に祝福されるべき神の明白な任命によって、誰か特定の人物の至上性が示されるか、または、人間自身の同意が上位者に自らを従属させるまでは、同じ共通の本性、能力、力を有する者は、すべて本性的に平等であり、共通の権利と特権とにともに与るべきであるからである[78]。

別の言い方をすれば、人々は、政治権力に基づく支配・被支配の関係に置かれていないという意味で、また、自己保存のために所有権が共通に与えられているということから、互いに平等であり、生まれながらの自由をもつということになる。ロックのこの主張を支えているのは、〈自然的権力

---

[77] ロックのこうした議論の進め方における実践的な意味について、友岡は「『人間は自然的に自由ではない』という聖書に根拠をおくと主張されたフィルマーの根本的立場がそのまま無傷で残れば、フィルマー説にとっての痛痒は何らなく、むしろ争いはロックに決定的に不利となるであろう。……論戦を有利に展開し、なおかつフィルマー的な見解の持主たちにとってさえロックが描く"自然状態"を多少なりとも説得的とする努力は、それを、ロックが『根拠なき主張』と決めつけたフィルマー説と同一のレヴェルにおかない努力に他ならず、さらにいえば『人間は自然的に自由である』を聖書に適合的なものとして定立すること以外になかった」と主張する（友岡（1986）、157-158ページ）。

[78] TTG. I, 67（加藤訳131ページ）.

と政治権力の区別〉、及び人々に共通に与えられている〈自己保存のための所有権〉である。これらは、「第二論文」におけるロックの統治理論にとっても重要な役割を担っている。

　ロックは、「第二論文」第2章「自然状態について」の中で、「その［神の］意志の明確な宣言によってある者を他の者の上に置き、その者に、明示的な任命によって疑う余地のない支配権と主権を与えるのでない限り、すべての者が従属や服従の関係をもたず、相互に平等であるべきだということはあきらかである」と再度、「第一論文」におけるフィルマー論駁の帰結を述べる[79]。そして、ロックは、自然状態における〈生まれながらの自由〉を主張するにあたり、父と子、夫と妻の関係が、政治権力による支配・被支配の関係にはないという意味で対等であるという議論を、以下でみるように「第二論文」においても展開している。

　ロックは、父（両親）が子供に対してもつ支配権について、それは「自分たちの子供が幼少で不完全な状態にある間はその面倒を見なければならないという彼らに課された義務から生じる」ものであり、子供は、「ある年齢に達して理性をもつようになると、それに伴って自由をもつようになる」と主張する[80]。その理由として、両親が子供に対してもっている権力が、「法を作り、それらを、資産、自由、四肢、生命にまで及ぶ刑罰をもって強制する権力」とは異なる点を挙げる[81]。確かに「第二論文」では、「第一論文」とは異なり、理性的被造物としての人類の平等という視点から議論が行われるものの、上でみたように、父（両親）と子の対等な関係を主張するにあたり、〈自然的権力と政治権力の区別〉が用いられていることがわかる。また、夫が妻に対してもつ支配権についても、「彼らの共通の利害と所有権とに関わることがらにしか及ばないものであるか

---

79) TTG. II, 4（加藤訳296ページ）.
80) TTG. II, 58, 61（加藤訳359、363ページ）.
81) TTG. II, 69（加藤訳373ページ）. ロックはまた別の箇所で、「政治権力と家父長権力とは、完全に別個で、別々のものであり、それぞれ違った基礎の上に立ち、異なった目的を与えられている」と述べている（TTG. II, 71（加藤訳374-375ページ））.

ら、妻には、契約によって彼女に固有の権利とされているものを完全かつ自由に所有することが許されており、また、妻が夫の生命にいかなる権力をももたないのと同様に、夫にも妻の生命に対するいかなる権力も与えられることはない」と述べており[82]、ここにおいても、〈自然的権力と政治権力の区別〉を看取することができる。

　人々に共通に与えられている〈自己保存のための所有権〉に関しても、関連する議論が、「第二論文」第5章「所有権について」でなされている。ロックは冒頭部分で、「自然の理性」によってであれ、「啓示」によってであれ、「神が世界を人類共有のものとして与えたことはこの上なくあきらか」であり、「大地と、そこにあるすべてのものとは、人間の生存を維持し快適にするために与えられたのである」と述べ[83]、そこから、「どのようにして人々が、神が人類に共有物として与えたもののある部分に対して、しかも全共有者の明示的な契約もなしに所有権をもつようになったか」について議論を展開していくことになる[84]。本章では、具体的にロックの所有権論の中身にまで踏み込むことはしないが、少なくともロックが、人々に共通に与えられている自己保存のための所有権を、その出発点としていることがわかる。

　次に、Ⅲ節3-2の議論から、統治を安定させるためには、政治権力の所在が明確に示される必要があるというロックの統治観を明らかにした。この〈統治の安定〉と〈政治権力の所在の明確化〉との関係は、「第二論文」においても重要な要素となっている。ロックは、自然状態においてプロパティの享受が不安定になる理由として、「明確な法」と「権威をもつ裁判官」の欠如を挙げる[85]。なぜなら、「自然法とは書かれたものではなく、人間の心のうちにしか見いだされないものであるから、情念や利害の

---

82) TTG. II, 82（加藤訳388ページ）.
83) TTG. II, 25, 26（加藤訳324-325ページ）.
84) TTG. II, 25（加藤訳325ページ）.
85) TTG. II, 20（加藤訳316ページ）. 自然状態における不都合については、「第二論文」124、125節を参照。

ために誤ってそれを引用したり、その適用を誤ったりする者は、確立された裁判官がいない場合には、自分の誤謬を容易には得心することができないからである」[86]。したがって、「社会の誰でもが従わなければならない公知の権威を樹立すること」によって自然状態の不都合を克服することが、「政治社会 Civil Society」の目的であると主張する[87]。そして、立法権力についても、「公布された恒常的な法と、権威を授与された公知の裁判官とによって、正義を執行し、臣民の諸権利を決定するように義務づけられている」と述べる[88]。ここから、政治社会の目的、立法権力の性質について、ロックが〈統治の安定〉と〈政治権力の所在の明確化〉の関係性を重視していたことがわかる。

V おわりに

　本章Ⅱ節でみたように、「第一論文」と「第二論文」の関係について、「第一論文」が「第二論文」に先立って執筆されたことが明らかになってからも、前者における政治権力と所有権の区別の重要性を指摘するものはあったが、抵抗権論がないことから、むしろ「第二論文」への変化の側面が強調されてきた。しかし、本章における「第一論文」の分析によって、確かに自然法の枠組みで論じられる「第二論文」とは異なり、より『旧約聖書』の記述に依拠したかたちではあったが、「第二論文」で自然状態から政治社会を設立する際に重要な役割を担う、生まれながらの自由、平等、自己保存権といった諸概念や〈統治の安定〉と〈政治権力の所在の明

---

86) TTG. II, 136（加藤訳457ページ）.
87) TTG. II, 90（加藤訳396ページ）. ロックはここで、フィルマーの主張した神授権に基づく「絶対君主政 Absolute Monarchy」と対比させるかたちで、"Civil Society" という語を用いている。したがって、この対比を重視するのであれば、これを〈世俗社会＝ Civil Society〉とみなすこともできる。
88) TTG. II, 136（加藤訳456ページ）. 同様の主張は、「第二論文」131、137節でもなされている。

確化〉の関係性などが、「第一論文」に内在していることを確認することができた[89]。つまり、ロックは既に「第一論文」の中でこれらを用いて統治理論の原型を描いていたのである。

　本章では、フィルマーの神授権説の同時代的な意味を冒頭で確認した後、「第一論文」におけるロックのフィルマー批判の分析を通じて、ロックの統治理論の原理論的側面を明らかにした。そして、いくつかの要素について、「第二論文」で展開される議論との連続性を示した。ロックの世俗社会認識の解明を目的とする本書においては、特に、ロックによる政治権力と自然的権力の区別が重要であった。神によるアダムへの絶対的な権力の授与及び家父長権によるその権力の相続から、現在の君主の絶対的権力を主張するフィルマーの議論に対するロックの批判は、フィルマーの教説を支持する人々（特に聖職者）に向けられたものでもあった。したがって、現実の世界における聖職者との対立が、「第一論文」内部では、フィルマーの神授権説に対する〈政治＝世俗社会 Civil Society〉の構想というかたちで、理論的な対抗関係をなしていたのである。

　最後に、このような対抗関係が、『統治二論』「第二論文」においても看取できることを示すとともに、初期の段階からロックの思想に現れていたことを、これまでの議論を振り返りながら確認し、本書のまとめを行いたい。

---

89) 中神も同様に、「既に「第一論文」において、人間の生来の自由及び平等と人々の同意による政治社会の設立とを、彼はフィルマーの依拠した聖書を逆用して示唆していた」と指摘する（中神（2003）、123ページ）。ただし、本章Ⅲ節3項で議論した〈統治の安定〉と〈政治権力の所在の明確化〉との関係性について、「人間の情念の負の側面」と「法への服従」に関する指摘はあるものの（同上、127-128ページ）、「第二論文」と関連づけて、積極的に議論しているわけではない。

終　章

Ｉ．はじめに

　前章では、『統治二論』「第一論文」のフィルマー批判を中心に分析を行い、ロックが考える世俗的統治の在り方、特に、その原理論的性格を明らかにした。その中で、ロックは、統治の安定を確保するためには、人々が良心から統治に服従することが必要であり、そのためには、政治権力の所在が明確にされなければならないと主張した。ここで、ロックのこの議論の含意について、あらためて説明したい。

　ロックのフィルマー批判は、ゴルディが指摘するように、国王を支持する国教会聖職者（「アングリカン・ロイヤリスト」）たちに対する批判でもあった[1]。彼らは、フィルマーの家父長権論（神がアダムに授けた支配権の承継）を根拠に、現在の君主の絶対的権力の正統性を主張した。しかし、本書の第四章で確認したように、家父長的権威には、政治的だけでなく、宗教的な支配権も含まれていることから、彼らの議論は、君主が聖俗両権力を有することを認めることになる。

　本書でもたびたび言及してきたが、『統治二論』は、「王位継承排除法案」をめぐって国王と議会が激しく対立しているときに執筆されたものである。もし、カトリック教徒であることを公言するヨーク公が次期国王に

---

[1] ただし、ゴルディの議論は、『統治二論』執筆時の歴史的状況や同時代人の比較が中心に行われており、ロックの複数の著作に言及するものの、「第二論文」におけるロックの批判様式にまで踏み込んだ議論はなされていない（Goldie (1983), pp. 64-65）。マーシャルもまた、『統治二論』におけるアングリカン（高教会派）批判の側面を指摘する（Marshall (1994), p. 375）。

197

なれば、彼らの議論は、国王が自らの宗教、つまり、カトリック信仰を強制することに、お墨付きを与えることになりかねない。ロックは、同時期に執筆した『論稿』の中で、この懸念を明確に表明し、スティリングフリートを批判する中で、国家と教会の管轄領域の違いを主張した。またロックは、当初から、この領域区分が曖昧になることによって、社会的な混乱・無秩序が生じると考えていた。したがって、『統治二論』「第一論文」の中で、ロックが政治権力に明示性を求めていたのも、こうしたことが背景にあったからと考えられる。

　このような「アングリカン・ロイヤリスト」に対する批判は、「第一論文」だけでなく、「第二論文」においても看取できる。前章では、「第一論文」を中心的に分析し、「第二論文」と統治理論上の比較を行った。本章以下では、「第二論文」自体を取り上げ、本書全体を通じて着目してきたロックの反聖職者主義について考察したい。

II．ロックの反聖職者主義と『統治二論』

　ロックは、「第二論文」においても、「アングリカン・ロイヤリスト」と思われる人々に言及する。例えば、第19章「統治の解体について」のところで、ロックは以下のように述べる。

> 私としては、次のような人々を満足させるためにはフッカー一人で十分であろうかと思う。すなわち、それは、教会統治 Ecclesiastical Polity についてはフッカーに依拠しながら、奇妙な運命によって、それを基礎づけた原理の方は否定することになってしまった人々に他ならない[2]。

これは、「アングリカン・ロイヤリスト」が、フッカーに依拠して教会の権威を主張する一方、国王の家父長的権威を擁護することにより、自分たちの教会の権威を否定することになった、ということを意味している。な

---

2) TTG. II, 239（加藤訳585ページ）.

ぜなら、ロックはこの引用に続く箇所で、「彼らの政治術策 Civil Policy は、以前の時代には提唱することさえはばかれるほど、きわめて斬新」であると述べており[3]、この「斬新」な議論とは、フィルマーの家父長権論を指すからである[4]。

また、「アングリカン・ロイヤリスト」が権力を行使する場合、彼らの図式によれば、それは国王を通じてなされることになる。そのため、彼らは「実力で武装した人間［国王］」に「媚びへつらい」、「学問や宗教」によって、「国王の臣民に対する行いを正当化」する[5]。そして、国王の行為に「敢えて異議を唱えるような人は、すべて彼の剣で即座に沈黙させられる」ことになる[6]。このような国王とアングリカンとの関係は、本書で扱ったパーカーの議論の中にもでてきたように、高教会派に特徴的なものであり、こうしたかたちで聖職者が政治に関与することに対して、ロックは常に批判的な態度をとっていた[7]。

そして、国王の権力が、その管轄領域を超えて行使されるときに、「第二論文」の最も重要な議論の一つである抵抗の契機が生まれることになる。ロックは、「［国王の］追従者たちが、人々の知性を惑わすためにどんなことを語ったとしても、人々の感情までさえぎることはできない」とい

3）TTG. II, 239（加藤訳585-586ページ）.
4）ロックは、別の箇所でフィルマーの「神授権 *jure divino*」説を「最近の神学」と述べており（TTG. II, 209（加藤訳546ページ））、ここでも「きわめて斬新」という表現で、フィルマーの学説を念頭においているものと考えられる。
5）TTG. II, 91, 92（加藤訳398-399ページ）. ロックは、この箇所で、絶対王政 absolute monarchy について批判を展開する。ロックは、「自然状態におかれている人々」と「絶対君主の臣民」を比較し、後者が、「自らの権利を判断し、それを防衛する自由をも否定され……媚びへつらいによって堕落し、実力で武装した人間［国王］から被るおそれのあるすべての不幸と不都合とに身をさらさざるをえないこと」を、前者との「悲惨な相違」として説明する。この「媚びへつらい」によって、国王を「堕落」させているのが、ロックが批判する聖職者たちであった。
6）TTG. II, 92（加藤訳399ページ）.
7）加藤もまた、これが「国王を擁護するためのイデオロギーとしてフィルマーの王権神授説を動員した王党派への批判を意味する」という（加藤（2010）、405ページ、注12）。

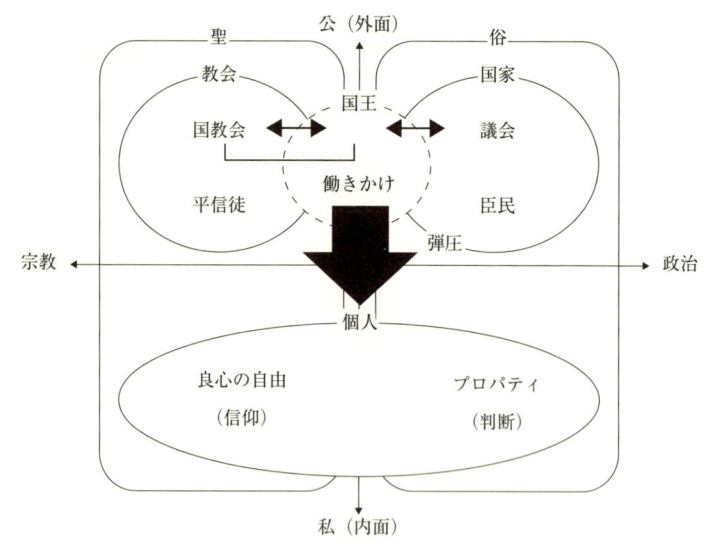

図3

い[8]）、人々の抵抗について、以下のように述べる。

> 人々が、良心に顧みて、自分たちの法も、それとともに自分たちの財産、自由、生命も、更には自分たちの宗教も危機に瀕していることを確信するに至る場合に、人々が自分たちの上に行使されている不法な暴力に抵抗するのをどうしたら阻止できるのか、私には語ることができない[9]）。

ここで重要なのは、広義のプロパティに含まれる、生命・自由・財産の他に、宗教が挙げられていることである。ただし、宗教（良心の自由）とプロパティ（生命・自由・財産）の関係をめぐっては、前者を後者に含めるか否かで解釈が分かれている[10]）。例えば、大澤は、「信仰の自由」は、「プロパティの中に包摂」されることによって「国家による保全の対象」となる一方、国家がそれを侵害した場合には、「抵抗権あるいは革命権が発動

8）TTG. II, 94（加藤訳401ページ）.
9）TTG. II, 209（加藤訳546ページ）.
10）下川（2000）、45-46ページ。

される」という[11]。これに対して下川は、プロパティの場合、「強制力という手段によってその特定の権利対象が保護される」が、「良心の自由においては、強制力は、どのような良心を保護することにも関与しない」という[12]。国家による信仰の自由の侵害が抵抗の契機となる点については、筆者も大澤の解釈に異論はない。しかし、本書の第二章で、為政者によるカトリック教徒の「迫害」について議論した際、ロックは、個人の内面が為政者の管轄領域ではないことから、宗教（内面の信仰）を理由とする「迫害」を認めなかった。この点で、筆者も先ほどの下川の解釈と同様の立場をとる。

　ここで、図を用いて、本章のこれまでの議論を整理したい。本書の第一章以下で確認してきたように、王政復古後の非国教徒弾圧に際して、議会（「騎士議会」）に働きかけて、政治への関与を強めていった厳格なアングリカンを、ロックは批判していた。そして、政治的な権力の行使主体が議会から国王へと代わってはいるものの（図2と図3の違い）、聖職者が影響力を行使する構図は維持されており、「第二論文」においても、ロックはこの構図（「アングリカン・ロイヤリスト」と国王の結びつき）を批判していた。

　初期の著作を振り返ってみると、『世俗権力二論』や『寛容論』では、〈私的・宗教的領域〉の〈公的・政治的領域〉への拡大・侵食が、社会秩序を乱す要因と考えられていた。しかし、『統治二論』「第二論文」に至って、国教会・国王・議会の基本的な構図自体には変化がないものの、〈公的・政治的領域〉に限定されるべき国王の臣民に対する権力行使が、個人の私的領域全般にまで入り込むことによって、抵抗の契機が生まれることになる。

　本節では、前章で議論しきれなかった『統治二論』「第二論文」について、「アングリカン・ロイヤリスト」に対するロックの批判を中心に考察した。そして、ロックの議論を本書の図式を使って整理し、ロックが何を批判していたのかを確認した。ロックは、「第二論文」においても、聖職

---

11) 大澤（1995）、322-323ページ。
12) 下川（2000）、46ページ。

者が世俗為政者（国王）に働きかけて権力を行使することを批判していた。そして、ロックのこの批判こそ、本書全体を通じて着目してきた反聖職者主義的態度の現れであった。ただし、「第二論文」において、抵抗の契機（図3の矢印の逆転）が生まれる点に、ロックのこれまでの議論とは異なる大きな違いがあった。このことは、王位継承排除法案の否決及び国王チャールズ2世による議会の解散によって、カトリック教徒のヨーク公が、次期国王ジェイムズ2世として即位することが既定路線となり、『論稿』でロックが抱いていた懸念が、現実的な危機として認識されたことを物語っている。

III. 総括

　本書の目的は、ロックの世俗社会認識を明らかにし、その思想的特徴を描き出すことにあった。そのために、王政復古以降の政治と宗教の対立を背景に、四つの論争（バグショー批判、パーカー批判、スティリングフリート批判、フィルマー批判）を取り上げた。そして、各論争におけるロックの主張や批判の構造を具体的に分析することで、ロックが、当時の社会を、国家と教会の緊張関係（特に、国王・議会・国教会間の緊張関係）の中で把握していたことを、ロックの世俗社会認識として明らかにした。その中で、ロックの思想的特徴として、ロックが、政治に関与する聖職者に対して、一貫して批判的な態度をとっていたことを示した。また、聖職者に対する批判を通して、ロックが、国家と教会のあるべき姿やその統治の在り方について議論を展開していたことを確認した。特に、『統治二論』の分析から、現実社会における国家と教会の対抗関係は、神授権にもとづく君主の絶対的な統治に対する、実定的な法や契約、同意にもとづく〈政治＝世俗社会 Civil Society〉の構想として、『統治二論』の中に理論的に内在していたことを明らかにした。以下、これらの点について、本書の議論を振り返りながら、あらためて確認し、今後の研究課題について展望を示したい。

終　章

　本書の第一章では、ロックのバグショー批判を検討した。良心の自由を主張し、政治的服従（「礼拝統一法」の遵守）を拒否するバグショーに対して、ロックは、〈世俗的領域〉と〈宗教的領域〉の二元的な区別に、〈外面的領域〉と〈内面的領域〉の区別を導入することによって、良心の自由と政治的服従の両立を主張した。ロックによるこの社会認識の図式は、本書の序章でも確認した、『統治二論』と『寛容書簡』における〈公＝政治〉と〈私＝宗教（信仰）〉の図式のプロトタイプといえる。また、ロックのこうした議論の背景には、直接の論駁対象であるバグショーだけでなく、現実社会における厳格なアングリカンに対する批判があったことも忘れてはいけない。なぜなら、後者に対するロックの批判は、その後も一貫して行われていくことになるからである。

　このバグショー批判を通じて形成されたロックの社会認識のモデルは、イングランド国内にいるカトリック教徒に「寛容」を認めるか否かという問題に対しても適用されていた。この問題を議論したのが本書の第二章であった。ロックは、王政復古後、議会を通じて非国教徒弾圧を推し進める厳格なアングリカンを批判し、「寛容」を、教会ではなく国家（為政者）の管轄事項とすることによって、非国教徒だけでなく、国家に従順なカトリック教徒に対しても「寛容」の可能性を示した。

　本書の第一章・二章の議論でも確認したように、厳格なアングリカンに対するロックの批判的態度はこの頃より既に現れていた。そこで、ロックの批判をより具体的に把握するために、第三章で、パーカーの『教会統治論』を、続く第四章で、それに対するロックの批判を検討した。パーカーは、世俗為政者による〈宗教的領域〉への権力行使を主張したが、その根底には、国家と教会の関係性に関するパーカーの認識があった。本書では、それを相互補完的な図式として示し、ロックがこの図式そのものを批判していたことを明らかにした。

　また、パーカーの相互補完的な図式は、本書の第五章で検討したスティリングフリートにも共通していた。ロックは、『聖書』に依拠してスティリングフリートの主張する「統一の強制」を批判するだけでなく、彼の

「国教会」概念そのものを批判した。ロックは、国家と教会の管轄領域の区別を主張し、教会については『論稿』で、国家については『統治二論』で議論を行った。そして、後者の議論を分析したのが本書の第六章であり、ロックが、フィルマーの議論と対抗するかたちで〈政治＝世俗社会 Civil Society〉の構想に至ったことを示し、また、ロックの反聖職者主義についても確認した。

　最後に、本書で描かれたロック像が、これまでのロック像とどう違うのか、その特徴を述べるとともに、今後の展望を示したい。本書では考察対象に含まれなかったが、1688年から89年の名誉革命を経て、イギリスは、対外的にはフランスとの戦争を続けていく一方、国内的には政治的安定を迎えることになる。そして、17世紀に数々の争いを引き起こした宗教の問題は影を潜め、代わりに商業社会の到来にともなう別の問題（経済発展がもたらす道徳の腐敗・堕落の問題）が顕在化する。このような17世紀から18世紀にかけての大きな時代の流れの中で、これまでロックの政治・宗教思想は解釈される傾向にあった。そのため、当然のことながら、ロックの自由主義思想や抵抗権思想に、あるいは、寛容思想や政教分離思想に注目が集まってきた。そして、そこから描き出される「近代的なロック像」は、私たちがもっともよく知るロックの姿といえるだろう。

　本書はまさに、こうした「近代的なロック像」の見直しを図るものである。もちろん、ロックの思想における現代的な意義を否定するつもりはない。しかし、当時の論争に注目しながら、歴史的な文脈に根差した分析を行うことによって、これまで注目されることの少なかったロックの一面がより明らかになったのも確かである。例えば、初期の著作にみられたロックの秩序志向は、しばしば、後期の「自由主義的」な思想と比べて、「保守的」・「権威主義的」であると解釈される傾向にあった。しかし、本書では、同じ著作における厳格なアングリカンに対する批判から、この秩序志向をより肯定的に捉え直した。また、『統治二論』に関しても、抵抗の論理ではなく、服従の論理（権力所在の明確化による服従の調達と統治の安定化）が、ロックの統治理論の核を構成していることを、「第一論文」の分析か

ら明らかにした。さらに、論争におけるロックの批判様式に目を向けると、論争のための共通の言語として『聖書』が用いられており、また、キリスト教史の理解や知識が論争の前提となっていた。このようなロックの秩序志向や宗教的色彩は、「近代的なロック像」の影に隠れていたかもしれないが、こうした特徴をもつロック像の方が、少なくとも本書で扱った時代においては、より等身大の姿に近いのではないだろうか。

　もちろん、時代状況の変化が思想家に与える影響をすべて否定するわけではない。ロックがこの世を去るのは1704年のことであり、名誉革命後も、ロックは、政治や経済、宗教、哲学などの分野で幅広く執筆活動を続けている。当然、それらの著作は、名誉革命以前の時代状況とは異なる文脈で書かれたものとなる[13]。したがって、こうした時代状況の変化が、ロックの思想にどのような影響を与えたのかは、あらためて検討すべき課題である。

　例えば、ロックは、本書でも議論したように、〈内面的領域〉と〈外面的領域〉を区別し、社会秩序の混乱の原因である宗教（信仰）を内面化することによって、外的行為と切り離した。つまり、内面と外面の分離によって、社会秩序の安定を目指したのである。しかし、『教育に関する考察』の中では、内面の発露を「社会的徳性 the Social Virtues」と結びつけて議論する[14]。この内面と外面の分離から一致を説く議論の変化は、一体何によるものなのだろうか。そもそも、二つの議論を同じ土台で比べる

---

13) 例えば、ロックは、1692年に『利子引き下げと貨幣価値引き上げの結果に関する若干の考察』（*Some Considerations of the Consequences of the Lowering of Interest, and Raising the Value of Money*）、1693年に『教育に関する考察』（*Some Thoughts Concerning Education*）、1695年に『キリスト教の合理性』（*The Reasonableness of Christianity*）などを出版する。

14) Locke (1989), pp. 200-201（北本訳 (2011)、192-193ページ）. 木村も、『教育に関する考察』における内面と外面の関係性を、「文明の作法」の観点から注目する（木村 (2010)、113-115ページ）。木村によれば、「作法の遂行」（外的態度）は「内的な自己に極度の緊張を強いるもの」でもあり、この内面と外面の緊張関係が、「人格喪失の危機」を引き起こし、今度は内面と外面の分離に向かうという（同上書、115ページ）。

べきではないのかもしれないし、あるいは、『教育に関する考察』が執筆されたときには、内面を外的行為で表したとしても、社会的混乱を引き起こすことがないほど、社会そのものが安定していたのかもしれない。

　いずれにしても、本書で扱った時代やテーマ、また、取り上げた著作（同時代人のものを含む）は、17世紀の思想世界全体のごく一部であり、そこから描き出されたロック像も、ロックの全体像からいえば、その一部にすぎない。それでも、これまでの研究では必ずしも十分に描き出されなかったロックの側面に光を当てたことに、本書の意義があるように思う。本書の研究をもとに、分析対象を広げつつ、本書では扱うことのできなかった17世紀後半から18世紀にかけてのロックの思想的特徴やその変化を把握することが、今後の筆者の課題である。

あとがき

　本書は、2015年9月に京都大学大学院経済学研究科に提出した博士学位申請論文「ジョン・ロックの世俗社会認識論」をもとに加筆・修正したものである。本書を構成する各章は、(序章と終章を除き) 筆者がこれまでに公刊した以下の論文および所属学会で報告した原稿に基づいている。

第一章　「ジョン・ロック『世俗権力二論』再考——「第一論文」と「第二論文」の違いに着目して」『経済論叢』第187巻第4号、2014年、61-78ページ。

第二章　「ジョン・ロックのカトリック批判の再検討——従順なカトリック教徒 English Catholics の存在を念頭に」、日本イギリス哲学会関西部会第50回研究例会、大阪、2014年7月。

第三章　「サミュエル・パーカーの教会統治論——ロックのパーカー批判を念頭に」『経済論叢』第187巻第2号、2013年、43-58ページ。

第四章　「ジョン・ロックのサミュエル・パーカー批判」『経済論叢』第188巻第1号、2014年、43-58ページ。

第五章　「J. ロックの『聖書』解釈と E. スティリングフリート批判」、日本イギリス哲学会関西部会第52回研究例会、京都、2015年7月。

第六章　「ジョン・ロックの統治理論の原型——『第一論文』の分析を

通じて」『経済論叢』第184巻第1号、2010年、77-91ページ。

　筆者がロック研究を始めてから、本書の出版に至るまで、多くの方々のご指導ご鞭撻を賜った。こうした支えがなければ、大学院生活を無事に終えることも、現在まで研究を続けることもできなかっただろう。

　何よりもまず、指導教員であり、博士論文の主査を務めていただいた竹澤祐丈先生に、心からの感謝を申し上げたい。筆者がロックと出会ったのは学部3回生のときであった。当時、東アジアの国際関係に興味を持っていた私に、国家間の関係に先立って、まずは国家の成り立ちについて考えることの必要性を説き、ロックを紹介して下さったのが、竹澤先生であった。大学院進学後も、指導教員として、筆者の研究を辛抱強く見守りながら、厳しくも温かいご指導によって、研究の方向性を的確に導いてくださった。本書のかたちで研究をまとめることができたのも、ひとえに竹澤先生のおかげである。

　博士論文の審査にあたり、副査を務めていただいた根井雅弘先生、徳丸夏歌先生にも、心からの感謝を申し上げたい。根井先生からは、折に触れて、貴重なご指摘と多くの励ましの言葉をいただいた。徳丸先生からも、論文を加筆・修正する上で非常に有益なご意見をいただいた。さらに、外部審査員を務めていただいた広島大学の山田園子先生からは、学会や研究会など様々な機会に、多くのご指導ご助言を賜った。また、山田先生のロック研究からも多くを学ばせていただいた。さらに、ロックの寛容思想に関するご研究だけでなく、ロックの手稿の活字化・翻訳作業は、筆者が研究を進める上でも、大きな助けとなった。この場を借りて、心からの感謝を申し上げたい。

　本書のもとになった研究の多くは、筆者の所属する学会や参加させていただいている研究会で発表したものである。日本イギリス哲学会関西部会では、筆者の拙い研究発表に対して、鋭いご質問や重要なご指摘・ご批判を多くいただき、それらに応えるかたちで、研究を進めることができた。すべての方々のお名前を挙げることはできないが、部会担当理事として、

あとがき

　当日の司会のみならず、筆者の研究発表に対しても、貴重なコメントをくださった関西学院大学の久米暁先生のお名前を代表して挙げさせていただきたい。

　学習院大学の下川潔先生が主宰されているジョン・ロック研究会は、国内のロック研究者が集まる貴重な場として参加させていただいている。研究発表や参加されている方々との交流を通じて、筆者の荒削りな議論を磨き上げることができた。研究会への参加をお許しくださった下川先生には深く感謝申し上げる。また、既に記したロック研究者の方々に加えて、青木滋之さん、門亜樹子さん、小城拓理さん、瀧田寧さん、沼尾恵さん、渡邊裕一さんのお名前を挙げたい。

　この他にも、岡山大学の荒木勝先生からは、主宰されていた研究会への参加をお許しいただき、原典に向き合う姿勢から学術研究の本質について、多くを学ばせていただいた。関西大学の安武真隆先生からは、読書会や研究会を通じて、ヨーロッパ政治思想に関する幅広い知見をご教示いただいた。科学史を中心に研究されている嘉陽英朗さんからは、筆者の研究に対して、異なる視点から興味深い論点を提示していただいた。それだけでなく、研究者として未熟な私を、折に触れて叱咤激励してくださった。高知大学の森直人先生は、大学院の先輩として、多くの範を示していただいた。また、研究の進捗についても気にかけていただき、公私ともに大変お世話になっている。同世代に近い研究者の方々からも、学会や研究会などの折に、多くの刺激をいただいている。既に記した方々に加えて、野原慎司さん、林直樹さん、苅谷千尋さんのお名前を挙げたい。

　そして、筆者が学部生の頃より、竹澤先生の研究室でともに学ばせていただいた先輩方、同輩、後輩にも謝意を表したい。特に、同期の木宮正裕さんとは、ときに励まし合い、ときに刺激し合いながら、互いに切磋琢磨してきた。本書の出版に際しても、後輩の甲田太郎さんとともに、快く校正作業の手伝いを引き受けてくれた。本書の文責はすべて筆者にあるが、この場を借りて、木宮さん、甲田さんに御礼を申し上げたい。

　本書の執筆に至る過程で、2010－2011年度に、日本学術振興会特別研究

員（DC 2）として、研究を行う機会をいただいた。また、同期間に、科学研究費補助金（特別研究員奨励費：10J05430）の助成を受けた。これにより、研究指導委託のかたちでヘルシンキ大学に留学することができた。同大学で筆者を受け入れてくださった Markku Peltonen 先生に、深謝申し上げたい。Peltonen 先生は、筆者の研究だけでなく留学生活についても、折々に気にかけてくださった。また、直接お会いして議論することは叶わなかったが、筆者の拙稿にコメントをくださった Sami-Juhani Savonius-Wroth さんにも、心から感謝申し上げたい。

　また、2015年度に、日本学術振興会科学研究費補助金（若手B：15K17034）の助成を受けた。これにより、オックスフォード大学のボドリアン図書館での資料調査が可能となり、本書でも扱ったロックの手稿の現物を確認することができた。本書の第五章はこの研究成果の一部である。

　さらに、本書を出版するにあたり、「平成27年度京都大学総長裁量経費（若手研究者に係る出版助成事業）による出版助成」を受けた。山極壽一総長をはじめ関係者の方々に、深く感謝申し上げる。また、本書の出版を引き受けてくださった京都大学学術出版会、ならびに、多くの有益な助言をいただいた編集担当の國方栄二氏に、厚く御礼申し上げる。

　最後に、なかなか先の見えない不安定な研究生活を、我慢強く支え続けてくれた両親と家族に心から感謝の意を表したい。

　　2016年3月

武井　敬亮

参考文献

一次文献

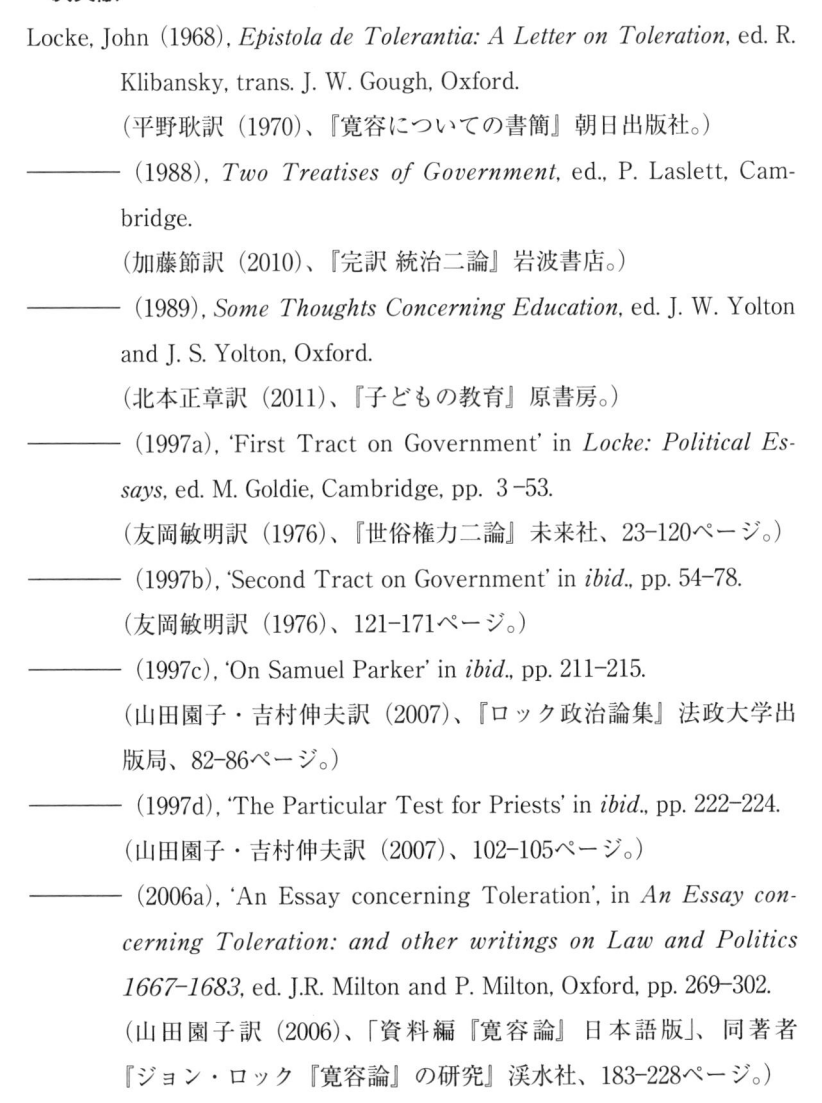

Locke, John (1968), *Epistola de Tolerantia: A Letter on Toleration*, ed. R. Klibansky, trans. J. W. Gough, Oxford.
　（平野耿訳（1970)、『寛容についての書簡』朝日出版社。)
――― (1988), *Two Treatises of Government*, ed., P. Laslett, Cambridge.
　（加藤節訳（2010)、『完訳 統治二論』岩波書店。)
――― (1989), *Some Thoughts Concerning Education*, ed. J. W. Yolton and J. S. Yolton, Oxford.
　（北本正章訳（2011)、『子どもの教育』原書房。)
――― (1997a), 'First Tract on Government' in *Locke: Political Essays*, ed. M. Goldie, Cambridge, pp. 3-53.
　（友岡敏明訳（1976)、『世俗権力二論』未来社、23-120ページ。)
――― (1997b), 'Second Tract on Government' in *ibid.*, pp. 54-78.
　（友岡敏明訳（1976)、121-171ページ。)
――― (1997c), 'On Samuel Parker' in *ibid.*, pp. 211-215.
　（山田園子・吉村伸夫訳（2007)、『ロック政治論集』法政大学出版局、82-86ページ。)
――― (1997d), 'The Particular Test for Priests' in *ibid.*, pp. 222-224.
　（山田園子・吉村伸夫訳（2007)、102-105ページ。)
――― (2006a), 'An Essay concerning Toleration', in *An Essay concerning Toleration: and other writings on Law and Politics 1667-1683*, ed. J.R. Milton and P. Milton, Oxford, pp. 269-302.
　（山田園子訳（2006)、「資料編『寛容論』日本語版」、同著者『ジョン・ロック『寛容論』の研究』渓水社、183-228ページ。)

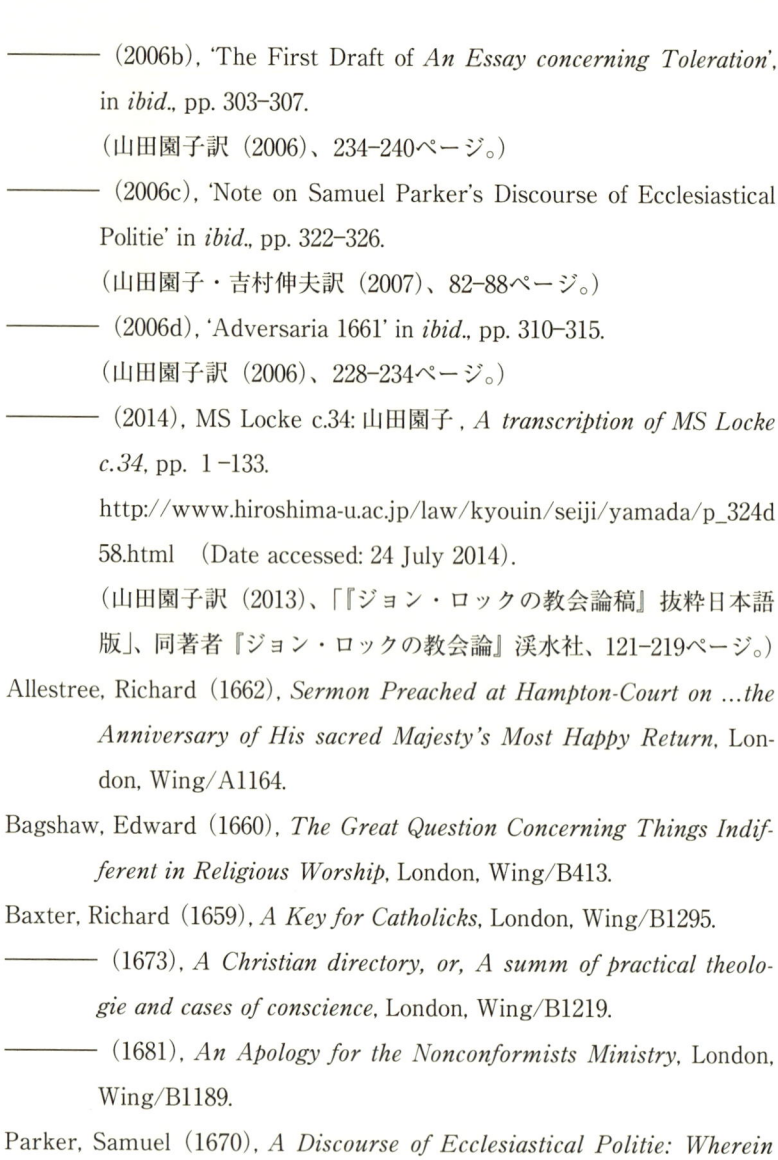

――― (2006b), 'The First Draft of *An Essay concerning Toleration*', in *ibid.*, pp. 303-307.

（山田園子訳（2006）、234-240ページ。）

――― (2006c), 'Note on Samuel Parker's Discourse of Ecclesiastical Politie' in *ibid.*, pp. 322-326.

（山田園子・吉村伸夫訳（2007）、82-88ページ。）

――― (2006d), 'Adversaria 1661' in *ibid.*, pp. 310-315.

（山田園子訳（2006）、228-234ページ。）

――― (2014), MS Locke c.34: 山田園子, *A transcription of MS Locke c.34*, pp. 1-133.

http://www.hiroshima-u.ac.jp/law/kyouin/seiji/yamada/p_324d58.html (Date accessed: 24 July 2014).

（山田園子訳（2013）、「『ジョン・ロックの教会論稿』抜粋日本語版」、同著者『ジョン・ロックの教会論』渓水社、121-219ページ。）

Allestree, Richard (1662), *Sermon Preached at Hampton-Court on ...the Anniversary of His sacred Majesty's Most Happy Return*, London, Wing/A1164.

Bagshaw, Edward (1660), *The Great Question Concerning Things Indifferent in Religious Worship*, London, Wing/B413.

Baxter, Richard (1659), *A Key for Catholicks*, London, Wing/B1295.

――― (1673), *A Christian directory, or, A summ of practical theologie and cases of conscience*, London, Wing/B1219.

――― (1681), *An Apology for the Nonconformists Ministry*, London, Wing/B1189.

Parker, Samuel (1670), *A Discourse of Ecclesiastical Politie: Wherein The Authority of the Civil Magistrate Over the Consciences of Subjects in Matters of Religion is Asserted; The Mischiefs and Inconveniences of Toleration are Represented, And All Pretenses Pleaded in Behalf of Liberty of Conscience are Fully Answered,*

London, Wing / P459.

Filmer, Robert (1991), *Patriarcha and Other Writings*, ed. J. P. Sommerville, Cambridge.

Hobbes, Thomas (1996), *Leviathan: Revised Student edition*, ed. R. Tuck, Cambridge.

（水田洋訳（1954）、（1982）『リヴァイアサン』（Ⅰ）（Ⅲ）岩波書店。）

Hooker, Richard (1977), *Of the Laws of Ecclesiastical Polity*, Preface, Books I to IV, ed., G. Edelen Cambridge: Mass.

Owen, John (1680), *A brief vindication of the non-conformists from the charge of schisme as it was managed against them in a sermon preached before the Lord Mayor by Dr. Stillingfleet, Dean of St. Pauls.*, London, Wing / O723.

Raithby, John (ed.) (1819a), 'Charles II, 1662: An Act for the Uniformity of Publique Prayers and Administrac [i] on of Sacraments & other Rites & Ceremonies and for establishing the Form of making ordaining and consecrating Bishops Preists and Deacons in the Church of England' in *Statutes of the Realm*, vol. 5 : 1628–80, pp.364–370, British History Online, http://www.british-history.ac.uk/report.aspx?compid=47307 (Date accessed: 27 March 2011).

―――― (1819b), 'Charles II, 1672: An Act for preventing Dangers which may happen from Popish Recusants' in *ibid.*, pp. 782–785, British History Online, http://www.british-history.ac.uk/statutes-realm/vol 5 /pp782–785 (Date accessed: 17 December 2014).

Stillingfleet, Edward (1680), *The Mischief of Separation*, London, Wing / S5604.

―――― (1681), *The Unreasonableness of Separation*, London, Wing / S5675.

Stubbe, Henry (1659), *An Essay in Defence of the Good Old Cause*…, London, Wing (2 nd ed.) / S6045.

Tilly, Samuel (1976), '129. S. Tilly 7 March 1662' in E. S. de Beer (ed.), *The Correspondence of John Locke*, vol. 1, Oxford, pp. 185–186.

HLJ : 'House of Lords Journal Volume 11: 1 May 1660' in *Journal of the House of Lords*, vol. 11: 1660–1666, pp. 6–9, British History Online, http://www.british-history.ac.uk/report.aspx?compid=13940 (Date accessed: 28 March 2011).

The Holy Bible: containing the Old and New Testaments : translated out of the original tongues and with the former translations diligently compared and revised by His Majesty's special command : appointed to be read in Churches : authorized King James version, Oxford, 2010.

旧約聖書翻訳委員会訳（2004）、『旧約聖書Ⅰ』岩波書店。

新約聖書翻訳委員会訳（2004）、『新約聖書』岩波書店。

二次文献

Abrams, Philip (1967), 'Introduction' in *Two Tracts on Government*, ed. *idem*, London, pp. 3–114.

Armitage, David (2013), *Foundations of Modern International Thought*, New York.（アーミテイジ（2015）、平田雅博他訳『思想のグローバル・ヒストリー——ホッブズから独立宣言まで』法政大学出版局。）

Ashcraft, Richard (1980), 'Revolutionary Politics and Locke's *Two Treatises of Government*', *Political Theory*, 8 (4), pp. 429–486.

——— (1986), *Revolutionary Politics & Locke's Two Treatises of Government*, Princeton: NJ.

——— (1995), 'Anticlericalism and authority in Lockean political thought' in *The Margins of Orthodoxy: heterodox writing and cultural response, 1660–1750*, ed. R. D. Lund, New York, pp. 73–96.

Bennett, Martyn (2004), 'Widdrington, William' in *Oxford Dictionary of National Biography*, ed. H. C. G. Matthew and B. Harrison, New York, vol. 58, pp. 823–824.

Bosher, R. S. (1951), *The Making of the Restoration Settlement 1649–1662*, London.

Cable, Lana (2002), 'Licensing Metaphor: Parker, Marvell, and the Debate over Conscience' in *Books and readers in early modern England: material studies*, ed. J. Anderson and E. Sauer, Philadelphia, pp. 243–260.

Casson, D. J. (2011), *Liberating Judgment: fanatics, skeptics, and John Locke's politics of probability*, Princeton.

Coffey, John and Lim, Paul C. H. (eds.) (2008), *The Cambridge Companion to Puritanism*, New York.

Colman, John (1983), *John Locke's Moral Philosophy*, Edinburgh.

Collinson, Patrick (1996), 'Vestiarian Controversy' in *The Oxford Encyclopedia of the Reformation*, vol. 4, ed. H. J. Hillerbrand, New York, pp. 231–232.

Cook, Harold J. (2004), 'Sydenham, Thomas (bap. 1624, d. 1689) ' in *Oxford Dictionary of National Biography*, Vol. 53, ed. H. C. G. Matthew and B. Harrison, New York, pp. 535–542.

Cranston, Maurice (1957), *John Locke: A Biography*, London.

Creppell, Ingrid (1996), 'Locke on toleration: the transformation of constraint', *Political Theory*, 24（2）, pp. 200–240.

De Beer, E. S. (ed.) (1976), *The Correspondence of John Locke*, vol. 1, Oxford.

De Krey, Gary S. (1995), 'Rethinking the Restoration: Dissenting Cases for Conscience, 1667–1672', *Historical Journal*, 38, pp. 53–83.

Dunn, John (1969), *The Political Thought of John Locke*, New York.

Fairlamb, Neil (2014), 'Stillingfleet, Edward (1635–99)' in *The Bloomsbury Companion to Locke*, ed. S. J. Savonius-Worth, P. Schuurman and J. Walmsley, London, pp. 113–116.

Fee, Gordon D. (1995), *Paul's Letter to the Philippians*, Grand Rapids.

Figgis, J. N. (1914), 'Erastus and Erastianism' in *The Divine Right of Kings*, ed. *idem*, 2nd ed., Cambridge, pp. 293–342.

Fox-Bourne, H. R. (1876), *The Life of John Locke*, vol. 1, London.

Goldie, Mark (1983), 'John Locke and Anglican Royalism', *Political Studies*, 31, pp. 61–85.

———— (ed.) (1997), *Locke: Political Essays*, Cambridge.

Gough, J. W. (1973), *John Locke's Political Philosophy: Eight Studies*, 2nd ed., Oxford.

Greaves, Richard L. (2004), 'Owen, John (1616–1683)' in *Oxford Dictionary of National Biography*, vol. 42, ed. H. C. G. Matthew and B. Harrison, New York, pp.221–230.

Green, I. M. (1978), *The Re-establishment of the Church of England 1660–1663*, Oxford.

Ha, Polly (2011), *English Presbyterianism, 1590–1640*, Stanford.

Harris, Ian (1998), *The Mind of John Locke: A Study of Political Theory in its Intellectual Setting*, rev. ed., New York.

Hibbard, C. M. (1980), 'Early Stuart Catholicism: Revisions and Re-Revisions', *Journal of Modern History*, 52.

Hirst, Derek (1999), 'Samuel Parker, Andrew Marvell, and political culture, 1667–73' in *Writing and Political Engagement in Seventeenth-Century England*, ed. D. Hirst and R. Strier, Cambridge, pp. 145–164.

Houliston, Victor (2007), *Catholic Resistance in Elizabethan England: Robert Persons's Jesuit Polemic, 1580–1610*, Aldershot.

Hunter, Michael (2004), 'Boyle, Robert (1627–1691)', in *Oxford Dictionary of National Biography*, vol. 7, ed. H. C. G. Matthew and B. Harrison, New York, pp. 100–108.

Jacob, James R. (1983), *Henry Stubbe, Radical Protestantism and the Early Enlightenment*, Cambridge.

Jewell, Jason (2004), *Authority's Advocate: Samuel Parker, Religion, and Politics in Restoration England*, Ph.D. dissertation, Florida State University.

Keeble, N. H. (2002), *The Restoration: England in the 1660s*, Oxford.

———— (2004), 'Bagshaw, Edward (1629/30–1671)', in *Oxford Dictionary of National Biography*, vol. 3, ed. H. C. G. Matthew and B. Harrison, New York, pp. 246–248.

———— (ed.) (2014), *'Setting the Peace of the Church': 1662 Revisited*, New York.

Kelly, P. J. (1991), 'John Locke – authority, conscience and religious toleration', in *John Locke, A letter concerning toleration, in focus*, ed. J. Horton and S. Mendus, New York, pp. 125–146.

King, Peter (1830a), *The Life of John Locke, with extracts from His Correspondence, Journals, and Common-Place Books*, new ed., vol. I, London.

———— (1830b), *The Life of John Locke, with extracts from His Correspondence, Journals, and Common-Place Books*, new ed., vol. II, London.

Kraynak, Robert P. (1980), 'John Locke: from absolutism to toleration', *American Political Science Review*, 74, pp. 53–69.

Laslett, Peter (1956), 'The English Revolution and Locke's *Two Treatises of Government*', *Cambridge Historical Journal*, 12, pp. 40–55.

———— (1988), 'Introduction' in *Two Treatises of Government*, ed. idem, Cambridge, pp. 3–126.

L. E. Klein and A. J. La Vopa (eds). (1998), *Enthusiasm and Enlightenment in Europe, 1650–1850*, San Marino: CA.

Leyden, W. von (1952), 'Notes Concerning Papers of John Locke in the Lovelace Collection', *The Philosophical Quarterly*, 2 (6), pp. 63–69.

――― (1954), 'Introduction' in *Essays on the Law of Nature: the Latin text with a translation, introduction and notes, together with transcripts of Locke's shorthand in his journal for 1676*, ed. *idem*, Oxford, pp. 1–92.

Livingstone, E. A. (ed.) (1997), *The Oxford Dictionary of the Christian Church* 3 rd ed., New York.

Lough, John (ed.) (1953), *Locke's Travels in France 1675–1679: As related in his Journals, Correspondence & other papers*, Cambridge.

Nuovo, Victor (ed.) (2002), *John Locke: Writings on Religion*, Oxford.

Maclear, J. F. (1990), 'Restoration Puritanism and the Idea of Liberty: The Case of Edward Bagshaw', *Journal of Religious History*, 16, pp. 1–17.

Macpherson, C. B. (2011), *The Political Theory of Possessive Individualism: Hobbes to Locke*, reprint edition, Canada.

（マクファーソン（1980）、藤野渉他訳『所有的個人主義の政治理論』合同出版。）

Marshall, John (1994), *John Locke: Resistance, Religion and Responsibility*, New York.

Miller, John (1973), *Popery and Politics in England 1660–1688*, London.

Milton, J. R. and Milton, Philip (2006), 'General Introduction' in *An Essay concerning Toleration: and other writings on Law and Politics 1667–1683*, ed. *idem*, New York, pp. 1–161.

Newman, P. R. (1981), *Royalist Officers in England and Wales, 1642–*

1660: A Biographical Dictionary, New York.

Parker, K. I. (2004), *The Biblical Politics of John Locke*, Waterloo.

Parkin, Jon (1999), 'Hobbism in the later 1660s: Daniel Scargill and Samuel Parker', *Historical Journal*, 41, pp. 85-108.

────── (2004), 'Parker, Samuel (1640-1688)' in *Oxford Dictionary of National Biography*, vol. 42, ed. H. C. G. Matthew and B. Harrison, New York, pp. 736-738.

Pocock, J. G. A. (1990), 'Thomas Hobbes: Atheist or Enthusiast? His Place in Restoration Debate', *History of Political Thought*, 11 (4), pp. 737-749.

────── (2009), *Political Thought and History: Essays on Theory and Method*, Cambridge.

Pocock, J. G. A and Schochet, Gordon J. (1993), 'Interregnum and Restoration' in *The Varieties of British Political Thought, 1500-1800*, ed. J. G. A. Pocock, New York, pp. 146-179.

Prior, C. W. A. (2012), *A Confusion of Tongues: Britain's Wars of Reformation, 1625-1642*, Oxford.

Pyle, Andrew (ed.) (2000), *The Dictionary of seventeenth-century British philosophers*, vol. 1, Bristol, pp. 47-49.

Rowen, Herbert H. (1956), 'A Second Thought on Locke's First Treatise', *Journal of the History of Ideas*, 17, pp. 130-132.

Rose, Jacqueline (2005), 'John Locke, 'Matters Indifferent', and the Restoration of the Church of England', *Historical Journal*, 48 (3), pp. 601-621.

────── (2007), 'Royal ecclesiastical supremacy and the Restoration church', *Historical Research*, 80, pp. 324-345.

────── (2010), 'The Ecclesiastical Polity of Samuel Parker', *The Seventeenth Century*, 25 (2), pp. 350-375.

────── (2011), *Godly Kingship in Restoration England: The Politics of the Royal Supremacy, 1660–1688*, Cambridge.

―――― (2014), 'The Debate over Authority: *Adiaphora*, the Civil Magistrate, and the Settlement of Religion' in N. H. Keeble (ed.) (2014), pp. 29–56.

Schochet, Gordon J. (1975), *Patriarchalism in Political Thought*, Oxford.

―――― (1993), 'Between Lambeth and Leviathan' in *Political Discourse in Early Modern Britain*, ed. N. Phillipson and Q. Skinner, Cambridge, pp. 189–208.

―――― (1995), 'Samuel Parker, religious diversity, and the ideology of persecution' in *The Margins of Orthodoxy: Heterodox writing and cultural response 1660–1750*, ed. R. D. Lund, Cambridge, pp. 119–148.

Scott, Jonathan (1990), 'England's Troubles: Exhuming the Popish Plot' in *The Politics of Religion in Restoration England*, ed. T. Harris, P. Seaward and M. Goldie, Oxford.

Seaward, Paul (1989), *The Cavalier Parliament and the reconstruction of the Old Regime, 1661–1667*, Cambridge.

Skinner, Quentin (2002), 'Conquest and consent: Hobbes and the engagement controversy' in his *Vision of Politics*, vol. 3, Cambridge, pp. 287–307.

Sommerville, J. P. (2004), 'Conscience, Law, and Things Indifferent : Arguments on Toleration from the Vestiarian Controversy to Hobbes and Locke' in *Contexts of Conscience in Early Modern Europe, 1500–1700*, ed. H. E. Braun and E. Vallance, Basingstoke, pp. 166–179.

Spurr, John (1991), *The Restoration Church of England, 1646–1689*, New Heaven.

―――― (1998), *English Puritanism 1603–1689*, New York.

―――― (2006), *The post-Reformation: religion, politics and society in*

Britain, 1603-1714, New York.

Stanton, Timothy (2003), *John Locke, Edward Stillingfleet and Toleration*, Ph.D. dissertation, University of Leicester.

――― (2006), 'The Name and Nature of Locke's 'Defence of Nonconformity'', *Locke Studies*, 6 (30), pp. 143-172.

Strauss, Leo (1953), *Natural Right and History*, Chicago.
（シュトラウス（1988）、塚崎智・石崎喜彦訳『自然権と歴史』昭和堂。）

Sykes, Norman (1956), *Old Priest and New Presbyter*, Cambridge.

Tarlton, C. D. (1978), 'A Rope of Sand: Interpreting Locke's First Treatise of Government', *Historical Journal*, 21, pp. 43-73.

Till, Barry (2004), 'Stillingfleet, Edward (1635-1699)' in *Oxford Dictionary of National Biography*, vol. 52, ed. H. C. G. Matthew and B. Harrison, New York, pp.789-798.

Tully, James (1980), *A Discourse on Property*, Cambridge.

Walsham, Alexandra (1993), *Church Papists: Catholicism, Conformity and Confessional Polemic in Early Modern England*, Woodbridge.

――― (2006), *Charitable hatred: Tolerance and intolerance in England, 1500-1700*, Manchester.

Woolhouse, Roger (2007), *Locke: A Biography*, Cambridge.

Wootton, David (2003), 'Introduction', in *John Locke: Political Writings*, ed. *idem*, Indianapolis, pp. 7-122.

Vallance, Edward (2001), 'Oaths, Casuistry, and equivocation: Anglican responses to the Engagement controversy', *Historical Journal*, 44, pp. 59-77.

Viano, C. A. (ed.) (1961), *Scritti editi e inediti sulla toleranza*, Turin.

A. P. ダントレーヴ（2006）、久保正幡訳『自然法』岩波書店。

朝倉拓郎（1999）、「初期ロックの政治思想――『良心の自由』をめぐる議

　　　　　論を中心に」『政治研究』、46、15-44ページ。

─── (2004)、「ロック倫理学の基本構造と「政治の世界」」『政治研究』、51、27-57ページ。

青柳かおり (2008)、『イングランド国教会──包括と寛容の時代』彩流社。

─── (2014)、「エリザベス治世イングランドにおけるカトリック教徒と隠れカトリック教徒」『大分大学教育福祉科学部研究紀要』、36（1）、55-69ページ。

荒井献・出村みや子・出村彰 (2007)、『総説キリスト教史1』日本キリスト教団出版局。

伊藤宏之 (1992)、『イギリス重商主義の政治学』八朔社。

井上公正 (1978)、『ジョン・ロックとその先駆者たち』御茶の水書房。

─── (1980)、「ロックにおける寛容思想の展開」、田中正司・平野耿編『ジョン・ロック研究』御茶の水書房、131-158ページ。

今井宏編 (1990)、『世界歴史大系 イギリス史2』山川出版社。

大澤　麦 (1995)、『自然権としてのプロパティ』成文堂。

大貫隆他編 (2002)、『岩波 キリスト教辞典』岩波書店。

大森雄太郎 (1980)、「ジョン・ロック政治思想の形成過程に関する一考察（一）：道徳的人間像の変容」『史学』、50、561-576ページ。

─── (1981)、「ジョン・ロック政治思想の形成過程に関する一考察（二）：道徳的人間像の変容」『史学』、51、159-175ページ。

岡村東洋光 (1998)、『ジョン・ロックの政治社会論』ナカニシヤ出版。

生越利昭 (1976)、「J. ロックの「市民社会」概念の特質と意義──かれの財産論を中心にして」『商大論集』27（5・6）、269-289ページ。

─── (1991)、『ジョン・ロックの経済思想』晃洋書房。

加藤　節 (1987)、『ジョン・ロックの思想世界』東京大学出版会。

城戸由紀子 (1992)、「エドワード・バグショー（ザ・ヤンガー）の宗教・政治思想」『阪大法学』、164、909-928ページ。

木村俊道 (2010)、『文明の作法──初期近代イングランドにおける政治と

社交』ミネルヴァ書房。

小山　哲（2013）、『ワルシャワ連盟協約（1573年）』東洋書店。

下川　潔（2000）、『ジョン・ロックの自由主義政治哲学』名古屋大学出版会。

ジャック・ル・ゴフ（1988）、渡辺香根夫他訳『煉獄の誕生』法政大学出版局。

妹尾剛光（2005）、『ロック宗教思想の展開』関西大学出版会。

高橋正平（2005）、「ジェームズ一世の「忠誠の誓い」とロバート・パースンズの『カトリック教徒英国人の判断』：ロバート・パースンズのジェームズ一世への反論について」『人文科学研究』。

武井敬亮（2010）、「ジョン・ロックの統治理論の原型──「第一論文」の分析を通じて」『経済論叢』、184（1）、77-91ページ。

─── (2013a)、「サミュエル・パーカーの教会統治論──ロックのパーカー批判を念頭に」『経済論叢』、187（2）、43-58ページ。

─── (2013b)、「ジョン・ロック『世俗権力二論』再考──「第一論文」と「第二論文」の違いに着目して」『経済論叢』、187（4）、61-78ページ。

─── (2013c)、　書　評「Jacqueline Rose, *Godly Kingship in Restoration England: The Politics of the Royal Supremacy 1660-1688*, Cambridge: Cambridge University Press, 2011, x+320pp.」『イギリス哲学研究』、36、98-99ページ。

竹澤祐丈（2006）、「「平等なコモンウェルス」としてのオシアナ共和国」、田中秀夫・山脇直司編『共和主義の思想空間』名古屋大学出版会、14-46ページ。

田中正司（1979）、『市民社会理論の原型』御茶の水書房。

─── (2005)、『新増補ジョン・ロック研究』御茶の水書房。

種谷春洋（1986）、『近代寛容思想と信教自由の成立』成文堂。

塚田富治（1996）、「初期『市民社会』考：civil societyの言語・社会的分析」『一橋論叢』、116（3）、497-510ページ。

辻康夫（2014）、「ロック──宗教的自由と政治的自由」川出良枝編『岩波

　　　　講座・政治哲学1　主権と自由』岩波書店、193-215ページ。
友岡敏明（1986）、『ジョン・ロックの政治思想——"伝統"と"革新"の一断面』名古屋大学出版会。
中神由美子（2003）、『実践として政治、アートとしての政治——ジョン・ロック政治思想の再構成』創文社。
中村恒矩（1967）、「ロックの初期思想における世俗政治と宗教——"Two tracts"の公刊によせて」『東京経大学会誌』、56、83-102ページ。
成瀬治・山田欣吾・木村靖二編（1996）、『世界歴史大系　ドイツ史2-1648年〜1890年』山川出版社。
野田又夫（1985）、『ロック』講談社。
浜林正夫（1958）、「王政復古から名誉革命へ—ジョン・ロックの思想形成」、水田洋編『イギリス革命—思想史研究』御茶の水書房、303-333ページ。
―――（1996）、『ロック』研究社出版。
三浦永光（1997）、『ジョン・ロックの市民的世界—人権・知性・自然観』未来社。
八代　崇（1979）、『イギリス宗教改革研究』創文社。
―――（1993）、『イングランド宗教改革史研究』霊公会出版。
山田園子（2006）、『ジョン・ロック『寛容論』の研究』渓水社。
―――（2008a）、「ジョン・ロックと復古体制危機」『廣島法學』、32（2）、51-71ページ。
―――（2008b）、「エドワード・スティリングフリートの教会論」（上）『廣島法學』、32（3）、1-14ページ。
―――（2009a）、「エドワード・スティリングフリートの教会論」（下）『廣島法學』、32（4）、1-21ページ。
―――（2009b）、「ジョン・ロックのエドワード・スティリングフリート論」（上）『廣島法學』、33（2）、118-183ページ。
―――（2010）、「ジョン・ロックのエドワード・スティリングフリート論」（下）『廣島法學』、33（3）、99-134ページ。

―――（2011）、「ジョン・ロックの教会論―エドワード・スティリングフリード論をもとに」、佐々木武・田中秀夫編著『啓蒙と社会―文明観の変容』京都大学学術出版会、29-53ページ。

―――（2012a）、「ジョン・ロックにおけるフランス旅行の衝撃」、岩井淳編著『複合国家イギリスの宗教と社会―ブリテン国家の創出』ミネルヴァ書房、173-204ページ。

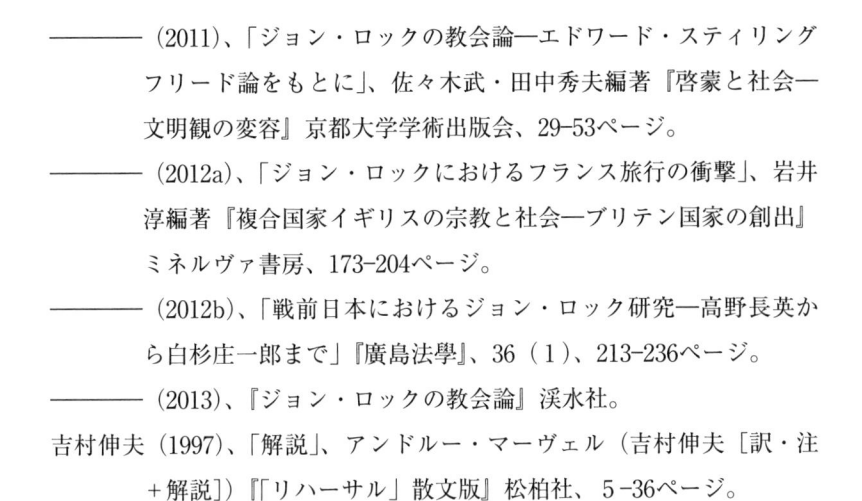

―――（2012b）、「戦前日本におけるジョン・ロック研究―高野長英から白杉庄一郎まで」『廣島法學』、36（1）、213-236ページ。

―――（2013）、『ジョン・ロックの教会論』溪水社。

吉村伸夫（1997）、「解説」、アンドルー・マーヴェル（吉村伸夫［訳・注＋解説］）『「リハーサル」散文版』松柏社、5-36ページ。

人名索引

ア行

アーミテイジ Armitage, D. 24
アーリントン伯 1st Earl of Arlington 6
青柳かおり 36, 69
朝倉拓郎 33, 46, 59, 186
アッシュクラフト Ashcraft, R. 20, 21, 31, 48, 67, 91, 120, 121, 128, 134, 142, 172, 173, 187
アレストリー Allestree, R. 60
伊藤宏之 24, 33, 42
井上公正 45, 64, 67, 132, 143
ヴィアーノ Viano, C. A. 29
ウィドリントン Widdrington, W./ 1st Baron of Widdrington 74
ウィルキンス Wilkins, J. 92
ウールハウス Woolhouse, R. 6, 149
ヴェーン卿 Sir Walter Vane 6, 76
ヴェンナー Venner, T. 50
ウォルシュ Walsh, P. 83
ウットン Wootton, D. 48, 121
ウルズレー Wolseley, C. 93
エイブラムズ Abrams, P. 29, 31, 33, 56, 58
エイムズ Ames, W. 32
エリザベス Elizabeth I 68, 69, 70, 74, 107, 178
オーウェン Owen, J. 38, 94, 147, 148, 154, 157
大澤麦 14, 20, 45, 64, 93, 96, 97, 112, 120, 134, 143, 144, 200, 201
オーツ Oates, T. 71
大森雄太郎 32
生越利昭 18, 19
岡村東洋光 21, 24, 25, 175
オリゲネス Oregenes, A. 92
オルソップ Alsop, V. 147

カ行

カッソン Casson, D. J. 120
加藤節 5, 11-13, 19, 20, 24, 31, 134, 136, 137, 170-194, 198-200

ガフ Gough, J. W. 30
木村俊道 6, 205
キング King, P. 30, 31, 55
クラレンドン伯 1st Earl of Clarendon 6, 71, 72, 95
クランストン Cranston, M. 31, 55, 117
グリーン Green, I. M. 36
クレッペル Creppell, I. 42
クロムウェル Cromwell, O. 73, 187
ケリー Kelly, P. J. 40, 42, 47, 59
コールマン Colman, J. 33
ゴドルフィン Godolphin, W. 6
ゴルディ Goldie, M. 20-22, 25, 29, 117, 124, 136, 141, 143, 197

サ行

サマヴィル Sommerville, J. P. 31, 32, 35, 48, 53, 107
サンクロフト Sancroft, W. 136
サンダスン Sanderson, R. 56
ジェイムズ1世 James I 12, 70
ジェイムズ2世（ヨーク公）Duke of York / James II 8, 74, 85, 86, 94, 95, 135, 172, 202
シェルドン Sheldon, G. 36, 60, 93-95, 136
シデナム Sydenham, T. 8, 147
シャフツベリ伯（アシュリー卿）Sir Anthony Ashley Cooper / 1st Earl of Shaftesbury 7-10, 16, 63, 67, 147, 172
シュトラウス Strauss, L. 18, 19
ジュウェル Jewell, J. 97
ショチェット Schochet, G. J. 63
下川潔 200, 201
スコット Scott, J. 51, 53, 71
スタッブ Stubbe, H. 3, 4, 48, 73-75, 77
スタントン Stanton, T. 86, 138, 139, 142, 144
スティリングフリート Stillingfleet, E. 9, 22, 26, 27, 67, 68, 70, 84-87, 138, 141-166, 168,

227

169, 198, 203
ストレイチー Strachery, J. 76
スパー Spurr, J. 35, 95
妹尾剛光 66, 143, 147, 149
ソーンダイク Thorndike, H. 36

タ行

タールトン Tarlton, C. D. 172
田中正司 18, 19, 33
種谷春洋 33, 46, 58, 64
タリー Tully, J. 19
ダン Dunn, J. 19, 30, 33, 183
ダントレーヴ D'entréves, A. P. 56
タワーソン Towerson, G. 5
チャールズ2世 Charles II 50
塚田富治 12, 21
辻康夫 25, 65, 67
ティリー Tilly, S. 54, 55
友岡敏明 10, 20, 24, 30, 35, 39-48, 52, 56-60, 129, 172, 191

ナ行

中神由美子 13, 21, 30, 31, 65, 121, 177, 195
中村恒矩 33, 45, 64
ニュートン Newton, I. 147

ハ行

バサースト Bathurst, R. 92
バズビー Busby, R. 38
バグショー Bagshaw, E. 26, 29, 30, 32, 37, 38, 40, 41, 43, 44, 46, 47, 52, 53, 55, 60, 61, 145, 203
バクスター Baxter, R. 38, 54, 70, 147
パーソンズ Parsons, R. 68
パーカー Parker, M. 35
パーカー Parker, S. 8, 26, 91-94, 98-115, 123-131, 133-135, 149, 167, 203
パーキン Parkin, J. 97, 120
パーキンズ Perkins, W. 32
ハモンド Hammond, H. 36
ハリス Harris, I. 30, 45, 66, 86, 121, 132, 149
ハリントン Harrington, J. 3
ハンフリー Humfrey, J. 93

フィー Fee, G. 151
フィールド, Field, R. 137
フィルマー Filmer, R. 9, 17, 19-21, 24, 26, 27, 119, 121, 133-137, 142, 145, 161, 169-180, 182-184, 186-192, 197, 199, 204
フェアラム Fairlamb, N. 147
フッカー Hooker, R. 12, 56, 198
プライア Prior, C. W. A. 95
ペン Penn, W. 94
ヘンリ8世 Henry VIII 106, 107
ボイル Boyle, R. 6-8, 75, 76, 147
ポーコック Pocock, J. G. A. 23
ポープ Pope, W. 38
ボッシャー Bosher, R. S. 36
ホッブズ Hobbes, T. 18, 48, 58, 103, 112-114, 129

マ行

マクファーソン Macpherson, C. B. 18, 19
マクリア Maclear, J. F. 53
マーヴェル, Marvell, A. 93, 107
マーシャル Marshall, J. 20, 21, 31, 32, 40, 45, 52, 61, 67, 68, 75, 81-84, 121, 122, 128, 132, 134, 142, 144, 149, 164, 170, 173, 197
三浦永光 18, 24, 67, 72, 73
ミルトン Milton, J. R. 32, 48, 117, 118, 122, 126
ミルトン Milton, P. 32, 48, 117, 118, 122, 126
ミラー Miller, J. 71, 72
モア More, H. 92

ヤ行

山田園子 6, 8, 9, 17, 21, 25, 31, 64-66, 78-87, 118, 121, 124, 126-133, 142-145, 149, 154, 162, 164, 168, 171

ラ行

ライデン Leyden, W. V. 5, 33
ラザフォード Rutherford, S. 53
ラスレット Laslett, P. 17, 30, 170, 172, 173
ルイ14世 Louis XIV
ローウェン Rowen, H. 172
ローズ Rose, J. 25, 33, 45, 48, 52, 56, 59, 96,

97, 107, 114

ワ行
ワルシャム　Walsham, A.　69

事項索引

ア行

アダム　133-135, 137, 161, 171, 174-184, 186-188, 190, 195, 197
アディアフォラ（adiaphora）論争　32, 33
アングリカン（厳格なアングリカン）　32, 36, 37, 45, 47, 48, 59-63, 68, 72, 85, 86, 89, 91, 94, 96, 107, 115, 129, 136, 138, 144, 148, 197-199, 201, 203, 204
アンティオキア事件　151, 153
意志　39, 53, 57-59, 92, 112, 125, 128, 129, 132, 142, 143, 178, 181, 192
　──の自由　58, 59
イエズス会士　9, 68-71, 82-84, 89
ウィッグ　9, 20, 187
ウースター・ハウス宣言　37, 50
エラストス主義　95, 97
エルサレム使徒会議　151, 159
王位継承　8, 9, 17, 21, 24, 25, 85, 135, 163, 172, 173, 187, 197, 202
　──排除法危機　9, 17, 21, 25, 135
王政復古　2, 3, 8-10, 35, 36, 49, 51, 71, 72, 85, 91, 92, 94, 95, 115, 136, 201-203
恩寵　110, 111, 122

カ行

会衆派　36, 148
外面的世界　21, 39, 42, 44, 48, 49
カトリック　4, 5, 8, 9, 24-26, 36, 47, 65-67, 69-74, 76, 80, 81, 83-86, 132, 143, 146, 149, 172, 198
　──教会　65, 163
　──教徒　4, 7, 8, 23-26, 36, 54, 62-85, 87-89, 94, 135, 149, 163, 173, 197, 201-203
家父長　12, 102, 104, 106, 119, 121-123, 125, 126, 132-135, 137, 138, 170, 171, 179, 183, 184, 186, 190, 192, 195, 197-199
　──権　119, 121, 122, 125, 126, 132-135, 137, 138, 170, 171, 179, 192, 195, 197, 199
　──的権威（権力）　102, 104, 106, 123, 133, 135, 137, 138, 197, 198
　──的統治権　133, 135
カルヴァン派　7, 76, 77, 87
管轄権　4, 5, 14, 15, 16, 22, 26, 61, 87, 91, 103-107, 123, 164, 167
寛容政策　21, 25, 26, 62, 95, 96, 136
議会　9, 12, 23, 25, 26, 35, 50-53, 62, 68, 71, 72, 89, 95, 96, 135, 136, 170, 172, 173, 187, 197, 200-203
救済　15, 16, 39, 46, 47-49, 60, 87, 88, 108, 124, 154, 159, 163, 164, 168
教会
　──権力　15, 16, 54, 103, 143, 164
　──統治（者）　12, 54, 56, 86, 96, 98, 118, 123, 130, 151, 153, 159, 162, 164, 165, 167, 169, 198
教皇　4, 8, 38, 65-67, 69, 70-72, 74-81, 83, 85-89, 102, 105, 143, 166
　──主義者　4, 8, 65, 69-72, 74, 76-81, 85-88, 143, 166
　──主義者陰謀事件　8
強制　15, 27, 35, 39, 42, 43, 46-49, 52, 53, 56, 62, 85, 86, 99, 101, 102, 105, 107, 109, 124-132, 143, 144, 149, 151, 159, 161, 163, 166, 188, 192, 198, 201, 203
クラレンドン法典　64, 71
契約　1, 4, 17, 51, 57, 58, 75, 170, 174, 178, 181, 188, 190, 193, 202
権威主義　21, 30, 31, 32, 45, 61, 62, 204
権原　135, 171, 175, 177, 179-183, 185, 187-190
厳粛な同盟と契約　51
公共　12, 13, 21, 104, 184, 185
高教会　36, 47, 85, 170, 197, 199
国王
　──大権　8, 25, 72, 95, 96, 136
　──と議会　9, 95, 96, 197
　──と国教会　21, 25, 96, 136

230

事項索引

個人　1, 13-16, 18, 19, 23, 25, 42, 43, 49, 63, 64, 120, 132, 142, 144, 149, 173, 184, 200, 201
国家と教会　9, 14, 22, 26, 64, 91, 94, 96, 97, 99, 101, 102, 112, 115, 123, 138, 144, 145, 164, 169, 198, 202-204
国教会体制　36, 49, 69, 71, 72, 85, 87, 95, 96, 149, 154
国教忌避　69, 71, 72, 89
コミュニオン（霊的交わり）　70, 86, 149, 150, 154-161
コモンウェルス　12, 19, 21, 100-113, 127

サ行

祭司　102, 114, 123, 125, 126, 135-137
祭服論争　35
最高権力　40, 96, 98, 100, 124, 126-128, 133, 176
サヴォイ会議　50
簒奪　52, 102, 105, 106, 123, 131, 187, 188
自己保存　181, 190-194
至上性（至上権）　95, 96, 100, 103, 105-107, 114, 125, 138, 191
自然権　17, 18, 190
自然状態　5, 11-13, 16, 18, 20, 24, 133, 172, 175, 186, 191-194, 199
自然的権力　11, 185, 186, 190-193, 195
自然法　5, 11, 33, 42, 57, 92, 185, 186, 193, 194
自発的　15, 144, 163, 164, 168
市民社会　17, 18
自由主義　1, 21, 24, 25, 30, 31, 45, 64, 141, 147, 204
宗教
　――改革　4, 71, 102, 105, 106, 107, 123
　――的権力　50, 130, 137, 138
　――的統治　123, 125, 127, 130
主教制　36, 37, 51, 93, 94, 105, 107, 114, 148, 149, 164-166
処罰権　12
所有権　14, 18, 19, 172, 176, 177, 180, 181, 184, 185, 190-194
神学　12, 19-21, 23, 24, 27, 32, 43, 50, 53, 56, 60, 92, 95, 137, 148, 169, 199
信仰の自由　4, 14, 35, 36, 50, 77, 88, 143, 148, 164, 168, 200, 201
信仰自由宣言　67, 72
審査法　71-73
神授権　9, 17, 25, 36, 42, 54, 85, 86, 94, 97, 105, 114, 136, 137, 142, 144, 149, 161, 164-166, 169-171, 174, 175, 190, 194, 195, 199, 202
　――主教説　36, 85, 86, 94, 97, 114, 136, 137, 142, 144, 149, 161, 164-166
政教分離　22, 75, 204
政治
　――権力　41, 172, 174-180, 184-187, 189-195, 197, 198
　――社会　5, 10-14, 16, 17, 19-21, 24, 25, 194, 195
　――的服従　178, 179, 187, 203
世俗
　――為政者　14-16, 22, 40, 42, 48, 85, 87-89, 94, 102, 104, 106-110, 112, 115, 122-124, 126-130, 138, 144, 149, 161, 166, 167, 202, 203
　――化　13, 14, 20, 22, 112, 114
　――社会　1-3, 10, 17, 19, 22, 26, 27, 91, 138, 139, 141, 163, 171, 194, 195, 202, 204
　――社会認識　1, 3, 22, 26, 27, 91, 138, 141, 195, 202
　――性　18, 20
　――的権力　101-104, 106, 112, 114, 122, 123, 126, 130, 190
　――的統治　20, 123, 125, 130, 162-164, 166, 190, 197
絶対主義　8, 19, 21, 45, 48, 64, 136, 170
絶対的権力　17, 34, 39, 41, 42, 45, 49, 62, 96, 108, 112, 115, 124, 125, 137, 170, 175, 179, 180, 182, 190, 195, 197
摂理　43, 92, 103, 105, 123, 178, 185
相続　3, 6, 133, 134, 135, 161, 173-175, 180-182, 190, 195

タ行

秩序　14, 19, 39-41, 45, 48, 51, 53, 55, 56, 58, 60, 64, 66, 76, 77, 82, 91, 92, 106, 110, 120, 127, 162-164, 178, 180, 186, 187, 189, 198, 201, 204, 205

231

長老派　3, 35, 37, 46, 50, 51, 53, 77, 92, 144, 147, 148
抵抗　1, 20, 25, 71, 134, 142, 173, 194, 199-202, 204
抵抗権　1, 20, 25, 134, 142, 173, 194, 200, 204
同意　14, 25, 33, 35, 40, 42, 52, 54, 113, 128, 133-135, 137, 142, 163, 167, 173, 174, 188, 190, 191, 195, 202
統一　9, 21, 27, 30, 35, 37, 41, 48, 60, 62, 85, 101, 128, 144, 145, 148, 150-153, 155, 157, 158, 160, 161, 163, 166, 168, 203
道徳　18, 21, 32, 52, 56-58, 97, 98, 107-112, 120, 186, 204
独立派　36, 82, 144, 147, 148
ドーヴァー秘密条約　72
トーリ　9

ナ行

内面的世界　21, 42-44, 48, 49
内乱　9, 35, 39, 50, 51, 53, 62, 68, 74, 106, 187
熱狂　38-42, 49, 59, 189

ハ行

パウロ　111, 151-153, 159
反聖職者主義　9, 21, 22, 25, 27, 29, 45, 48, 62, 63, 91, 118, 119, 121-123, 126, 129, 132, 138, 143, 144, 158, 166, 168, 170, 198, 202, 204
判断
　——権　12
　——者　42, 79, 105, 167
　——の自由　58, 59, 129
非国教徒弾圧　8, 20, 21, 68, 71, 85, 89, 95, 136, 201, 203

ピューリタン　32, 35, 37, 39, 40, 42-44, 46, 50, 51, 53, 58, 61, 82, 91, 92, 106, 132
平信徒　23, 67, 69, 72, 80, 84, 200
服従の義務　50, 56, 62, 91, 189
フランス　1, 4, 8, 9, 21, 24, 25, 66, 67, 71, 72, 74, 85, 118, 126, 132, 204
ブレダ宣言　35, 36
プロテスタント　4, 36, 65, 66, 69, 70, 72, 88, 149
プロパティ　11, 14, 18-20, 25, 65, 143, 184, 186, 193, 200, 201
便宜的国教徒　86, 88, 149
包容　7, 35-37, 62, 71, 85, 86, 95, 143, 145, 147-150, 157, 161

マ行

無規定中立事項　30, 32, 34, 35, 38-47, 49, 51, 52, 53, 55, 57, 60, 61, 64, 104, 107, 110, 121, 129, 167
名誉革命　9, 17, 95, 172, 188, 204, 205
モーセ　137, 151, 159

ラ行

理性　24, 48, 57, 97, 98, 108, 120, 121, 142, 174, 183, 192, 193, 205
立法権力　40, 103, 104, 106, 194
良心の自由　23, 32, 33, 35, 38-40, 46, 48-50, 52, 55, 56, 58-64, 81, 91, 93, 95, 98-100, 105, 111, 131, 200, 201, 203
ルター派　7, 76, 87
霊的権威　101-103, 106, 112, 114, 122, 123, 130, 135
礼拝統一法　26, 37, 49, 51-55, 59-62, 71, 75, 95, 203

著者略歴

武井　敬亮（たけい　けいすけ）

1983年、山梨県生まれ
2006年、京都大学経済学部卒業
2014年、同大学大学院経済学研究科博士課程単位取得満期退学
2016年、京都大学博士（経済学）
現在、京都大学経済学研究科経済資料センター、ジュニアリサーチャー、追手門学院大学経済学部非常勤講師

主な著作

「ジョン・ロックの統治理論の原型――『第一論文』の分析を通じて」『経済論叢』第184巻第1号、2010年
「サミュエル・パーカーの教会統治論――ロックのパーカー批判を念頭に」『経済論叢』第187巻第2号、2013年
「ジョン・ロックの『世俗権力二論』再考――「第一論文」と「第二論文」の違いに着目して」『経済論叢』第187巻第4号、2013年
「ジョン・ロックのサミュエル・パーカー批判」『経済論叢』第188巻第1号、2014年

（プリミエ・コレクション73）
国家・教会・個人
――ジョン・ロックの世俗社会認識論

2016年3月31日　初版第一刷発行

著　者　　武　井　敬　亮
発行人　　末　原　達　郎
発行所　　京都大学学術出版会
　　　　　京都市左京区吉田近衛町69
　　　　　京都大学吉田南構内（〒606-8315）
　　　　　電話　075(761)6182
　　　　　FAX　075(761)6190
　　　　　URL　http://www.kyoto-up.or.jp
　　　　　振替　01000-8-64677
印刷・製本　亜細亜印刷株式会社

© Keisuke Takei 2016　　　　　　　　　　Printed in Japan
ISBN978-4-8140-0020-3　C3310　　定価はカバーに表示してあります

本書のコピー，スキャン，デジタル化等の無断複製は著作権法上での例外を除き禁じられています。本書を代行業者等の第三者に依頼してスキャンやデジタル化することは，たとえ個人や家庭内での利用でも著作権法違反です。